京大心理臨床シリーズ③

遊戯療法と子どもの今

東山紘久
伊藤良子
編

創元社

「京大心理臨床シリーズ」の刊行にあたって

日本における心理臨床学とその実践である心理療法は、京都大学心理臨床学教室の歴史とともにあると言っても過言ではない。それほど、本教室は日本の心理臨床の深まりと発展にまなざしを向けて、歩んできた。心理臨床学の中核を担う学会である「日本心理臨床学会」が、発足したその当初より事例研究を中心とした構成になっているのは、この実践の学においては事例研究こそがもっとも意義深い臨床の知をもたらすことを体験的に自覚していたからであるが、当時の国立大学において、「心理教育相談室」が公的に認可され、相談活動の有料化という心理臨床の重要な体制が実現したのも、京都大学が初めてであった。また、今日、多くの大学が刊行している紀要に見られる事例研究論文のスタイルの嚆矢となったのも、本教室の紀要であった。

われわれはこのような自負を持っているが、日本の他大学が京都大学の足跡を確かめながら歩を進めてきたことは、認められているところであろう。河合隼雄先生をはじめとする当時の諸先生、諸先輩方の功績である。

本シリーズは、そうした日本における心理臨床学の発展期に京都大学を中心に学んだ心理臨床家を編者として、この実践学問領域を探究し続けてきた京都大学の知の集積を、複雑多様化する現代社会を見据えつつ、世に問おうとするものである。

京都大学心理臨床学教室は、ともすればユング心理学の牙城とみられることもあるが、本シリーズをお読みいただけば、ユング心理学を中心としながらもつねに心理療法における知の集積を目指してきたことがお分かりいただけるであろう。これは、日本で最初のユング派分析家の資格を取得された河合隼雄先生の、京都大学在職時における指導の基本であった。河合隼雄先生は、京都大学在職時代、「ユング心理学」と題する講義をされたことは一度もなかった。多くの個性的な心理臨床家が巣立っていく土壌がそこにあったと言えるであろう。本シリーズは、そうした心理臨床家の知を中心に、「京大心理臨床シリーズ」として展開しようとしている。

現代という時代は、まさに転換期にあり、人間の生き方に深く強い問いを投げかけている。同様に、心理臨床学もまた、人間の知を探究する実践の学として転換期を迎えているという実感を編者一同はもっている。心理療法における科学主義や、操作主義の傾向は世界的に広まっていて、それは日本にも及びつつある。このような時代に、本シリーズが心理臨床学とその実践である心理療法における新たな歩みの一助となることを編者一同、心より願っている。

編者ひとりひとりは、「臨床心理士」資格にかかわる論議が引き続くなか、そうしたことの重要性を充分に認識しつつ、そうしたときであるからこそ心理臨床家としての力量をさらに充実させる必要性をリアルに体験し、かつ、謙虚に足下を見つめ心理療法の実践に地道に取り組みクライエントの声に聴き入ってきた。ことばにすればシンプルだが、それはほんとうに大変な作業であった。そして、ひとりひとりが今後もそのような道を歩んでいく強い覚悟を抱いている。それぞれがそれぞれの心理療法に一家言をもつゆえんである。本シリーズの執筆陣も同様の覚悟を抱いていることと思われる。それが京都大学心理臨床学教室に薫陶を受けた心理臨床家の使命であろう。われわれの語りは読者にいかに届くであろうか。読者諸氏の多くの創造的な御叱咤をお願いする所存である。

「京大心理臨床シリーズ」編者一同

二〇〇五年立春

はじめに

遊戯療法は心理療法のなかで一番多く使われている心理療法であると思われる。成人の心理療法は、理論的にも方法的にも多種多様であるが、子どもの心理療法となると方法論的に限定される。何らかの形で遊びを取り入れないと、大人と子どもとの関係が作れないからである。

遊戯療法は、それに携わるセラピストの多さに反して、単行本として上梓されている書物は少ない。理論的なものといえば、アンナ・フロイト（Freud, A.）、メラニー・クライン（Klein, M.）、アクスライン（Axline, V. M.）、アレン（Allen, F.）、ムスタカス（Moustakas, C. E.）、ウィニコット（Winnicott, D. W.）、など数少ないうえに、古典に属すものが多い。わが国のものとしては、入門書、解説書、事例集を除いて独自の理論を展開した遊戯療法書は寡聞にして知らない。その理由として、子どもの世界は表面的にはここ数十年で相当の変化があるにもかかわらず、深層部分は変化していないのではないかとさえ思わせるものである。子どもは両親、祖父母、兄弟およびそれを取り巻く地域の人々に守られて、「よく遊び、よく寝る」と健康に育つからである。

しかしながら、子どもを取り巻く環境は、先進国を中心にして悪化の一途をたどっていると言っても過言ではない。自然環境の破壊、バーチャル化による体験不足、虐待をはじめとする親子関係の崩壊、子育て環境の荒廃など、枚挙にいとまがない。

今回、京都大学教育学研究科心理臨床領域のスタッフが集まり、山中康裕教授と私の定年退職を記念して、三巻の本を出版していただくこととなった。その第三巻が本書である。目次を見ていただくと、子どもの問題の多様性がうかがえる。それに対してセラピストがさまざまな工夫を行っている。遊戯療法には遊びをコミュニケーションの手段とする子どもの力動的心理療法という定義があるだけである。それゆえ、どのようにそれを行うのか、どのような子どもを対象とするのか、目的をどこに設定するか、セラピストの理論的背景を何に求めるか、などはセラピスト個人とクライエントの子どもに任されている。というより、子どもとセラピストの相互作用によって決まると言ってもよいほどである。

読者諸氏が本書に掲載されているさまざまな事例をとおして、遊戯療法と子どもの世界の多様性と柔軟性と陶冶性を感じていただければ、編者および執筆者一同望外の喜びである。最後に出版に際してご支援をいただいた創元社の渡辺明美さん、社長の矢部敬一氏に感謝したい。

二〇〇四年一二月一二日

東山紘久

遊戯療法と子どもの今 ⚜ 目次

「京大心理臨床シリーズ」の刊行にあたって……001
はじめに……東山紘久……003
序章……遊戯療法論……東山紘久……011

第1章 強迫的な不安をめぐって 027

1……強迫症状を呈した一〇歳男児とのプレイセラピー
——きっかけとしての事件、症状消失への過程、症状消失後のセラピーについて……三枚奈穂……028
2……分離／誕生のイニシエーションとしてのプレイセラピー
——夜尿症で来談した小三男児の事例……駿地眞由美……042
3……強迫性障害をもつ女児との面接——主体的な遊びが生まれてくる過程……伊藤真理子……059
4……自律性の未熟さとしての場面緘黙——小一男児の事例を通して……石谷みつる……073
5……身体症状とイライラで登校渋りを呈した小学三年生女児……田中秀紀……085
6……ジル・ドゥ・ラ・トゥレット症候群の男児とのプレイセラピー……仁里文美……097
■コラム■ 遊戯療法と子どもの今……山中康裕……110
■コラム■ 親面接の役割について……三上英子……113
■コラム■ スクィグルゲームと遊び……山﨑玲奈……115
■コラム■ 遊戯療法と大人の心理療法……角田 豊……117

第2章 衝動的な行動をめぐって 119

1……火遊びを繰り返した男児との遊戯療法——現実感を求めて……久野晶子……120
2……すぐにキレるという中学生……近森 聡……134
■コラム■ 食事に含まれる「つながり」の大切さ……大谷真弓……146

■コラム■ 遊戯療法における人形遊び……小野国子……148
■コラム■ 遊戯療法実習の実際……福田昌子……150

第3章 虐待や養育困難な状況をめぐって 153

1……虐待を受けた五歳女児とのプレイセラピー——養護施設の事例……髙橋　悟……154
2……児童養護施設におけるプレイセラピーと「包容」……森　茂起……166
3……情緒障害児短期治療施設における被虐待児への心理的援助について
——「異なるもの」への関与を手がかりに……井上　真……179
4……配偶者間の暴力に晒されてきたF子とのプレイセラピー……棚瀬一代……192
■コラム■ 乳幼児期の子どもとその親を支援する保健センター……河野伸子……203
■コラム■ 「こわい話して」——児童養護施設の子どもたち……西村則昭……205
■コラム■ 児童相談所の心理療法……大島　剛……207

第4章 病や障害をめぐって 209

1……聴力に障害のある両親をもつ子どもとのプレイセラピー——二つの世界の出会い……古屋敬子……210
2……交通事故をきっかけとして始まったと考えられる吃音児の遊戯療法……守屋英子……230
3……知的障害を伴う脳性麻痺児との遊戯療法過程——やすらぎの体験の心理治療的意味……中鹿　彰……243
■コラム■ 前思春期にある知的障害児の「生」と「性」……森石泰生……257
■コラム■ 地域療育における遊戯療法……大谷祥子……259

第5章 発達障害をめぐって 261

1……自閉性障害の三歳男児とのプレイセラピー……橋本尚子……262
2……高機能自閉症——一歳一一カ月からの母子心理療法……吉岡恒生……277

■コラム■ こころとはなることと見つけたり……鈴木睦夫……290
■コラム■ 発達障害児への統合的アプローチと遊戯療法……永田法子……292
■コラム■ 高機能広汎性発達障害の心理療法における配慮……武藤　誠……294
■コラム■ コミュニケーション障害の背景……山田真理子……296

第6章 外国における遊戯療法……299

1……性的虐待を受けた少女との心理療法の一事例……平井正三……300
2……重度総合運動障害(Severe Dyspraxia)による重度言語障害児が
戦いをとおして死と再生を繰り返し、力強く成長していったケース……櫻井素子……320
■コラム■ プレイカウンセリングという概念について……倉光　修……334
■コラム■ ドルトによるの子どもの精神分析治療……竹内健児……336

終章……〈心の器〉としての遊戯療法の場から見えてくる子どもの今……伊藤良子……339

おわりに……伊藤良子……353

人名索引……357
事項索引……361
執筆者紹介……364

遊戯療法と子どもの今

凡　例

一、人名は、原則として本書内で初出の箇所はフルネーム（姓名）を記し、以降はファミリーネーム（姓）に略した。なお、既出の場合でも、ファミリーネームが同じで別人の場合や、執筆者の意向を尊重してフルネームのままにした箇所がある。外国人の場合は、初出の箇所はファミリーネームをカタカナ表記し、それに続けて（　）内に原綴を記し、それ以降はカタカナ表記のみとした。外国人名のカタカナ表記は、既訳の書物を参照して慣行に従うことを第一とした。

二、本文中の文献表記については、引用・紹介箇所に番号を付し、各論文末に一括して掲げることとした。

三、固有名詞の外国語カタカナ表記は各種文献を比較考証した上で、慣行に従うことを第一とした。専門用語の原語の表記は、執筆者の意向を尊重しその判断に委ねた。

四、疾病等の表現について、「癌」の表現は執筆者の意向を尊重しその判断に委ねた。したがって、「癌」「ガン」「がん」といった表現の異同が見られる箇所がある。また「痴呆」は当面、各論文の初出箇所に「痴呆（認知症）」と表記する。

五、近年、心理臨床領域において、「投影法」を「投映法」と表記するなど、専門用語の表記統一が図られはじめているが、本シリーズでは当面、執筆者の判断にそれを委ねることとした。

六、その他、必要に応じ本シリーズまたは本書独自の編集方針に則って、表記を統一することがある。

序章　遊戯療法論

東山紘久

1……心を病んだ子どもと遊び

不登校、心身症、自殺、虐待、薬物など、子どもの問題が話題にならない日がないほど、現代の（特に先進国の）子どもは心を病んでいると言われている。乳・幼児の死亡率が低下した現代に、心を病む子どもが増えてきたのは何とも言えない皮肉な現象である。なぜ、現代の子どもがこんなにも心を病むようになったのだろうか。理由はむろん多岐にわたるであろうが、一番目につく現象は子どもが外で元気に遊ばなくなった、あるいは、遊べなくなったことである。発展途上国の子どもを見ていると、戦争や貧困や飢えに苦しんでいる国の子どもを除いて、生き生きと目が輝いている。外で思い切り遊んでいる。子どもたちが自発的な集団を作って、自らの工夫によって遊んでいる。そこには子どもらしい健康さがある。

子どもを観察していると、子どもはぼうっとしていたり、じっとしていることが少ない。いつも何かしら工夫して遊んでいる。ぼうっとしていたり、じっとしていたり、ぐったりしているときは、子どもは病気である。子どもは疲れたらどこででも眠る。子どもの精神的健康は「よく遊び、よく寝る」ことと関係している。だとすると、心を病んだ子どもの健康を回復するのも遊びということになろう。

2 子どもにとって遊びとは何か

遊びの意味については、これまでに多くの人が述べている。大人になって遊ぶのは、野生動物には見られず、人間だけである。人間は遊ぶことによって、攻撃性を昇華させ、文化を発達させ、人間関係を豊かにしてきた。動物でも、子どもはよく遊ぶ。遊びによって将来の生活の知恵を獲得したり、仲間と敵を見分けたりする技を磨く。子どもの遊びと大人の遊びはその意味あいがかなり異なる。子どもにとって遊びは、遊びであるとともに、生活であり、仕事でもある。遊びは言葉であり、自己表現の手段でもある。

精神分析の創始者であるフロイト（Freud, S.）の偉大な発見の一つに「患者に話させることが、医者が話して聞かせるよりも治療的意味がある」ということがある。精神的な問題に対する治療は、何よりも自由に患者に話させることである。これをセラピスト側から言うと「患者の言うことを傾聴する」ということになる。成人の心理療法では、会話（言葉）による面接が中心になるが、子どもは成人ほど自分自身の感情を言葉にして表現する能力を発達させていない。たとえ、言葉で会話していても、成人のそれとは違うようである。

子どもにとって自己の感情表出を十分に行える手段は遊びである。子どもの心理療法は遊びを中心にしたものになる。われわれはこれをプレイセラピー（遊戯療法）と呼んでいる。プレイセラピーの遊びは、いわゆる、大人が子どもを遊んでやる遊びとは異なる。成人の精神分析での自由連想法の際に、患者の思い浮かぶままに語らせるように、子どもの思いつくままに、子どもの遊ぶままに遊ぶ、子どもの遊びについてゆくような遊びである。精神分析家の第一人者であるエリクソン（Erikson, E. H.）の言葉を借りれば「現代のプレイセラピーは、家庭や近所で遊ぶときに、当然の保護者であるはずの親から、禁止されたりするために、親たちに密かな憎しみや恐怖を懐き、不安にさせられた子どもが、理解ある大人から保護的承認を受けることによって、遊びの世界に平和を取り戻すことができそうだという観察に基づいている。昔は、祖母や気に入りのおばさんがその役割を果たしてきていた。今、その役割を職業的に研究して、演じているのがプレイセラピストである。最も明瞭な治療の条件は、子どもが玩具をもち、自分のためになる大人を持っていることである。遊びの意図がどのようなものであっても遊びが妨げられることなく、展開されることである。『遊びを演じ尽くす』ことは、子どもに許されている最も自然な自己治癒の方法であるからである」[1]となる。プレイセラピーでの遊びは、大人の概念から見た、子どもが遊んでいる状態ではなく、子どもの心が遊んでいる状態の遊びである。

3　遊びとプレイセラピー

子どもの遊びがいわゆる単に遊んでいるのではなく、心の安定を取り戻すための手段として子ども自らが使っていることはよく知られている。このことを子どもはかなり早期から行っている。フロイトは一八カ月の子どもの遊びを観察して、その遊びに象徴的意味があることを示している。その子は、糸のついた糸車を向こうのほうに放り投げては、手元に引き寄せることを繰り返していた。向こうに投げるときは、「オーォーォーォーウ」(ドイツ語で「行っちゃった」を意味するような幼児語)と言い、手元に引き寄せるときは「ダー」(あった)と言っていた。この遊びは、母親がいなくなったときの寂しさに耐え、母親が帰って来たときの喜びを表現するものであった。この遊びによって彼は母親が自分から離れていても耐えられるようにしていたのである。子どもは遊びが楽しいから遊ぶのだが、フロイトの例のように、遊びによって自分の心の安定を保っていることも、子どもの遊びにはよく見られることである。

あるときに、筆者自身の子どもと彼の友人とその兄弟と一緒に遊んでいたことがある。遊びは「怪獣ごっこ」で、筆者が怪獣をやらされていた。遊びが佳境に入ったときに、一人が急に「たかし！　ばか！　死ね！」と筆者に切りかかってきた。筆者の名前は「たかし」ではないのと、彼女の形相があまりにもすさまじかったために、一瞬「はっ」とした。彼女もはっとした。そこにいた全員がはっとなった。次の瞬間に彼女は「元の怪獣ごっこしよう」と、また、怪獣ごっこに戻っていった。彼女の父親は外国で会社を経営していて、不在がちであった。友人の父親がこんなにも一緒に遊んでくれるのをみて、自分の父親に対する何とも言えない不満を怪獣に投影したのである。そして、次の瞬間に元の怪獣ごっこへと戻っていった。[2]

考えてみると、元の怪獣ごっこも、今の怪獣ごっこも、遊びとしては別に変わりはない。しかし、明らかに、筆者を含めてその場の全員には何かの違いが感じられた。「たかし！　ばか！　死ね！」のプレイは、ふつうの怪獣ごっことは異質のものを含んでいる。このプレイは日常の遊びでは行ってはならないものなのである。プレイセラピーのプレイにはふつうは行ってはならない遊びが含まれている。カウンセリングでの会話と同じで、普段の日常生活では言うのをはばかるような内容が表現される。これが、遊びとプレイセラピーの一番の違いである。このときの遊びでは、彼女は父親との葛藤をこれ以上表現するのを避けた。筆者もプレイセラピストとして関わっているのではないので、父親葛藤の部分への応答はしなかった。二人はその場が日常場面であるのを意識していたからである。セラピー場面と日常場面の区別をつけることができた彼女は健康であると言える。セラピー場面は葛藤を統合できる面と葛藤を浮き彫りにさせる危険性を含んでいる。

4　遊戯療法を体験するセラピストにとっての意味

心理臨床に若いときから携わっている人は、男女の別なく遊戯療法を体験している人が多い。子どもの心理療法として一番多く用いられている遊戯療法を体験することには、五つの意味がある。

一つは、対象が子どもなので、大人の心理療法よりも若いときから実践できることである。大人の心理療法はある程度の年齢と人生経験がないとクライエントの心が理解できない。体験なくして相手を理解することは、心理学を勉強している者にとっても難しい。ここでいう体験とは、クライエントが体験したそのものを体験することではない。クライエントが体験したことを共感できるだけの人生体験が必要なのである。言い換えると、大人としての成熟が必要なのである。

これに対して、どんなに若いセラピストでも、子ども時代を通過してきているので、たとえ同じ体験をセラピストがしていなくても、共感できる素地がある。たとえば、自分は虐待を受けていなくても、不登校を体験していなくても、万引きをしたことがなくても、いじめられる心理や学校へ行きたくない心理や非行の心理は理解可能である。これに対して、結婚も離婚も子育ても体験していない若者が、それらを理解することは難しい。熟年離婚の危機を抱えるクライエントを理解するのは、若者にはもっと難しい。大学附属の心理教育相談室では、そのために母親カウンセリングや年長者のカウンセリングを行うための年輩のカウンセラーを非常勤で雇っているところが多い。

二つは、子どもの生きている世界は実存的であることである。子どもは「いま・ここ」に生きている。たとえ空想の世界に入っていても、それは子どもにとって現実である。スーパーマンになっているときは、スーパーマンになりきっている。子どもは、セラピストが「いま・ここ」の応答をしないと、反応を返してくれない。セラピストの頭で考えたような応答は無視されることがほとんどである。遊戯療法で獲得した「いま・ここ」の応答経験が成人のカウンセリングをするときに役に立つ。

三つは、遊戯療法体験は、セラピスト自身の心が自由になる訓練になる。プレイセラピーは子どもの心理療法なので、子どもの心の理解が必要である。そのためにプレイセラピーは、子どもと自由に遊べるという資質が必要である。大人になると子どもを遊んでやることはできても、一緒に遊べることが難しくなる。子どもとうまく遊べることが、子どもの心を遊びで表現させる基本である。子どもと遊べることは、子どもよりも遊んでしまうことではないが、セラピストの心が遊んでおり、遊びのおもしろさや遊びのもつ意味を身体に感じるセンスが要求される。セラピストがオープンでないと子どもとは遊べない。

四つは、子どもの世界は硬くて柔軟である。硬いというのは、自分が実感できないことに対して妥協しないということである。相手の気持ちがわかったとしても、自分がそれを了解しない限り無視してしまう。無視せず、相手に気をつかって受け入れたふりをするときは、子どもは子どもではなくなっている。そこには小さな大人が存在するだけである。小さい大人を、セラピストがその子ども自身だと誤解すると、プレイセラピーは進まない。子どもはセラピーに来るのを嫌がる。

柔らかいというのは、陶冶性が高いことである。子どもはどんなものでも自分の世界のものに作り替えてくれる。机は基地になる。机は学校になる。机はベッドになる。セラピストは理解のあるお母さんにもなれば、魔女にもなる。男性である筆者が、子どもから何度も「ママ」と呼ばれた体験すら遊戯療法ではある。成人のクライエントから「ママ」と言われたことは皆無である。

子どものもつ硬さと柔らかさが現れる不思議な現象を、箱庭療法のミニチュア玩具に見た。箱庭療法は子どもにも成人にも使える特性をもった心理療法である。箱庭のミニチュアの中には、手作りのミニチュア玩具がたくさんある。成人のクライエントは、創作されたミニチュア玩具をよく使うが、子どものクライエントは既成の玩具しか使わない。既成の玩具しか使わないのに、その使い方はミニチュア玩具がもっている本来の意味を超える。野獣がいっぱいいる森の中に、家も囲いもなく、赤ちゃんがベッドに寝かされているような状況を平気で置く。クライエントが、野獣に取り囲まれて、無力なままに一人置かれている状況であることが理解できる。しかし、それはある意味でセラピストの解釈である。野獣は野獣ではない。子どもが思う野獣性であることもある。赤ちゃんは必ずしもクライエントを意味しないことをセラピストは感じている必要がある。赤ちゃんが、子どもの母親である場合も十分考えられるからである。

五つは、子どもは種を超えてかわいい存在である。犬の子も、猫の子も、ワニやサメの子どもでも、子どもはかわいい存在である。まして人間の子どもである。子どものしぐさに微笑まない大人は少ない。子どもがかわいくない人もいるが、それは子どもに対してその人にトラウマがあることを意味している。その人の子ども時代か、現在の子育てや夫婦関係にトラウマやコンプレックスがある。子どもが大変な問題を背負っていても、子どものかわいさが、成人のクライエントより、どこか親密感をわれわれに感じやすくさせる。

以上のことから、心理療法を志す人には、よほど子どもが苦手である人を除いて、まずプレイセラピーを体験することから始めることをおすすめする。

5 遊戯療法の原則について

プレイセラピストの基本的態度は、「子どもが遊びを演じ尽くす」まで、子どもの遊びにつきあうことである。具体的には、子どもとセラピストがともに自由にしていることができる場所で、簡単な場面構成（「何時まで、ここで自由に遊んでいいよ」など）をし、子どもが自発的に動けるまで待ち、〝ここ〟というタイミングを逃さずにセラピストが感じたことを伝え、子どもに任せてどこまでもついていく、ことである。

大切なことは、子どもの力動的心理療法は、クライエント中心でしか成り立たないことである。成人の心理療法においても、ロジャース（Rogers, C. R.）が言うような基本的な「クライエント中心」の概念は、理論的背景が異なっているとしても、心理療法家の基本的態度として成り立つ。遊戯療法では、遊びが使われるのに対して、成人の心理療法の場合は言葉が使われる。言葉も意味的な幅は広いが、プレイに比べて概念が限定的である。大人のクライエントの場合、セラピストがある程度主導しても、クライエントは応じてくれる。子どもの場合は、それではまず応じてくれない。少なくとも心理療法としてのプレイにはならない。だから、ロジャースのカウンセラーのための三原則（①共感的理解、②受容、③純粋性）は、大人のクライエントに適用しようとすると、セラピスト側に相当の精神的成熟が要求される。

これに対して、アクスライン（Axline, V. M.）の遊戯療法の八原則は行いやすい。アクスラインの原則にはたとえば次のようなものがある。①子どもとの温かい親密な関係を発展させること、②子どもが自分の気持ちを完全に出して遊べるようにすること、③子どもの可塑性と治癒力の高さを信じること、④子どもの遊びを指導しないこと、⑤子どもに自分の責任を気づかせるだけの制限を設けることなどである。この原則に外れると子どもとのプレイが成り立たないからである。具体的に検討しよう。

子どもは遊びが本職である。子どもが自分の気持ちを完全に出して遊べないと、子どもは遊んだ気がしない。遊び尽くせない。子どもが遊び尽くしたと感じたとき、子ども本来の姿に戻る。本来の姿に戻ると、子どもは可塑性が高いので、治癒力が活発に働く。心理療法の初心者でも、子どもと遊び尽くせたら、子どもは治ってくれる。若いセラピストにとって、心理療法の成功体験は、以後の専門家としての道程において、重要な動機付けになる。失敗ばかりだと、やがてやる気が失せるのが人間である。

また、子どもは遊びの天才である。子どもの遊びやそれにともなう会話を指導したり先導したりすると、子どもとの遊びは成り立たない。これに対して、大人の場合は、カウンセラーが少々話を先導しても、方向づけても、純粋でなくてもクライエントはそれに応じてくれる。

子どもとの温かい関係がなければ子どもは即刻退出してしまう。我慢して、期待して心理療法を受けに来ようなどと、子どもは思わない。子どもは自分の遊びにつきあってくれる大人は大好きである。だから、そのような大人の言うことなら、素直に聞いてくれる。プレイセラピストとして、子どもに制限を加えなければならないことはまれであるが、時には子どもはうれしすぎて羽目をはずすことがある。制限は最低限でいいのであるが、プレイルームの現実を維持するための制限は必要である。制限破りが一番多いのは、自分の気持ちがセラピストに伝わらなかったときや十分遊べた感じをもてなかったときである。また、家や現実が大変でそこへ戻るのが嫌なときに、子どもは退出を渋る。セラピストを試そうとする。制限はセラピストとクライエントとの相互作用によるのである。このとき、セラピストが非現実と現実の枠組みをしっかり知っておくことが重要な鍵になる。

遊戯療法の原則は理論を超えてあまり変わらない。それは遊戯療法は、先にも述べたように子ども主導でないと成り立たないからである。たとえば、『子供の精神分析』[3]を書いたウルフ（Wolff, S.）は、心理治療の三つの原理を、①患者と患者のすべての感情の受容、②共感的理解、③子どもが自分の抑圧部分を表すのを助けること、と述べている。

アクスラインとウルフは、よって立つ心理療法の理論は異なるが、言っている内容は似ている。「子どもに自由に遊べる場と理解してくれる大人を与えると、子どもの自己治癒力、自然治癒力が働き、子どもは生き生きしてくる。もし、周囲の大人がどこまでもこのような態度をとり続けるならば、子どもは十分遊び演じ尽くすことができ、心の問題は昇華される」が、遊戯療法の仮説であり、今までの経験から得た知見である。

ロジャースの三原則は「野球で必ずヒットを打つ方法と似ている」と先輩が言っていた。「ストライクを打つこと、ジャストミートすること、野手のいないところへ打つこと」。こんな難しいことはなかなかできない。これができなくても、野球は楽しめる。しかし、プレイセラピーの場合は、アクスラインの原則が守れないとセラピーにならない。セラピーにならないから原則を守ろうとするし、セラピストにとって効果的な訓練になるのである。

6 遊戯療法の目的

プレイセラピーの目的は大きく分けると次の四つになる。

①神経症状の除去（心因性の症状の除去）。

②神経症状の背後にある人格的問題の解決。

③人間形成や教育場面に援用し、その目的達成のための援助手段とする。

④セラピーと言うよりもセラピストと子どもの「出会い」そのものが目的。

ふつうプレイセラピーは②までの目的を中心に行われている。特に、外国ではそうである。しかし、わが国ではプレイセラピーの目的が拡大されている傾向がうかがえる。遊びは子どもにとって、教育や学習の手段であるからである。また、遊びを通して意味のある大人に「出会える」のは、子どもの後々の人生にとって大きな意味をもっているからである。幼稚園や学校で勉強を教えてくれた教師のことは忘れていても、放課後、一緒になって楽しく遊んでくれた教師のことはよく覚えている。

目的の拡大は、とかくプレイセラピーの効果や有効性、適用範囲を曖昧にする欠点をもつ。プレイセラピーを行う人は、広義でも狭義でもいいが、目的をそれぞれの内にしっかりともっておく必要がある。

本書では事例を中心にして、遊戯療法の実際を述べている。そこには多種多様な遊戯療法の使われ方、応用の仕方がある。遊びは子ども本来の活動であるので、子どもの本性を生かそうと思うと遊戯療法的アプローチに自然と行き着く。それだからこそ、逆にプレイセラピストは、遊戯療法を手段とするアプローチにセラピストとしての目的意識をハッキリさせる必要がある。

7 遊戯療法における二つの問題

1 行動化について

カウンセリングの過程でカウンセラーはクライエントの行動化（acting-out）に気をつけなければならないと言われている。プレイセラピーの場合はどのように行動化に注意する必要があるのだろうか。

行動化というのは、心の中に留めておかなければならないことを、実際に行動してしまうことである。カウンセリングで一番怖い行動化は自殺である。カウンセリング過程で起こる変容の過程は、ある意味で「古い自分が死んで新しい自分が生まれる」いわゆる「死と再生」なので、これが心の中だけで行われずに、実際に起こると自殺ということになる。大人の心の中での変化は、カウンセラーに語りかける外言語とそれを支え深めている内言語を通じてふつうは行われる。どうしても言語化しにくい思いが、行動として出てしまうことになってしまう。

これに対して、子どもの場合はもともと言語で自分の心を十分に表現できないために、プレイが使われている。だから子どもの内的表現は基本的に行動化なのである。子どもはたえず行動によって自分を表しているので、プレイセラピーが特別ではない。だから、子どもの行動化は大人から見るとたかが知れたものである。それに子どもは体力的にも大人と比べてそんなに強くはないので、いざ行動化が起こっても、大人の側に安心感がある。この安心感が子どもの行動化をひどくしない要因として作用している。

特に問題になるようなケースはプレイセラピー過程でなくても起こりうる。迷子とか集団での悪戯、冒険や危険なことをするなどである。『トム・ソーヤーの冒険』や『スタンド・バイ・ミー』など子どもが主人公の有名な映画は、子どもの行動化が子どもの成長の時期に起こり、それが成長にとって欠かせない一面をもっていることを示している。

では、プレイセラピーにおいて行動化に注意する必要はまったくないかと言えばそうではない。考えてみるまでもなく、症状というのはある意味で行動化である。心の問題は感情語で表されることが多い。「頭が痛いことだ」「吐き気を催す人」「消化不良になりそう」などは頭部や胃や食道などの器官に起こっていることではなく、心にあることである。しかし、これが実際に身体に起こってくると心身症となる。症状は一種の行動化である。これらの行動化が大人より子どものほうに生じやすいことは、日常経験しているところである。

プレイセラピーによって心を表現できるような環境に子どもが置かれると、子どもは行動化を起こしやすくなる。乱暴で攻撃的な子どもが、家では今まで抑えていたような行動を、プレイセラピーを受けることで、両親に出せるようになる。引っ込み思案の子どもが乱暴になったり、ぽつぽつと学校へ行けていた不登校児がプレイセラピー開始とともにまったく学校へ行かなくなったりすることがしばしば起こる。また、子どもの場合、その思いの発散が親に向かい、時には親が悪者の役を引き受けさせられる。すると、親はプレイセラピーを受けて子どもが悪くなったと思う。子どもの治療は親に連れて来てもらわないとやれないので、親がこのように感じてしまうと子どもを連れて来てくれなくなり、変化の時期に中断ということになってしまう。親の理解がないとプレイセラピーが行えなくなる。このようなときには、プレイセラピストはいつもある種のジレンマに陥る。これが親子並行面接の必要性の理由である。遊戯療法の場合、親子でセットということを常に考えておく必要がある。

2 プレイセラピーにおける解釈の問題

プレイセラピーでは、解釈することをどのように考えればいいのだろうか。精神分析では解釈は重要な方法の一つである。しかし、解釈が知的なレベルに留まり、知的な洞察に終始していては、肝心のセラピーは進展しない。大人のセラピーでは、言語が主な手段であるため、正確なコミュニケーションができる反面、知的なレベルにこだわることが多くなる。子どものプレイはその点、実に曖昧である。児童分析では大人の言語と同じようにプレイの内容も解釈できるし、する必要があるとの立場をとる人もいる。しかし、それと同じくらい子どものプレイは子どもの特質をもっているので、解釈というような知的言語的手段はかえって子どもを混乱させると考えるセラピストもいる。これらの考え方はどちらが正しいと一概に言えるようなものではない。クライン（Klein, M.）の症例を最初に読んだときに、こんな解釈が子どもに通じるのかと疑問に思ったことがある。しかし、実際には、子どもたちは驚くほどよく理解していた。そこで少しクラインの真似をしてやってみると、通じるときとまったく通じないで怪訝な顔をされるときがあった。西洋の子どもと日本の子どもの違いかもしれないが、アクスラインのアプローチのほうが筆者には自然であった。

長いあいだプレイセラピーをやっていると、解釈が必要だし、解釈の劇的効果を味わえるときも少なからずあった。後からプレイをふり返ってみると、解釈にセラピストの感情が乗っており、迫力があることが大切なようである。子どもたちに言葉の文字どおりの意味だけでなく、セラピストが伝えたいと思っている感じを、解釈は直接的に伝える効果をもっていた。だから、子どもの激しい攻撃や興奮を、子どもが納得しておさめるのに解釈は適していた。具体的に述べてみよう。

夜尿の主訴でプレイセラピーをした一一歳の男の子A君がいた。A君のプレイは面接を重ねるに従って攻撃的になってきた。しまいには、セラピストの髪を引っ張ったり、叩いたりするのを無常の喜びとして、プレイセラピーにやって来ていた。セラピストは髪が薄くなりはじめていた頃であったのと、叩くのがきついため、かなりの苦痛を感じていた。セラピストを攻撃したい気持ちを言葉で返したぐらいでは、かえって乱暴はひどくなるのである。セラピストはあるとき覚悟を決めて言った。「どう考えても、A君から、こんなにひどいことをされるようなことをしているとは思わない。誰かの代わりにやられているように思うのだが」。すぐさま彼は「そんなことはわかっているだろう。それはあいつに決まっているではないか」「そうか。僕はあいつの代わりに、君に殴られてるのか」「そうだよ」「あいつを直接的には殴れないのか」「そうするには、あいつは弱すぎるのだ」。

A君のお父さんは、A君が生まれたとき、昔からA君の家を知っているお寺の住職から「男の子が生まれてあの家は大変だ。あの父親に男の子が育てられるとは思えない」と言われたそうである。お父さんの代わりに叩かれていることが、解釈によってはっきりした後、A君の攻撃はすぐにはやまなかったが、叩く力が弱まり、次第にセラピストへのいたわりが見られるようになった。

この事例の場合、こんな転移は初歩的なもので、それさえわかっていたら、もっと早くに解釈すべきだ、と感じる人がおられると思う。それはある意味で正しいが、ある意味ではそうはいかないところがある。なぜなら、ある時期までセラピストを直接的に攻撃することは、この子どもにとって必要だと思うからである。子どもはわけがわかるとすぐに行動を控えることもあるが、わかっていても長年たまっていることは、ある程度発散しないと解釈が受け入れられないからである。セラピストの代わりに、父親人形やぬいぐるみなどの代理の玩具を使うことも当然できるが、そういう代理の利かないときもプレイにはある。それがプレイのプレイたる所以なのである。

プレイセラピーにおける解釈は、攻撃と制限を加えるときに一番有効であるような気が、経験からしている。深層に横たわる衝動の解釈は、むしろ直接的な言葉ではなく、セラピストの直観からくるイメージをお伽噺ふうに語るほうが自然に子どもの心に伝わることもある。象徴表現は直接的な意味に置き換えられないところにその値打ちがあるからである。プレイはそれ自体イメージ的であり、象徴的であるから、解釈もプレイ的、イメージ的、象徴的にできれば最高であろう。

以上、簡単に遊戯療法に対する筆者の考えを述べた。読者諸氏が次から述べられる事例によって独自の遊戯療法論を構築されれば、筆者としては望外の喜びである。

[文　献]（1）E・H・エリクソン「遊具と理性」（M・R・ホワース編）『児童の心理療法1――実践と理論的基礎』外林大作訳、誠信書房、一九六八
（2）東山紘久『遊戯療法の世界――子どもの内的世界を読む』創元社、一九八二
（3）S・ウルフ『子供の精神分析――ストレスに遭った子供たち』内村節子訳、河野心理教育研究所出版部、一九七七

第1章……強迫的な不安をめぐって

1

強迫症状を呈した一〇歳男児とのプレイセラピー
――きっかけとしての事件、症状消失への過程、症状消失後のセラピーについて

三枚奈穂

はじめに

報道される事件が、子どもに与える影響はさまざまである。直接事件に関わった子どものショックはもちろん大きい。また、事件とは遠く離れた所にいる子どもであっても、その時点で子どものもつ心性などとぴったりと符号し、事件を一つのきっかけとして症状が現れる場合もある。著者の出会った一〇歳のAは、毒物カレー事件という世を震撼させた事件を聞いたことをきっかけとして、カレーが食べられなくなり、本人も困ったことに「つばが飲み込めなくなる」という強迫症状が出はじめた。日常ではそうした強迫症状の主訴自体は一年ほどで解消したものの、面接場面では観念的な話で五〇分が毎回埋まるようになり、その後もセラピーは二年続いた。

Aのもともともっていた力がプレイセラピーという場で非常に有効に働いた過程を追うとともに、症状が消失した後のセラピーについても重点をおいて検討したい。症状形成は本人にとって非常につらい体験であるとともに、背景には個人に秘められた豊かなユニークさがあり、その部分をどう今後の生活に生かすかは重要である。本稿では、その点についても考えてみたい。

1 事例の概要

■クライエント　A君、一〇歳、男子。

■主訴　つばが飲み込めない、神経質、低身長（いずれも、母親による主訴）。

■家族　父（四〇代、会社員）、母（三〇代、主婦）、妹（幼稚園）、父方祖父母と同居。

■生育歴および問題歴　幼稚園の頃、手を何度も何度も洗うことがあり、また隣の子が吐いているのを見ると耐えられず、自分も吐いてしまうことがあった。小学校四年生時のX年八月よりつばが飲み込めず、授業中は口に入れて我慢し、休み時間に吐き出していた。そのため、緊張もあるし、発言もできない。食事のときも違和感があると吐き出したり、箸や手を何度も洗いに行く。同時期のカレー事件以降、カレーが食べられなくなった。学校の友達とは、ゲームはするが、運動には入ってゆかない。「一番になりたい」という気持ちが強いが、体力的についていけないことが嫌なよう。休み時間は一人でプラプラしていることも多い。

X年一一月、小児科で低身長（一一九㎝）と診断され、同時に前記の訴えがあり、一二月より小児科外来にてプレイセラピーを開始。

■インテーク時の外見・印象　色白で目がクリっとして、かわいらしい。石鹸の香り、清潔な服装できちんとしている。小学校四年生だが、一年生ぐらいの体格。ゲームから顔を上げず、ぽつぽつと独り言。ゲームをはさみワンクッションおいての対話が、Aには安心できる様子。

■初期の見立て・方針　強迫症状のある（つばが飲み込めない）一〇歳男子。Aのあふれるような連想は、個性的なので、周囲には受け入れられにくいと思われた。「想像力」にもなりうる連想が、Aの伝える方法の洗練されなさも手伝って日常生活のなかでは不適応なものとなる可能性があった。セラピーの方針としては、思いついたことを早口で言うAに対し、セラピストは「内容」よりも、「伝えたい」という思い自体を、そのつど受け止めてゆく。また、Aが自由に表現を行う場を確保し、Aの内から「あふれくるもの」を自分なりにおさめていく過程に付き添うことに務めた。

■対応　週一回の母子並行面接。Aには五〇分の遊戯療法・有料（再診料）。場所は診療室。玩具はセラピストが時間前に診療室に持ち込む（オセロ、トランプ、ジェンガ、紙粘土、画用紙、色鉛筆、折り紙）。

2　面接経過（「　」はA、〈　〉はセラピストの言葉）

【一回〜一四回（X年一二月〜X＋一年五月）】　独り言から相互的やりとりへ

［一回］ゲームボーイ持参。ゲームから顔を上げないが、「おっきいのが釣れた！」とぽつぽつと独り言が出はじめる。〈釣り好き?〉「お父さんは好きやでー」。ゲームをはさんだワンクッションおいた対話が、Aにとって安心できるよう。時おり、ごくっと音だけさせるような不自然なのどの動き。四〇分、ゲームをはさんでの会話。〈もうちょっとA君のこと知りたいんやけど、絵かいてみない?〉「かく」。バウムテスト施行［図1］。非常に筆圧が強く、体をきゅっと縮こめながら描く。最初は斜めに木が曲がり「曲がってもーた」と上から×を描いて、横に小さな木を書き直す。実も小さめだが、最後にいっそう小さな実を二つ描く。埋め尽くす実の感じは強迫的でもあるが、最後の二つの実の小ささにはユーモアも感じられる。〈何歳の木?〉「一〇歳」。施行後は、Aもリラックス。〈つばを飲み込めないって聞いたけど、いつもはどうしてるの?〉「水道にペッてする」〈ペッてしたくなったら、ここに水道あるよ〉に、さっそくペッと吐く。蛇口からあふれる水に「ここのはあったかいわー。学校のも家のも冷たいのに！」と叫ぶ。「うちの水道は疎水からひいてきてるから冷たいねん」〈これからこんなふうに毎週一緒に五〇分遊ぼうか?〉「うん」。小声でうなずく。

［二回〜五回］ 星座のクイズ本を持ってきて、自問自答。「太陽は回ってる?」と自分で言って、「うん、回ってる」と自分で答える。オセロでは、自分がどこに置くかに夢中で、セラピストの動きを見ていない。神経衰弱もセラピストの順番を抜かし続ける。「学校づくりゲーム」というゲームソフトについて、セラピストに教えてくれる。発音が、たまったつばではっきりしないところもあるが、とにかく早口で一生懸命伝えようとする。「つーば、はーこう!」と堂々と水道へつばを吐きにいくこともある。次第に、ゲーム中、セラピストを意識してにやっと笑ったり、「そんなことしたら、知らんでー」とはやしたり、とぼけたり。

［六回］ ゲームをしながら、「晩ごはんはきっとカレーやで。まずカレー鍋、ルーの箱、何よりカレーのにおいがしてた!」と推理口調。〈カレー食べる?〉。セラピストの問いに「うん食べるよ」ととぼけるが上ずった口調。ゲーム後、貼ってある〝標準身長・体重表〟を見つめ、セラピストに背を向けたまま「いーひっひ」と変な声。「どうせ関係ありませんから」と明るい声で小さくつぶやく。〝低身長の目安〟表にも無言で見入る。その後の脈絡ない話しぶり(「家の水はすぐ凍る」「クラブはコンピュータ」)からも、Aのつらさとそれを隠そうとするAの努力が見える。

［図1］初回時のバウム

［七回〜九回］ コマを持参。セラピストに「どっちのコマがいい?」と自分からはじめて遊びに誘う。コマを回しつつ踊りながら大声で歌を歌う。それは友達B君と二人で作った「秘密の歌」だという。またコマ回しも、地べたに座りこんだり、壁にもたれかかったり……といろんな姿勢で熱中。体も使い、空間が自分のものになってきた印象。

［一〇回、一一回］ Aがジェンガを積み上げていると、突然、地震が起こる。Aと二人で机の下に隠れるが、しばらく揺れる。〈怖かったね〉「頑丈やから大丈夫」と、積み上げたジェンガを全部壊して作り直し「橋」と一言。一一回では、粘土で「駅」を作る。

［一二回］ B君と作った秘密の歌を、「三年間秘密で保存して」学校の先生の前で、はじめて披露した、とのこと。また、ゲームソフト「電車でGO！2」の歌を歌い、ゲーム中の乗客の真似を楽しげにする。

［一三回］ 紙ヒコーキを飛ばし、自分で新しいヒコーキ遊びを産んでゆき、遊びが尽きない感じ。「暑い、暑い」とトレーナーを脱ぐ。裸足で椅子上にのぼり、夢中で遊ぶ。Aのもつ想像力の尽きなさが、「遊びの尽きなさ」へとつながっている印象。

［一四回］ 表情が少年らしく、服もうす汚れた感じになりたくましい。ものすごい集中力のなか、五〇分かけて粘土でいろんなものを作っては折り紙の上に置いてゆく。折り紙自体が一つの枠になっている感じ。まず、シイタケのようなものを二本作る（①）が、柄がぐちゃっとなって立たない。それらを一気に丸め、一生懸命こねた後、折り紙の上に、階段を作って乗せる（②）。小さなボールを作って、滑り台の上から転がす。「えへへへへ（笑）。なんでかしらんけど、ちゃんと転がるな」。さらに小さなボールをいくつも作って転がす。「木」を置く（③）。次に「井戸」と一言（④）。折り紙の左上を粘土で囲み、その中に山のようなものを作る（⑤）。次に「井戸」にふたをする。その「井戸」を手にもって丸め、作り直して置き、「ポンプ」と一言（⑥）。Aがつばを飲み込む音がする。はじめて聞く音である。そして、「水道」（⑦）と言って、「階段」の上に蛇口をつける。蛇口から階段を何度も目で追う様子は、水が流れるのを想像しているかのよう。蛇口のすぐ下に楕円の器を作って置き「おふろ」（⑧）。Aがつばを飲む音が再び聞こえる。ポンプにふたをする。「木」を二つ（⑨）。「できた！」。手を洗うと、セラピストの視線に合わせて、折り紙をゆっくり回転させて全部見せる。「木は移動もできる」〈最初に作っ

て丸めたのは？〉とシイタケのようなものについて尋ねると、「あれはな、家やで」。［図2］［図3］

【一五回〜二九回（X＋一年五月〜X＋一年一〇月）】 強迫症状の解消

［一五回］ 一五分遅れで来室（一六回も）。

【母親面接より】 学校で友達と遊ぶことが楽しいよう。一五分遅れもそのため。食べられるものが増えてきた。

［一六回］ 画用紙の空間全体を使って迫力のある橋を描く［図4］。この頃のAは自然につばを飲み込むというより、つばを飲み込むときに音が聞こえる感じ。

［一七回］ 前回の「橋」と対照的に、とても「小さいもの」（エビゾー君というプランクトン）を育てている、

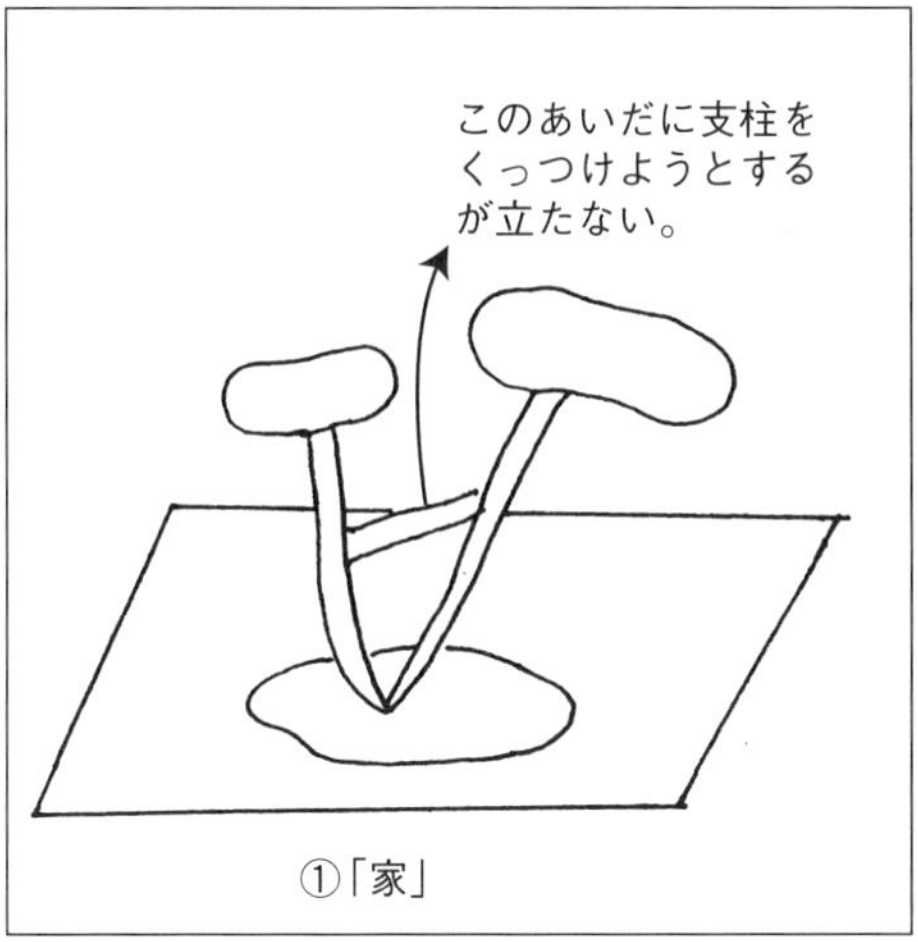

［図2］ 折り紙の上の粘土作品(1)

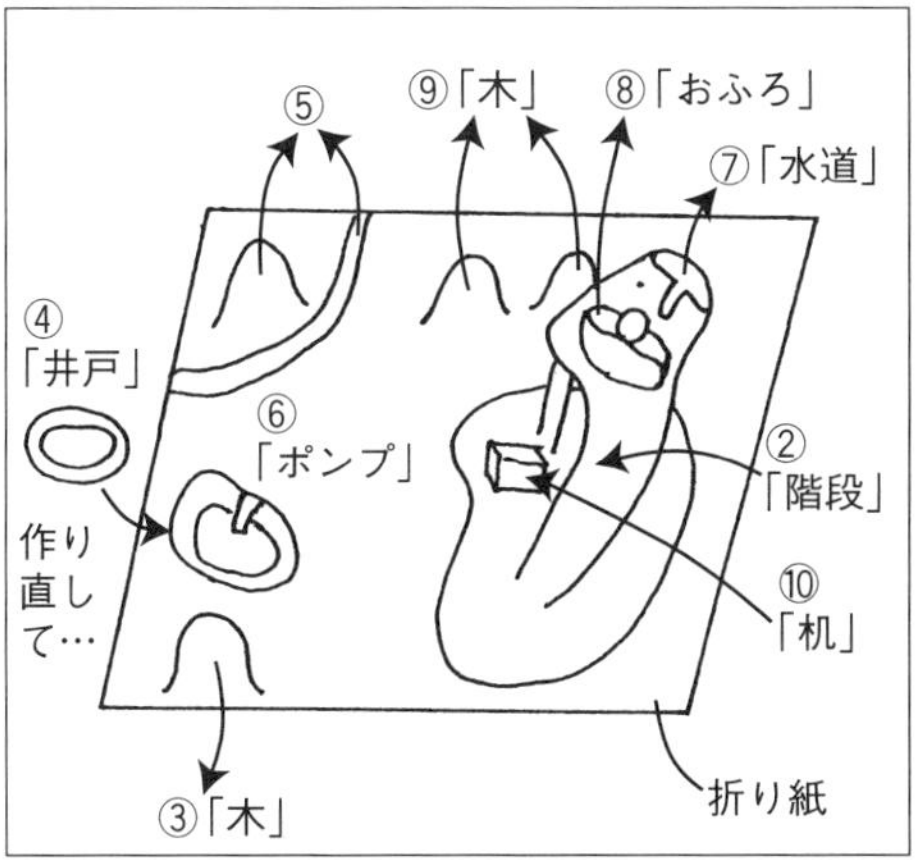

［図3］ 折り紙の上の粘土作品(2)

と絵を描きつつ話す。同じ画用紙に海に「ブラックホール」と「うずまき」を二つ描き、ブラックホールから「たーすーけーてー」という声を描く。「こっちのうずまきは水を飲み込む。それでこっちのは吐き出す。その吐き出したのを全部ブラックホールが飲み込む。いったん飲み込まれたら何でも吸い込まれる。もう絶対出てこられない」といったん言い切るが、「でもな、時々は吐き出したりもする」と付け加える。Aの内界が、いかに混沌としてすさまじいものかを、あらためて思い知らされる。最後に、Aは現実的な話（「冷蔵庫の豆腐はどこに入れたらいいか、知ってる?」）をして帰る。すさまじい内界を表現した後は、しっかりと現実に帰ってゆこうとする力も感じさせられる。

［一八回］ A独特の手品披露が始まる。

［一九回］ Aの旅行体験談。「お父さんの車に乗ってたとき、ナビゲーション狂った。高速走ってるのに、『公園があります』って言う（笑）」。その体験はAが症状を出しはじめた頃のことであった。

［二〇回］ オセロを高く積んでいく。その塔のてっぺんに、一枚のオセロを磁気を反対にして近づけると、反発した塔はフラフラと揺れる。その様子を楽しみつつ「地震」と言う。

［二一回、二二回］ 「電車でGO！2といえば、でんちゃでGOやな」〈え？　それって⁉〉「お茶やんか‼」。Aにとってはこの音韻連想がジョークのよう。あまりギャグにはなってないのだが、Aの有り様がおもしろかったのでセラピストが笑う。

［二三回、二四回］ ファービー人形（音に反応して声を出すぬいぐるみ）持参。「まだお腹すいてんの？」「もう寝とけ」など心のこもった感じで呼びかけ、なでたり、くすぐったり、飼っている動物に接しているようなかわいがり方。二四回には、「夏休みはファービーと一緒にずっと遊んでた。だいたい行動パターンもわかった。ファービーにポシェットを作ってあげた」。

〔二五回〜二九回〕「二枚ずつひいていくと、二枚とも同じのがでる」というA考案の手品。Aはこうした「同じ」ものが一緒に出る、という感覚が楽しい様子。また、新幹線やビルの絵をたくさんの窓を細かく一つ一つ、一言もしゃべらず、一定のリズムで長時間かけて描いてゆく。筆圧や表情から、「そうしなきゃ」でなく「そうしたい」自由さを感じ、Aがいかに法則性に親しみがあるかがよく伝わってくる。

【母親面接より】 つばを自然と飲めるようになった。口の中にためこむのはなくなった。学校では何事も自分から積極的に参加するようになった。

【三〇回〜四七回（X＋一年一〇月〜X＋二年三月）】 観念的な話——語りがあふれる

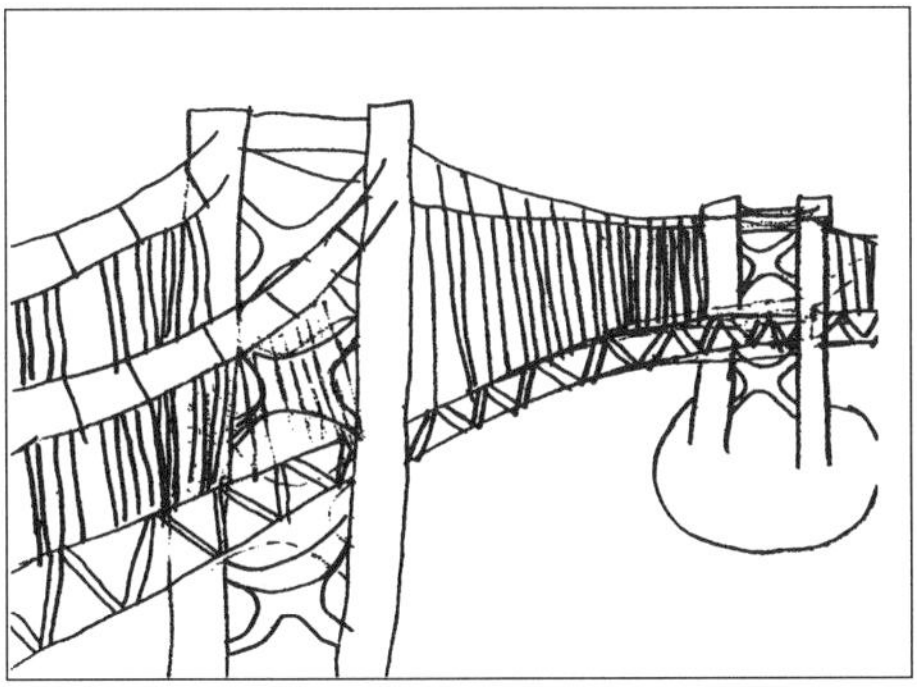

〔図4〕橋

プレイのなかでは、自分の知識をあふれ出すように語る時期が一時続き、「話」で五〇分が埋まる。話の内容は、たまごっち（三〇回）、ミニ四駆、コンピュータのこと（三一回）、新幹線（三三回）、鉄道模型（三五回）、ポケモンの紹介、ゲーム（四一回〜四五回）など。専門用語をつぎはぎしたような印象で、観念的であり、内容自体意味をなしにくく、理解しにくく、セラピストはつい、うとうとする回が続く。ポケモンの紹介あたりから次第に、セラピストも自然と楽しめるほど、話に文脈ができ、専門用語のオンパレードでなく、「〜が一番やね」などAの好みが出てくる。また、「お父さんは……」「友達は……」と人との関係のなかに専門知識が生かされている様子が伝わってくる。また、こうした専門的な話のなかに、次第に日常のなかでの豆知識も増えてゆく（背の伸ばし方、結晶の作り方、車の渋滞をなくす方法）。綿密さのなかにも、絵を間違えて描いても、「まあいっか」とそのままにできるいい加減さも育ってくる。この頃「人にはできないことのできる自分」を誇る部分も出てくる。その一つが、「発見する自分」であり、さまざまな手品めいたもので、積み木でどの組み合わせが揺れに強いかなどを自分で考えだして披露する。セラピストに「こんなんも知らんの！」と軽口も。

【四八回〜八三回（X＋一二年四月〜X＋一三年三月）】 普通のルールでの遊びと、物事の法則性への熱中

普通のルールに則った遊びが多くなり、トランプの大富豪などに毎回熱中。頭を抱えて悔しがることもある。その一方で、七五回から毎回、物事の法則性を見出す遊びに熱中するなど、A独特の世界もかいまみられた。母親によると、この小六以降、日常では何事にも積極的に参加をするようになる。ドッジボールなどでは体力的についてゆけないこともあり、泣いて帰ってくることもあったが、全般に自分からのびのびした様子で参加するようになった。また、コンピュータを近所の人に教えるなど、得意な分野に関しては特に積極的になったようであった。小六、三月時、身長が一三六・九㎝に伸び、二次性徴はまだないが、成長ホルモンの分泌はおそらく正常で、遅れて伸びる可能性があろうと、小児科医より報告される。

【八四回〜九三回（X＋一三年三月〜X＋一三年一〇月）】 心理相談室へ移動

中学入学に際し、授業時間が延びるため、病院の診療時間と合わなくなったことと、強迫症状の主訴解消もあって、いったんの別れを念頭におきつつ、Aの希望を確認する。A自ら、継続を希望したため、筆者の所属していた心理相談室へリファーし、筆者が続けて会うことにした。改めてバウムテストをしたところ、一回の小さな木とは異なった、大きなのびのびした木が描かれた。一方で、樹冠の中にさまざまなくだものがぎっしりと描かれ、Aの発想の豊かさとともに、それゆえの生きてゆくしんどさも感じられた［図5］。約半年後、はにかみながら、「もういい」と言うAの言葉で終結となった。その終結時

に描いたバウムテストが［図6］である。

3 考察

1 初期にセラピストが目指したこと

カレー事件をきっかけとしての症状形成であるものの、幼少期からの「吐くことへの不安」「手を何度も洗うこと」を考えると、事件以前からAは「有毒なものを体に入れてしまうのではないか」との不安を抱えていたと思われる。プレイのなかで早口で自分の知識や連想をどんどんと吐き出そうとするAを見ていると、前思春期に入った彼にとって、「有毒なもの」とは、自分の中にわき上がる想像や連想であるかに見えた。人に伝えることが周囲の人との間でうまくゆかず、受け止められなかった想像はさらに混乱した形でAの中にたまってゆき、A自身にもすんなり受け入れられない、飲めないものとなっていたようである。そんなAの心性と、有毒な

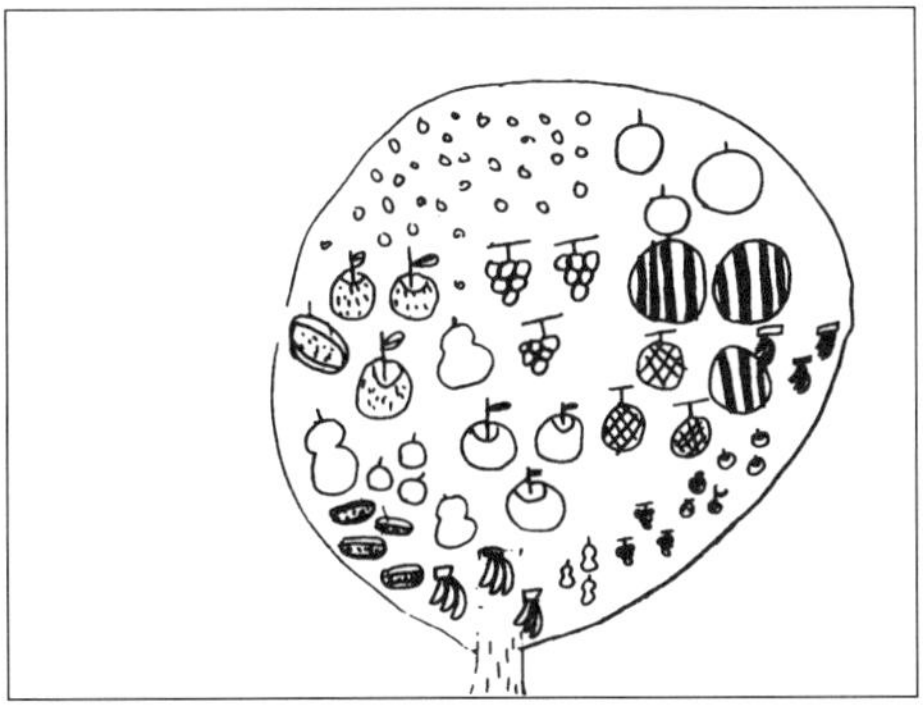

［図5］八四回のバウム

［図6］最終回のバウム

ものへの恐れを強烈に喚起する事件が重なり合って症状形成に至ったと思われる。

「つばが飲み込めない」「違和感のあるものを飲めない」というAの症状は、自分からわき上がるものを否定しようとする働きに満ちているように筆者には思われた。そのため、セラピーではAが表現するものを、できるだけそのまま飲み、そのうちAの中でまとまりゆくのを待つ、との作業を方針とした。

Aの話は時に個性にあふれ、話の内容が理解できないこともあったが、そこにひっかかりすぎず、背後にある「伝えたい」というAの思い自体を受け止めることを大事にしたいと感じた。プレイでのAの表現がセラピストに、あるいは場にそのまま流れてゆく過程を経て、Aは自分の表現、自らわき上がるつばを「有毒なもの」として否定せずにすむのではなかろうか、というのが当初のセラピストの考えだった。

2 症状の消失――水のイメージの変化

「水」をめぐるイメージがAによってさまざまに表現されたのは印象的であった。初回の「家の水は冷たい」に始まり、自らの「低身長」を思い、つらい気持ちも喚起されたであろう六回では、「家の水はすぐ凍る」と話す。そうした停滞した冷たい「水」は、「橋」の表現を経て（一〇回）、一四回の非常に集中的な創造へとつながってゆく。一四回では、「水」のある場所が井戸からポンプ、そして水道へと歴史的な変化をする。水は地下から湧き出し、くみ上げられ、口から出てくる。水道から水が流れゆく様子をAは頭の中で想像し、あふれ出す水を受け取るものとしての「おふろ」も同時に置いた。あふれ出す水が流れるだけでなく、器もしっかりと表現されたことは、セラピストがはじめてAのつばを飲み込んだ音を聞いたこととまったく無関係ではないだろう、とふり返ってみて思う。あふれる水の大きさに圧倒されず、流れてゆく水を受け止める器があると、漠然と感じられてこそ、「水」は自由に流れてゆく。

この「水」をつばに見立ててみると、主訴解消の流れは自ずと理解できる。そして、「水」が自由に流れ出すと、同時にそれは「うずまき」のような非常に大きな巻き込まれるようなイメージをも喚起する。一六回の橋や一七回のうずまきはAが家族で旅行した際の景色ではあるが、この時期にA自身に大切なものとして浮かび上がってきた心の風景でもあったのだろう。

二〇回〜三〇回の間、母親面接では、Aが次第につばを飲み込めるようになり、学校で何事にも参加してゆく積極性がみられるようになったことが語られた。主訴は解消されつつあった。一方で、「水」が今度はあふれるように流れ出し「うずまき」になるイメージは、面接では、三〇回以降、「言葉の渦」として長い時間かけて表現されていった。こうした傾向はそれ以前にもあったが、ほぼ五〇分毎回言葉で埋め尽くされるようになったのは三〇回以降であった。

3 言葉の煙幕とセラピストの反応——器が器になりきれないとき

来談当初の主訴は解消したが、三〇回以降のAの語りは、専門用語がつぎはぎされ、観念が次々と並ぶ感じであった。そこでのセラピストの有り様は、小さい子が専門用語いっぱいの本を読み、ちんぷんかんぷんだが必死に内容をわかろうとしているような感じで、セラピストはついAの目の前で、うとうとしたりもした。何とかしなくてはと思っているうちに、再び頭がはっきりしてきた。それは、おそらくAの連想が観念的なものから、よりリアルなものに、そしてよりAの生の感覚に近いものになったことによる。Aの育てるものが次第に大きく、リアルな生き物となり（エビゾー、ファービー人形、コンピュータの中の犬、ハムスター）、やや観念的であった専門用語は文脈をもって他者と共有できるように意味をなしはじめ、日常のなかに息づいてきていた。Aの観念的な話は、一七回で表現されたような「ブラックホール」の混沌から自らを守ろうとする防衛であったとも考えられる。

一般に、「話が抽象的で、具体的に何が起こってるのかわからない」「生身の感情が伝わってこない話が続く」

現象は、強迫症状をもつクライエントによくみられ、「言葉の煙幕」[1]などと表現されることもある。成田善弘[2]はこうした事態には、積極的に「具体的には？」と問い返し、相手がそこで何を感じているのかを明らかにすることを勧めている。

しかし本事例では、煙にまかれたようになったセラピストは尋ね返せもせず「うとうと」し、当初の「なんでも飲もう」という方針に反し、結果的には「なんだか飲めない」という「吐き出す」反応をしていた。そうした行為は、器が十分な器になりきれないことであるが、そのことが面接に逆説的に役立った部分があるとすれば、それは「飲み込む」だけが「器」なのでなく、「吐き出す」ことが彼にとっての裏の「器」の意味をもったことかもしれない。「器」という言葉は、「受け入れる」イメージの強いものであるが、Aにとってまさにブラックホールに「飲み込まれる」恐さを彷彿とさせるかもしれず、セラピストのなかに「吐き出す」行為を見ることはどこかで安心を生んだかもしれない。セラピーにおいては、セラピストなりの方針を立てることは大事だが、その形にセラピー自体がまったくはまらなくなったり、セラピストにも意図とは違った行為（この事例ではセラピストの「うとうと」）が起こりうる。その意味を再考することがセラピーでは大事であろう。しかしながら、当初のセラピストにはなんとかしたいと思うものの、何がどうなっているのかわからない、との思いもあった。危なげなく橋を渡れたのは、Aの力によるところが大きい。

4 クライエントのもつ有り様とセラピー

Aのもっていた「きっちり」という強迫性は、次第に「物事の法則性」への熱中へと変化していった。「つばが飲めない」「神経質」という主訴は解消されたものの、八四回のバウムテストでは、これだけのあふれる連想があれば、普段の生活で理解を得ることが難しくもなるだろう、とも感じてはいたが、最終回のバウムテストは誤解を恐れずに表現すれば、よりバランスのよい感じになった。なお、その後のお母さんの報告では、高校生になったAは、身長が一七〇cm近くまで伸び、天文学部に入り、家ではコンピュータに熱中し、友達もいて楽しげにしているとのことだった。

症状消失はセラピーにおいて大事な主題であるが、それとともに、クライエント本来のもつ有り様をどのように生活に生かしてゆけるかをセラピーでは常に念頭に置きたいと著者は感じている。症状の消失の後、セラピーのなかでは、A独自の連想による「観念的な言葉の渦」が起こり、次第に「法則性への熱中」へと変化した。「観念」や、「法則性」の固さはAにとっての守りであるとともに、Aは次々と連想を起こすうずまきのエネルギーをもつ。このようにユニークなAが、混沌とした宇宙を法則性で解き明かす天文学に惹かれることに、自分の有り様を生かす力強さを感じる。しかし、「力を生かす」などと言っても、実際、セラピーのなかでは、個人を超えたような破壊力にクライエント・セラピストともにさらされたりして、一筋縄ではいかない場合も多い。[3][4] Aの場合、ブラックホールの話にそうした可能性が見えたが、うずまきの混沌は、面接では「言葉の渦」で表現でき、Aのもともとの素因、支える周囲の環境などともあいまって、危機は比較的さらりと過ぎていった。Aとの出会いはセラピストにさまざまな強い影響を与えた。その確かさに深く感謝をしている。

〔文　献〕（1） Sullivan, H. S. (1956) *Clinical Studies in Psychiatry*. New York : W. W. Norton.（『精神医学の臨床研究』中井久夫、山口直彦、松川周吾訳、みすず書房、一九八三）
（2） 成田善弘『強迫性障害――病態と治療』医学書院、一二二頁、二〇〇二
（3） 横山博「第7章　転移・逆転移と元型の問題――ユング派の立場から」〔氏原寛、成田善弘編〕『転移／逆転移――臨床の現場から（正）』人文書院、一九九七
（4） 三枚奈穂「事例の様々な諸相からの理解――初心者のとまどい（仮題）」〔鑪幹八郎監修、川畑直人編〕『心理臨床家のアイデンティティの育成――訓練、教育、研究（仮題）』創元社、二〇〇五刊行予定

2 分離／誕生のイニシエーションとしてのプレイセラピー
——夜尿症で来談した小三男児の事例

駿地眞由美

はじめに

子どもの誕生とは尊く、幸福に満ちたものとされる。しかしその一方、そこにはいつも死が隣り合い、また、それは母子のはじめての別れ——分離——の体験ともなる。

本論で紹介するクライエントは、大変な出生時体験をもち、夜尿症を主訴に来談したCくんである。プレイセラピーを通して夜尿は一年ほどで消失したが、セラピーのなかで幾度もの別れと再会、死と再生のテーマを繰り返し、約四年という年月をかけて終結に至った。それは分離を経ての新たなる誕生のプロセスであったとも思われる。ここにその経過を振り返りたい。

1 事例の概要とインテーク

■クライエント　Cくん、小学校三年生。

■主訴　夜尿症。

■家族　父（公務員）、母（主婦）、妹（幼稚園）の四人家族。

■生育歴　（母親面接より）母が正常分娩を待っている間にCの心拍数が下がり、緊急帝王切開。Cは仮死状態で生まれた（在胎一〇カ月、三〇〇四g）。全身痙攣が見られ、脳圧を下げるなどの処置のため、Cは出生後すぐに他院NICUに移され、母と三週間の分離。その間母は、Cをガラス越しに数分間見ることしか許されなかった。その後は、お座りができにくかったことと言葉が出るのが少し遅かった（二歳）こと以外は、発育はほぼ普通。移行対象はC自身の身体以外なかったように母は思う。約三歳はなれて妹が生まれたが、そのときのCの嫉妬は強かった。

幼稚園年中になっても夜尿が止まらず、夜尿外来、小児科など、両親は転々と相談。夜尿は、寝てすぐに多量。夜間尿量が多く膀胱容量が少ない混合型（夜尿症の中では重度）で、鍼灸、漢方、薬物療法（トリプタノール）、膀胱訓練、環境調整など試みるも軽快せず。器質的疾患も否定された。小児科医の勧めで、筆者の所属する相談室に来談（来談後、投薬等なし）。夜尿がない日はほとんどなく、今ではCが自分でおむつをはいて寝ている。母から見ると、Cは夜尿についてさほど気にしていないようだが、林間学校などの宿泊は不安に思っているよう。

また、Cは、感情のコントロールが利かず、パニックになり、泣いて大変なことがある。友達とのトラブルで泣くことも多く、時おり登校渋り。物事に対して悲観的。

【一回（インテーク）】 出会い（「　」はC、〈　〉はセラピストの言葉）

受付時、こちらを見つめているCにセラピストが気づいて微笑みかけると、受付の窓越しに〈僕の担当はあなた?〉というように手振りと目でセラピストに合図を送ってくる。（私があなたの担当だよ）とセラピストも身振りで応えると、Cはうつむいてはにかむ。セラピストはCをとても愛らしく思う。

プレイルームへの入室は、Cはあえて母をふり返らないかのようにさっと分離。場面構成後、Cは無言のまま、おずおずと棚のおもちゃを見て歩くが、手は出さない。セラピストは脅かさないよう気をつけながらその様子を見守り、そっとついて歩く。箱庭を見て「これは何？　砂がある」と小さな声。〈何だろうね〉。セラピストが簡単に説明をしてみるが、「ふーん」とそのまま触らず。

「これする」と卓上ビリヤード。Cは手つきがおぼつかなく、なかなか玉が入らない。入ったときの音だけがプレイルームの静けさを破る。二つ目が入ったときに「(玉) どこいったん？」と不安げに台の下からのぞきこむが、「ない……」。〈どこいったんかなあ？〉。一緒に探しながら〈ここかな？〉とセラピストがそっと盤を傾けてみると、玉がころころと出てくる。「あった！」。Cの表情がぱっと明るくなり、緊張が緩む。その後、Cはこの部屋と時間は僕だけのものかと確認し、セラピストがそうだよと応えると微笑む。声も出るようになり、セラピストを誘って人生ゲーム。

時間になって、今後についてセラピストが説明、〈来週も来る？〉「来る！」。しかしすぐ不安な表情を浮かべてセラピストを見つめ、「来週も同じ先生？」と。〈そうだよ〉「じゃあ絶対来る！　絶対来る！」。Cは満面の笑みで部屋中跳び回る。〈来週からも待ってるね〉。最後に砂をサーッとなで、「次は絶対砂で遊ぶ！」と次回を予告。つ・づ・く、という感じを残して終了。

■**外見・印象**　Cは、坊主頭に着慣れたラフな服装、細身で小柄、きょとんとした大きな目があどけない。時おりふっと頼りなげな、不安げな様子。

■**見立て**　夜尿症で来談した小三男児。インテーク時の様子から、存在の連続性への不安や、世界への信頼感の希薄さがうかがえた。しかし、関係性を作っていく力は十分認められ、Cが送ってくるかそけきサインを受け取り、それにセラピストが適切に応えることができれば、二者関係を基盤としてCの潜在可能性を伸ばしていけるのではないかと期待できた。

■**対応**　週一回五〇分の母子並行面接（有料）。対象恒常的にセラピストが会い、守られた時間と空間を提供し続けることによって、内的に安定した関係性を築く。夜尿症に表されたものの意味を考えながら、Cのひそやかで繊細な世界を大切に守り育みたい。四九回以降は母と母親面接者（男性）双方の都合で、母親面接のみ頻度減。時にCと別曜日。

2 事例の経過

【第一期［二回〜一一回］】ベース作り、分離、誕生日

二回以降、Cは入室時に母のほうを何度も見遣るなど、母との分離を不安がるように。退室後のセラピストとの別れでは、この世の終わりとばかりにドラマチックに帰っていく（以降一三〇回まで）。プレイでは、一回のセッションですべてをやり尽くさねばならぬかのようなめまぐるしい遊び方から、除々に野球が中心に。遊びの合間には必ず砂を触る。

野球では、まず、Cの想像上の〝ベース〟が登場（四回）。しかし、互いにどこがベースなのかよくわからず、Cはやみくもに走るだけ。〈ベース、作ろうか〉とセラピストが提案（六回）。Cはぬいぐるみやゴムプールなどを置いてベースにし、喜ぶ。それによってアウトやセーフなどのやりとりを互いに楽しめるようになり、試合は盛り上がる。以降毎回はじめにベース作り。ベースに置く物も回を追うごとに相応《ふさわ》しいものに。

この時期、なぜか面接の終わりが母とうまく合わず、時間どおりと思って退室してもCとセラピストのほうが早くて待たされてしまうことが続く。Cはプレイルームを走り出て母を探すが「まだや……」。母の面接室のドアにそっと耳を寄せ、不安げに様子をうかがう。母のいない静まり返った廊下は、孤立無援の世界……。心許なげなCに〈大丈夫だよ〉と声をかけながらセラピストはついているが、五回か

らは「中で待ってる」とプレイルームに戻ってしまい、鬼の顔のダーツや数かぞえをしながら、セラピストと二人で母を待つ。再び退室して母がいると、Cはうれしそうに母に駆け寄る。『まあ、汗びっしょり』と母。〈風邪ひかないように……〉とセラピストがそっと声をかけると、母は自然にハンカチを出して、慈しむようにCの汗を拭い、Cはなすがままに母に身を預ける。誕生時の母子の出会いを体験し直しているかのような場面。セラピストは母親面接者と、母子がうまく出会えるよう時間について話し合う。続く一〇回はちょうどCの誕生日。「あのな……実はな……今日な……」と入室してもじもじするCに、〈Cくんの誕生日でしょう！〉「そう！」。Cの顔がパーッとほころぶ。〈おめでとう！　今日はCくんの生まれた特別な日だね〉。

母親面接では、Cのトイレットトレーニングの時期のことが語られた。その頃母は妹を妊娠中で、自分もイライラするかなあと思い、厳しくしなかった。妹を出産し退院してみると、Cを預けていた母方祖母からおむつがとれたことを聞いた。妹の産後すぐは、Cは祖母にひっついて母のところに来なかったが、妹への授乳の際に「おしっこしたい」と母のところによく来たとのこと。また、二回以降、Cは夜寝る前に不安がって、母に執拗に確認するように。「お母さん怒ってない？」「僕を殺さない？」「僕、死なない？」「救急車来ない？」……。自分のものがなくなっていないかなども気にする。Cは小さい頃から不安が強く、母が留守から帰ってみたらよく泣いていた。高所も怖がり、たかいたかいも泣いた。幼稚園も入園して一年間泣き続けたとのこと。

【第二期〔一一回〜二〇回〕】　調律、全能感とアグレッション、豊かな内的世界の展開

受付時には、Cは受付台の下にもぐって顔を出したり隠したり。セラピストが見つけると満面の笑顔。プレイでは、キャッチボールで互いにちょうどよいところを身振りで探しあう遊び（一三回〜一五回）。

セラピストが構えるところがちょうどよいとCは頷いて投球。そうでないと首を横に振ってセラピストのグローブを移動させる。セラピストはCにぴったりのところを探してボールを受け取り、適切に投げ返すことができるよう努める。

続く一六回、一七回では魔術的な野球の試合。「魔法」を使ってCはすべてにおいて万能。〈すごいなあ！〉と驚嘆しつつ、セラピストは何でもアウトにされてしまい、こてんぱんにやっつけられる。なす術なく、セラピストが力尽きてしゃがみこむと、「監督が抗議に来ました」とCはものすごい形相でセラピストをバットで殴る。「参ったか！」。Cの打球がセラピストに直撃することも多く、とても痛いが、セラピストは逃れようがなく恐怖。Cはしてやったり！と満足げな様子。

しかし次の一八回で、「魔法やめる」、と突然「始球式」。フォークやカーブなど種々の投球練習。また、Cチームにさまざまな役割の人物が登場。各選手の個性を演じ、白熱の実況中継をするほか、キャッチャー、監督、救護班、ファン、審判、控え選手など、Cの内的世界が一挙に展開し、豊かに拡がっていく感。

母によると、最近Cは母によく手をつないでくるとのこと。

【第三期［二一回〜二九回］】傷の手当てと絆創膏、枠に収めることと自己調節

二一回、「学校で嫌なことがたくさんある」という話の後、「手が痛い」とセラピストに見せに来る。ひどいあかぎれで、血が滲んであまりにも痛々しく、セラピストはCの細い指にそっと絆創膏を貼る。この回以降しばらく、プレイ中にCはあちこち身体の痛みを訴え、セラピストはそのたびに〈痛いな、痛いな……、大丈夫？〉と絆創膏を貼る。

プレイでは、枠を作ってその中に収める、小さなゲートに苦心して玉をくぐらせる、などの遊びが中

心。セラピストはCが自分でできるようになるのを見守り、できない葛藤があまりにも高まったときには、Cの自律性と自尊心を傷つけないようさりげなく手を貸す。

連続性への不安は強く、プレイルームでもおもちゃがなくならないかなどひどく心配する。「これ、来週もある？　なくならないよね？」と何度も尋ねるCに、〈なくならないよ。ずっとあるよ〉とセラピストはゆっくり、しっかり応える。

家ではこの間、学校の長期休暇に入ってすぐにCがひきつけを起こし、朝起きて泡を吹いて痙攣。救急車で運ばれるという出来事(二三回)。(その後の精密検査の結果、呼吸しながらの脳波に少し異常があるも、癲癇はなしとのこと。)

【第四期〔三〇回〜四四回〕】ルール、夜尿の消失

Cはその回の野球の得点を書いた紙を、「来週絶対持ってきてな」と毎回終わりにセラピストに預けて帰るように。セラピストはCがプレイの連続性を信頼できるように……と、Cの分身のようなそれを預かり毎週持参。

三二回では、プレイに熱中しているときに、突然知らない男性がプレイルームに入ってくる事件。その人も間違いに気づいてすぐに出て行くが、Cは声もなく真っ青。〈ごめんね。びっくりしたね〉とセラピストはCに駆け寄る。Cはそれで気持ちが収まって再びプレイに没頭したが、二人だけの世界が突然脅かされるような怖い体験。

遊びは、これまでの自分勝手なものから、〝ルール〟がテーマに。四三回では、ボードゲームでCがあまりにも簡単に上がるのが不思議で、セラピストが説明書をよく見ると、実はすごく厳しいルールだったことが判明。セラピストはどうしようか迷うが、〈あのね、今まではいいんだけどね……〉と話

してみる。「そんなんなしや！　そんなん知らんかったもん！」。Cはワーッと怒り出す。〈そうやなあ……知らんかったもんなあ……〉。セラピストも申しわけない気持ち。「僕、ルールなんて嫌いや！」と言い放つが、〈Cくん、ルール嫌い？〉と尋ねると「そうでもないけど……」と落ち着いてくる。「でも、そんなんだったら一生できひんわ」〈そうかなあ。難しいけど、だからこそできたときうれしいのかも。いつかはできるかもしれへんし〉「うん……でもやっぱり嫌や……」。その後は無茶苦茶な野球。「嫌や！僕がアウトになるまで！」と退室も渋る。しかし、アウトでもCが魔法で全部セーフにしてしまうのできりがない。「嫌や！」とCは滅茶苦茶に球を打ちまくる。その様子はまるで、不条理な世界に対して泣いて抗議している赤ちゃんのようにも思えてくる。〈終わり〉と言いながらセラピストもつらい。互いにものすごいフラストレーション。しかし、ここで終わるのがCをしっかり受け止めることだという気がセラピストにしてくる。Cのボールがすっとキャッチできてアウト。〈終わろう〉。Cも納得して「うん」。Cは力いっぱい、身体いっぱいで遊び、これまでにない存在感、生の濃密感がみなぎる。

母によると、Cの夜の不安の確認はいつのまにかなくなり、これまでは怖くて乗れなかった観覧車にもはじめて乗れて楽しめた。学校でのトラブルもなし。そして、夜尿が消失〈セラピー開始後一年弱。四一回～〉。「たまってるのが気持ち悪い」と朝起きてトイレ。失敗した日はショックだったようだが、「そんなこともあるわ」と自信がついているみたい、と母。しかしそれに伴って、家では終結の話も出はじめた。

【第五期〔四五回～五四回〕】終結への葛藤

遊びは、Cとセラピストの間でできたルールどおりきちんとできるようになる。ルール自体も楽しめる。はじめの頃はどことなくぎこちなかった身体の動きも、伸びやかで自然。

遊びに没頭して選手になりきるが、「今のは僕が考えて作ったこと。本当は違うんやけど」と想像と現実を区別したり、「今日はここでも現実と同じ○○戦」など、プレイと現実を重ね合わせたりするように。休室後には、休みの間セラピストがどうしていたか尋ね、〈Cくんのことを待ってたよ〉ににっこり。

野球ではベース作りが再び重要に。また、試合後のヒーローインタビューでは、試合経過を振り返っての自分の活躍ぶりや反省点、感謝の気持ちを記者役のセラピストに語る。セラピストは、Cチームのよかった点、試合の中で新しくできるようになったことを称え、〈これからも応援しています〉とコメント。

この頃、「なくなること」や「捨てること」をめぐる遊びが続く。手持ちのパイを捨てなければ上がれないゲームでは、捨てあぐねて身動きのとれないCに、〈捨てるって難しいね。でも捨てないと新しいの取られへんし……〉「うん。難しい……。恐怖の捨て捨てステージや」。捨てることを苦しみつつ、上がりを目指す。

家では、「相談室に行けんのやったら治らんでもいいわ！」とC。実際、夜尿が再発（四五回）。今こそ大切な時期であると思われ、セラピストは母親面接者を通してCのプレイ継続の意義を両親に伝えた。両親もすっと了承。Cにもその旨伝え、夜尿は再びおさまった（五〇回〜）。

プレイでは、毎回退室渋り。五三回でも、「僕が終わりって言うまで続けるんや！」とCは激しく抵抗。身を引き裂かれるような痛みをセラピストも感じつつ、〈終わるってつらいね……〉と言葉にすると、Cは赤ちゃん言葉をしゃべりはじめ、C自身が何点までと決めた、その点まで入れないようにしてCはサッカーゲームを続ける。〈また来週にしよう〉「……嫌や。そんなんやったら、そっちが自殺点して終わらせたらいいやんか……」。Cは目も合わさず泣きそうな顔でつぶやき、セラピストも胸がつまる。〈終わるのってつらいね。でも、終わってもCくんのことは大事だし、ずっと続いていくものがあるのよ……〉。Cは涙ぐみながら無言で続けるが、最後はCがその点まで入れて終了。「来週な」〈来週ね〉。しっかり約束。五四回では、「来週のことは気にせず、今週のことを精一杯しよう」。

【第六期［五五回〜七〇回］】「今生き返ったんや！」

母からの情報では、Cも不安がっていた林間学校に参加。夜尿もなく、楽しく行ってきた。夜尿は家でもずっとしていないが、「相談室をやめさせたら、僕は○曜日の×時から×時五〇分まで（セラピーの時間）ずっと泣いてやる！　次の日は学校を休んでやる！」と。両親が無理にやめさせないということをCも頭では理解できているのだろうが、不安はおさまらない。

プレイでも、Cは毎回「来週ある？」と何度も確認。セラピストはそのたびに、〈あるよ〉とゆっくり、しっかり応える。セラピーでの現実的な再会を通して、ささやかでも少しずつ、Cに世界と自分への信頼を贈ることができればと思う。そのなかで、Cは別れについての思いを少しずつ言葉にできるように。そして、六三回、「寂しい……」とぼそっと言うCに、〈寂しいね……。でも、Cくんが大きくなって、いつかはここからお別れしていくことは、とってもうれしいことでもあるのよ〉とセラピストは心を込めて伝えた。Cは深く頷き、後ろ向きでセラピストに何度もボールを投げる。目には見えなくてもセラピストはいるのだということを確かめているかのよう。セラピストはそれをしっかり受け止めた。

家では、母がCにつきっきりでCの苦手な分数の勉強。Cはそれがとてもうれしいようで、そのかいあってかテストで一〇〇点。母も報われたと。Cの課題に母子で取り組み、二人だけの特別な時間を過ごしているよう。分母と分子に切り離されても合わせて一つであるような、そういう母子のイメージがセラピストには浮かんだ。なお学校では、学芸会で閻魔大王に立候補し、震えながらも熱演したとのこと〈六一回〉。

そうした経過のなか、六九回、Cは「座り打法」なるものを考案。お座りで球を打つ。投げるときもお座り。そのうち、セラピストに向かって股を開き、仰向けに寝転んで投球。走塁はハイハイ。セラピストはCをかけがえなく感じながら、ベースでCを待つ。その後も寝そべってのプレイが続き、Cはきゃっきゃっと喜ぶ。

そして七〇回、実際は一週間ぶりだが、「久しぶりー！　三〇年ぶりや！」と来室。〈それは久しぶりやなあ。その間Cくん、どうしてたん？〉「死んでた。でも今生き返ったんや！」〈そうかー。Cくんが生き返って本当によかった。私、とってもうれしい〉。じーんと喜ぶセラピストの顔を見て、Cはにこにこ。そして、「実はな……」と声をひそめてセラピストを見つめ、「今までの僕もほんまの僕やないんやで」〈？・〉「今まではにせものの僕だったんや」〈そうなの?!　今は？・〉「本物の僕！」〈そうかー。本物のCくんがここにいるー〉。うれしくなって二人でうふふと微笑み合う。

【第七期〔七一回～一三一回〕】分離によってつながるもの／終結

七〇回の後しばらく、Cは毎回はじめて会ったかのようにセラピストの名を聞き、自分の名を名乗って、「はじめまして」の挨拶。「このこと、〇〇（相談室の名前）新聞に書かな！　僕が編集長で君（セラピスト）がカメラマン」。あたかも出生記事のように三者関係にも開かれていくようだった。

Cの言葉を借りれば「延長戦」とも言えるこの期、遊びはその年齢の男の子らしい、ダイナミックなものになっていった。母から聞く学校での様子も、苦手な科目に時おり投げやりになりながらも、ユーモアと思いやりにあふれるCの姿が目に浮かんだ。家では母との関係を確かめ合っている印象で、プレイの場でも、これまでの「怒るし恐い」母のイメージから、「僕にとってたった一人のお母さん。怒ると恐いけど、優しいときもある。僕だけのお母さん」に。

しかし、「来週ある？・」の確認は依然続いた。それも、「来週も〇〇（相談室の名前）は存在している？・」や、「僕はここに来ている？・」「僕は存在している？・」「僕は生きてる？・」など、おそらくCにとって本質的なものへと変わった。これらの確認は、遊びの合間の、何もないふとした時間の切れ目に現れる。

この頃、両親から終結の話が再びもち上がっていたのも事実である。セラピーが始まって二年、夜尿が治ったのに、いつセラピーが終わるかわからないという両親の不安ももっともであった。プレイの意義とともに、いつかは終わることの大切さや、それに向き合い、それを通してでしかなしえないものについても感じていたセラピストは、Cと話し合い、小学校卒業を終結の区切りとし、プレイの頻度も月三回、そして隔週へと減らしていくことをC自身が決めた（七七回）。「終わるのつらい。でも、お母さんも僕のつらさをわかってくれていると思う」ことが終結を決めるCの支えとなった。

プレイの間に休みが挟まることは、Cにとってやはりつらいことであった。Cはそれを、「（休みは）真っ暗。もう明日がないっていう感じ。ここがあったら明日も生きられる」と表現した。「地球の中の地球」というプレイルームでの五〇分間は、「僕たちの世界ではたった三分」。そして、「現実になくなるものがあっても、ここでは何もなくならない」と安心できるのだった。

そうして、休みに続く来室や、野球での「起死回生」「ホームへの生還」を幾度も繰り返しながら、休みへの思いを「むなしいなー、お休みー、このむなしさは、僕たち二人にしかわからない、でもきっとまた会えるー、そして僕の人生は続くー、僕の人生は僕が決めていくんだー」と歌にし（八〇回）、「来週は会えないけど、再来週に希望をつなげましょう」（九〇回）と、〝希望〟を頼りにできるようになっていった。

最後の三カ月は、総集編のごとく、これまでの遊びを一挙にやった。卓球も重要な遊びとして加わり、時おり、自分のことを母の前での呼び名で間違えながら、セラピストとテンポよく打ち合った。また、セッション終了前には毎回必ずおもちゃのカラオケで〝どんぐりころころ〟を熱唱。Cが歌うと不思議といつも一〇〇点が表示された。「〈終わるの〉寂しい？」〈寂しいよ〉「僕のこと好き？」〈大好きよ〉「先生と会えてよかった」〈私もCくんと会えてよかった〉というやりとりを繰り返しながら、来談当初のことも振り返った。母親面接からは、夜寝る前にしくしく泣くCに、『終わるのが寂しいのね』と母が寄り添っていることを聞いた。

最終回は「オールスター戦」。これまでの選手が一堂に会し、また、試合の一〇〇枚を超える記録を手にして、「これは僕たちの記憶……」。そして、「人生ゲームに始まり、人生ゲームに終わる」と最後に人生ゲーム。「やっぱり寂しい」と途中一言つぶやいたが、定時に終了。この回はじめて、「来週ある？」の確認をしなかった。

ドアを開けると母。Cは思わず泣きじゃくる。セラピストと最初で最後の握手。離しがたくあるも、つないだ手をほどいた。セラピストとの別れを悲しむCを見て涙ぐんだ母と、その母にしっかり見守られているCの姿が印象的で、「僕が最後に来る日に感動的な結末が待っている」（八一回）と予言したCの言葉がセラピストには思い出された。

最後母子は、『先生に福がありますように……』と母が言葉を添え、小さなふくろうのマスコットをセラピストに贈ってくれた。セラピストのために、とCが迷わず選んだとのこと。そのふくろうの愛らしい大きな目が、Cによく似ていた。

3 考察

Cとのセラピーは非常に豊かであり、夜尿とその治癒過程についてもさまざまに解釈できる。しかしそれについてはそれぞれの期に簡単にタイトルをつけておくにとどめ、ここでは、Cにとって最も中核的なテーマであったと思われる〝分離〟に焦点を絞って考察したい。

1 分離／死の体験

セラピーでの母との分離後、「僕死なない？」の夜の確認が始まり、また、セラピーとセラピー、遊びと遊びの合間もCにとっては死の体験であった。Cにとって〝分離〟がいかに〝死〟に結びつき、その〝生〟を脅かしていたかがうかがえる。

Cの生育歴を見ると、Cはその誕生から大変な体験をしたであろうことがわかる。Cは、母子一体の世界を突然断ち切られて世界に放り出されたのに、抱きかかえてもらえるはずの母ときちんと出会うこともできず、人生最早期から一人きりで生死をさまよった。それはどれほど恐ろしいものであっただろう。その人生最早期の母性剥奪体験は、基本的信頼感の形成のレベルでCを揺さぶり、自己の生を根底から脅かす死（破滅）の体験であったのではなかろうか。それは癲癇様発作にも似た、生の連続性を切断する体験である。

その後の生育歴もしかりである。排泄のしつけとて、Cにとっては自己の存在を自己の制御のできないところで脅かし、母との関係に侵入してくるものとして体験されたかもしれない。妹の誕生も重なった。

そういったこれまでの分離／死の体験の痛みや、恐怖、哀しみ、侵入され引き裂かれる不条理への抗議などが、母との間でやり残した課題として夜尿に残ったのではないだろうか。あるいは夜尿は、たとえ〝症状〟であったとしても、Cにとっては〝分離の癒し〟であり、昼と夜の隙間をつなぎ、生と死の断絶を満たし埋めるものであったのかもしれない。

2 〝別れ／再会〟と〝死／再生〟

「来週ある？」と何度も尋ねるCの言葉は、「僕、死なない？」と同じ悲痛な問いのようにセラピストには思われた。ものすごい生の濃密感のあるプレイが終わらされてしまうことは、Cの生の連続性を切断してしまう体験の再現であっただろう。セラピストは、Cがそれに対して「嫌だ！」と抵抗することができたのを大切に受け止めるとともに、Cとセラピストとの情緒的関係の連続性と、別れに続く現実的な再会を通して応えていった。

そして、その〝別れと再会〟は、等しく〝死と再生〟でもあり、Cは幾度ものそれを通して、分離の傷を癒し、内なる母と再会し、仮死状態からの帰還を果たしていったのではないだろうか。夜の番人であるふくろうは、死と再生を司り、あの世とこの世をつなぐ神の使者である。

また、セラピーのなかでもう一つ、あるいは最も重要な〝別れと再会〟が、母子分離面接であった。誕生時のすれ違いからしても、互いに大事であるにもかかわらず、なぜか母子のタイミングが合わないことが印象的であり、はじめての出会い場面から十分な一体感をもつことのできなかった母子の深い哀しみをセラピストは何度となく感じさせられた。

Cのみならず、Cの出生を心待ちにしていた母にとっても、Cの心拍が自分の胎内で落ちていくことはどれだけの恐怖であっただろう。そして、命がけでCを守り、まさに自らの身を切り裂いた帝王切開後三週間、いたいけなわが子を抱くことも、見ることすらもできなかったつらさ、母としての傷つきも、いかほどであったか……。そこにはCだけでなく、母の分離の物語もある。

相談室での母子別室のセラピーも、母にとっては、母子がつながる場所と期待して行った途端に分離させられ、再びわが子を奪い去られる場として体験されたかもしれない。セラピストはその分離の傷つきをも知っていないと、再会の喜びなどと安易に言うことは許されまい。

3 〝分離／誕生〟のイニシエーションとしてのプレイセラピー

しかし、そもそもなぜ生まれる直前にCの心拍数が下がったのか。Cのこの世に生まれ出ることへの困難さか、あるいは、母の胎内という母子合一の世界にとどまり続けたかったのか……。なぜかはわからないが、母との真の意味での分離のないそれは、〝死〟に向かうことでもあったであろう。

そう考えると、〝守られたなかで分離を体験すること〟こそ、Cにとっては重要だったのではないかとも思われるのである。それによってこそ、Cは真に誕生し、〝生〟を獲得していくことができたのではないだろうか。いまや、〝分離〟は〝死〟ではなく、〝誕生〟につながるものへと〝てんかん〟した。

そしてそれは、出会いを生み関係性を癒すための分離となった。Cの分離の物語と、母の分離の物語が重なり、その傷をも癒す母子の絆が深くつながっている。

切られ傷つく死の体験としてではなく、〝分離による誕生〟〝別れによってつながる関係性〟……。それこそ、人間にとって本質的なことなのかもしれない。誰しも母との臍の緒を切られ、しかし泣きながらもその痛みに耐えて個として生まれ、母と出会い、心の緒を支えに生きていくのだから……。ただ、C母子にとって、その分離／誕生はあまりにも過酷なものであった。それは守られたなかで行われることこそ重要であり、分離の前提には十分な一体感がなければならない。

最終回で、Cは「来週ある？」の確認をはじめてしなかった。最終回なのだから当たり前と言えばそうである。しかしそれ以上に、終結という分離を通してはじめて、Cは、現実にはなくなってもいつまでもつながり、心の中に宿る確かなものを得て、真に誕生していくことができたのではないだろうか。

プレイセラピーは、その、分離を基盤とした誕生をイニシエートする場であったのではないかと考えられる。

おわりに

ふくろうは闇の世界でも先を見通し、未来を切り開く賢い鳥である。セラピストに誕生の神秘とそのすごさを教え、セラピストまでも成長させてくれたCくんと、苦しい出産を再び成し遂げてくださったお母様、変わらず見守ってくださっていたお父様はじめご家族の皆様の今後の福を心よりお祈りし、稿を終えたい。

［参考文献］＊ Winnicott, D. W.（1965）*The Maturational Processes and the Facilitating Environment*. London : The Hogarth Press.（『情緒発達の精神分析理論――自我の芽ばえと母なるもの』牛島定信訳、岩崎学術出版社、一九七七）

3 強迫性障害をもつ女児との面接
――主体的な遊びが生まれてくる過程

伊藤真理子

1 事例の概要

本稿では小学四年生（九歳）のDという女の子との面接過程について考察する。DはX年五月下旬より心配事が増え、学校では元気にしているが、帰宅すると泣くことが続いていた。主訴は、「（他人との関係ではなく）自分の考えていることや行動などの悩み。すぐ手を洗う行動などが続いている」「時々目がかすむ（面接開始時には解消）」である。六月より在宅時には手が汚れている気がして洗いたくなり、何度も母に確認するようになる。また、歯磨きも一本ずつ確認して磨くようになり、非常に時間がかかる。また、父とキスした後口を洗う。「ママのいないところで人間同士がチューをする絵を描く私は変なのか」「パパとお風呂に入るときチンチンがくっつくけど赤ちゃんはできないのか」といった性的な気がかりや、「シャンプーの中に赤いものが入っていたのを使ったけど死なないか」「食べ物に虫が触ったかもしれない」など汚れに対する不安が訴えの中心となっており、母親に何度も確認して、本人の思うような応えをしないと納得できない。

Dはもともと物事をきちんと行う性格で、整理整頓が好きだった。幼児期には手先を使う遊びやごっこ遊びを好み、決まった友達と遊びたがる。現在も、ものを作ったり絵を描いたりするのが好きである。幼稚園の最初の一年間は給食を食べず、小学三年生の頃には登校を渋るなど神経質な面も見られたが、なんとか過ごしてきた。

Dの家族は、父（教員）、母（主婦）、少し年の離れた社会人の姉、高校生の兄、父方祖父と本人の六人家族である。X年一月別居している父方祖母が怪我をしたため、母は毎日世話に通うようになる。また同年四月単身赴任により三年間離れていた父が同居することとなる。Dの訴えが始まった頃は家族の状況が大きく変化した時期とも重なっていた。

2……心理面接につながるまで

Dは前記の主訴をもって近所の小児科を受診した。訴えの内容から筆者の勤務する精神神経科クリニックに紹介され、X年七月末に受診した。診察では緊張感、抵抗感が強く、泣きだしてしまう。主治医が本人と母に経緯を聞いた後、心理検査（筆者とは別の心理スタッフが担当。バウムテストと風景構成法［以下LMT］）を経て、投薬はしないで描画などを用いた心理面接を中心に行う方針が立てられた。主治医による診断は強迫性障害である。バウムテストでは、さくらんぼと林檎の実がぎっしりと詰まっている大きな木が紙面いっぱいに描かれた。力いっぱい頑張っている印象である。しっかりと輪郭を囲っているのに、樹冠の先端が紙面からはみ出してしまっているのがDの置かれている状況と重なる。また、LMT（風景構成法）では、アイテムが絵本の絵のように整って、色もしっかりと塗られている［図1］。きちんとしてかわいらしい風景である。しかし、真ん中にとても広い空白があり、黄緑色で塗りつぶして野原になっている。LMTには一時間半という長い時間がかかったが、彩色にあたってこの空白をいかに埋めるかということに彼女は苦心したのではないかと考えられる。

3　心理面接の経過

診察と心理検査を経て、筆者に心理面接が依頼された。面接の経過を三期に分けて追っていきたい（以下の文中筆者をセラピストとする。また、「　」はD、〈　〉はセラピストの言葉とする）。

【第一期】出会い

［図1］LMT（初診時）

［一回（X年八月）］

Dは、肩くらいに伸びた髪をきれいに三つ編みしている。とてもかわいらしい顔だちや服装が人形のようにぴったりとはまっているのだが、入り込む隙のないような印象。「（困ってることは）ない」「あまり困らないけどお母さんが来たほうがいいっていうから。ヤダけど来ている」。緊張もあるのか、セラピストの質問には「よくわかりません」とガードが固く、表情を緩めず終始敬語で何とか答える。〈ここで好きなことできたら〉と言うと顔をゆがめる。

神経症症状の真っただなかにいる不自由さが全身から伝わってくるような初回だったが、「ヤダけど来ている」とDの本音が聴けたところにセラピストは手ごたえを感じた。このがんじがらめの不自由さから少しでも自由になって自己表現していけることがまずは目標となると考え、週一回五〇分の面接を開始した。

［二回～六回（X年九月～一〇月）］

好きな教科を聞くと「工作」と言うので、自由描画に比べて比較的取り組みやすいのではと考え、コラージュに誘ってみた。コラージュを始めると、すでに切り抜いてあるアイテムを探すだけでなく工夫して切り抜きを作るなど、自発的な動きと集中した雰囲気が醸し出される。作品は「かわいいもの」「動物の世界」。キャラクターや動物を、左から順番に貼っていく。アイテム同士の関係はあまり感じられない。

学校での様子を聞くと、事実は話してくれるものの、そこに当然ついてくるはずの表情や感情は切り離されている。〈やったね！〉「そうです」といった調子のやりとりが続く。

Dの状況を母親に聞いた。突然奇声をあげ、背後に黒い影が見えると言うこともある。人と通りすがるとき、身体がぶつかったのではないか、チューされたのではないかと思い込んで母に確かめる。トイレットペーパーを詰まらせるのではと学校ではトイレに行かない。面接のなかと同様、現実の生活のなかでも絶えず緊張していないと何かが襲ってくるような不安が続いているようであった。図工作品を仕上げるのに長時間を費やし疲れ果てて、母親が面接をキャンセルすることもあった。

面接が始まってまもなく、セラピストは夢をみた。

《三歳くらいの女の子と一緒にいる。女の子はとても硬い表情、しばらくすると急にアハハハと笑いはじめる。「おチンチン、おチンチン、でもこれは言っちゃだめなことー」と歌うように言う。その後、女の子は棚にセラピストの手を借りて上って満足そうにしている》。

女の子はDだと直感的に感じる。

【第二期】スクィグルを介したやりとりの始まり

［七回〜八回（X年一〇月〜一一月）］

六回までコラージュを続けるなかで、セラピストはDが「かわいい」ものだけを選び、アイテムの関係を考えず直線的に貼っていくことが気になっていた。そうすることがDの守りになっているということもあるだろうが、もう少し偶然性や遊びの要素を含んだ方法を取り入れてもいいのではと考えていた。七回にコラージュに誘うと首をかしげたので、スクィグルに誘ってみると、Dはすんなりと取り組む。お互いのなぐりがきから発想した絵をクレヨンで描いていき、題名をつけた（〔表1〕にスクィグルのテーマを示した）。七回の一枚目には、Dは〝チューリップとさくらんぼ〟とかわいらしいものを発想し、セラピストが示したすべての線をうまく利用してきちんと書く。

〔図2-1〕〝チューリップとさくらんぼ〟

〔図2-2〕〝いも虫〟

一方セラピストは〝いも虫〟と少々侵入的で気持ち悪いものを発想した〔図2-1〕〔図2-2〕。二枚目以降のDの作品には、かわいいものだけでなく、〝おばけ〟〝ゾウ〟〝メタモン（相手の姿になるポケモン）〟など、ユーモアのある大きいイメージが出てきてセラピストはほっとさせられる。また、セラピストが処理できなかった線をにやっと笑ってからかうなど、少し自由な雰囲気が面接の場に生まれてくる。

この頃のDの状態は、夏よりは穏

[表1]　スクィグルのテーマ

面接回		D	セラピスト
7回	①	チューリップとさくらんぼ	いも虫
	②	おばけ	ウサギと魔女と水
	③	ゾウ	ロケット
8回		メタモン	サングラスの男
9回		犬が窓の外を見ているところ	だるま(手が生えてびっくりしているところ)
10回	①	びっくりして目を回したカエル	りんごを持っているパンダ
	②	走りまわるブタ	海からジャンプしている海ガメ
11回		さかだちしている変な動物とそこを飛び跳ねるウサギ	池から上がったカッパ
12回	①	とっても大きなあくびをしている魚	変な乗り物に乗っている人たち
	②	ミミズをとってる鳥と星と月とでっかい木	お正月のオニ
13回	①	ふうせんをみて「あっ、ふうせん!」と思っている鳥	海から出てきた昆虫おばけ
	②	カラフルなへび	赤ちゃんと不思議なかんらん車
14回	①	とっても大きな波とその波に乗ったタコ	パーマをあてた人
	②	尻尾でじゃんけんができる、なぞの生物の写真	ホットドッグを食べようと大きな口を開けている人
	③	おもしろいつぼ	アメを見つけたカメ
15回	①	たつまきに巻き込まれたスマイル	にらめっこしている中指と人差し指
	②	ボロボロのぼうし	おしゃれなひつじ
	③	池!	へんなタコ
	④	赤と青しかなくて、とっても危ない信号	コアラ

やかなものの、手洗い・歯磨き・着替えの場面や人とすれ違うときには相変わらず症状があり、本人も「早く治りたい」と言っている。また、生理についての授業が非常に嫌だった様子で「大きくなりたくない」「お母さん死なないよね」「私だけは生理にならないよね」と何度も母親に確認している。

[九回〜一三回(X年一一月〜一二月)]

とてもやわらかい表情が出るようになり、「うん」「〜だから」と口調がくだけることもある。スクィグルだけでなく、何となく落書きしながらセラピストと話をすることもある。

スクィグルを始めると、いたずらっぽい目で(セラピストを困らせようと)線をたくさん描き、にやっとして画用紙を差し出す。九回では、Dは〝犬が窓の外を見ているところ〟、セラピストは〝だるま（手が生えてびっくりしているところ）〟と、お互いに動きが感じられるイメージが出てきた。また、一〇回、一一回ではDのイメージは〝走りまわるブタ〟〝さかだちしている変な動物とそこを飛び跳ねるウサギ〟と躍動し、作品を説明しようとするとクックッと笑いがこぼれてくる。一方セラピストは〝海からジャンプしている海ガメ〟といった水から何かが勢いよく出てくるイメージが湧いてくる［図3－1］［図3－2］。一二回、一三回ではDの描く線はあまりに複雑で、セラピストは混沌として形をイメージできなくなってしまう。何とか描くもののDは「どこが絵なのかわかんない」とからかう。

［図3－1］〝走りまわるブタ〟

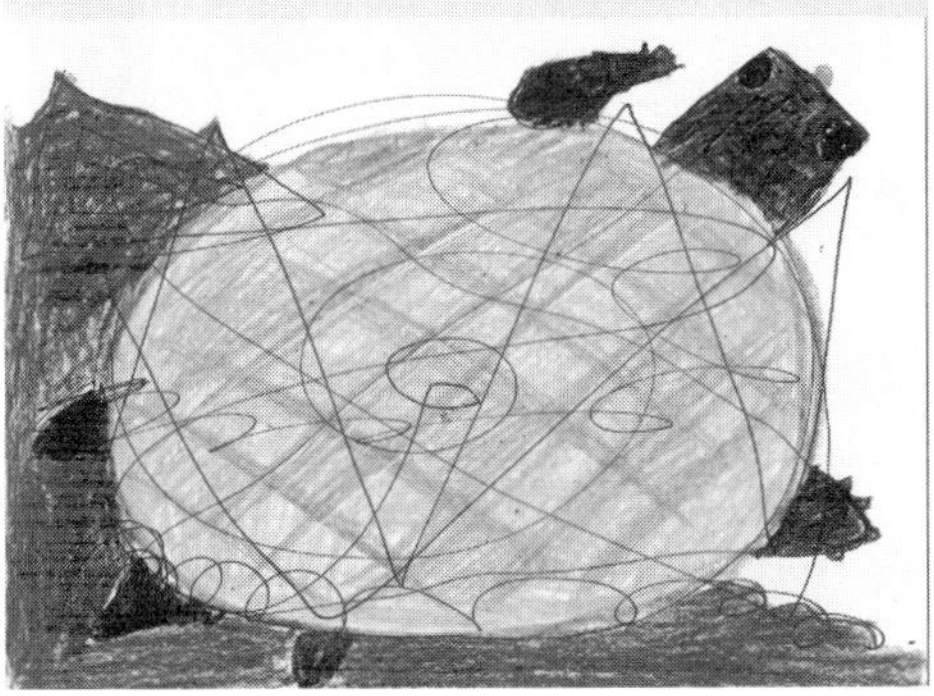

［図3－2］〝海からジャンプしている海ガメ〟

［一四回〜一六回（X＋一年一月）］

Dは、絵を塗る手にも力がこもり、ちょっとしたことでおもしろがって笑う。また相変わらず苦戦するセラピストに少し配慮をして線を描いてくれる。セラピストが絵を描く間にペンを飛ばして糊に命中させて床に落とし笑う。つるんと滑ってこけてみるなど、おどけた様子もみえる。

Dは〝とっても大きな波とその波に乗ったタコ〟（一四回）〝たつまきに巻き込まれたスマイル〟（一五回）といった大きなものに巻き込まれそうなイ

メージや〝おもしろいつぼ〟（一四回）〝ボロボロのぼうし〟（一五回）といった包むイメージを発想している。一五回の四巡目には、Dは〝赤と青しかなくて、とっても危ない信号〟を書き、「これだと交通事故になっちゃう。すぐに赤になる！」ととってもおもしろそうに笑う。セラピストは〝コアラ〟を描いたが、Dとセラピストの描くイメージの形態は、非常に似通ってきている［図4-1］［図4-2］。

母親によると、この頃にはパニックになって泣くことも減ってきている。歯磨きは「いい加減でいいよね」と確かめてすませようとしている。最近気になるのは、外出しているときに「盗んでないよね」「本当のお母さんだよね」と聞くこと。

【第三期】遊び空間の誕生

［一七回〜一八回（X＋一年一月〜二月）］

来院するときから楽しそうな表情をしており、話をするうちに自然と机をはさんでペンを投げ合うことになる。二人とも必死でペンを受け止め、落とさないようにティッシュの箱などで自分のサイドを守る。また、糊や消しゴム、付箋などの文房具を重ねただるまおとしを考案し、落ちるとDは「地獄行きー！」とケラケラ笑う。「えーい！」「よ！」とかけ声も出る。一八回ではクッションなどを投げ、さらにダイナミックに床を使って遊ぶ。

［一九回〜二一回（X＋一年二月〜三月）］

クイズやしりとり、適当に作ったパズルなどをして何とはなしに時間を過ごす。ペンを試し書きしているうちに漫画を思いつく［図5］。「ノラネコ四兄弟が魚屋さんをやっつけ、大量に魚を取って逃げる」（一九回）「ネコが空を飛んで、月を食べてしまう。正義の味方が怒ってビームを出す」（二〇回）など、ネコや犬がのんきな大人たちにいたずらし驚かせるストーリーである。平和な場面がひっくり返る驚きとユーモアが感じられる。

この頃のDはいつの間にか症状がなくなり、「そういえば……（気にならない）」と言っているとのこと。二週間に一回来院して様子をみることにする。本人も「友だちと遊ぶ時間もないし」と頷く。

［二二回～二四回（X＋一年三月～四月）］

「クッキー屋にいろんな値段のクッキーが並んでいる。ネコの親子が『一兆円ですよ～！』と言われてあわてている」「空を飛んでいるネコ。トリに風船を割られそうになってやめてー！と言っている」（二二回）などユーモラスかつシニカルな漫画を次々と描く。

学校を舞台にしたシリーズものを描く。三匹の子ネコと先生の掛け合いで、先生が生徒にからかわれた

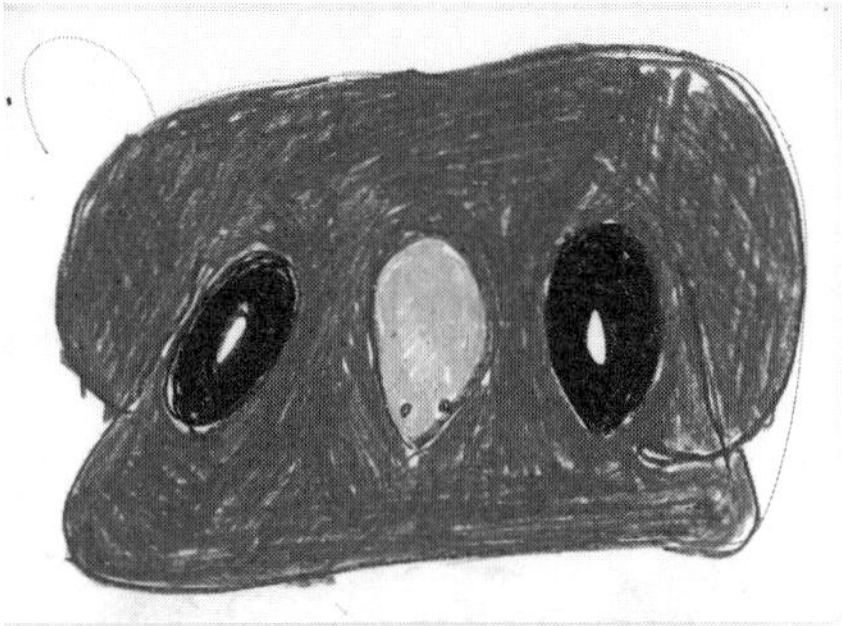

［図4－1］〝コアラ〟

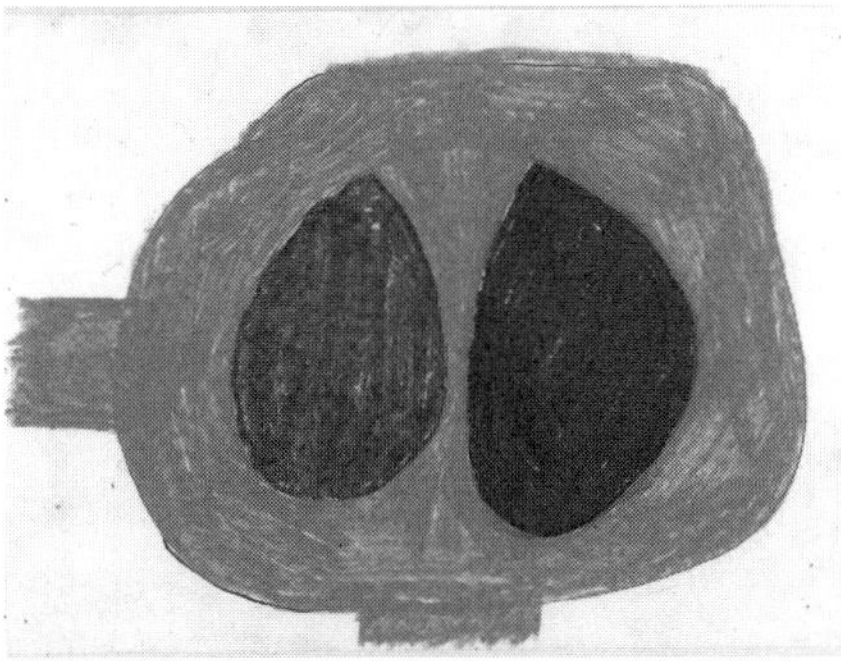

［図4－2］〝赤と青しかなくて、とっても危ない信号〟

［図5］創作漫画

り、三匹のうち一匹だけが失敗したりこけたりして場をしらけさせたりするギャグをたくさん考える。「社会の時間、三人が三方向に迷子になるので先生が焦っている」「犬と仲良くなる授業なのに皆が犬に食べられてしまって先生があわててる」「三匹の生徒の一人だけクッキーが焦げてガーンと暗くなってる」(二三回)。学校での時間割のように漫画を順番に並べ、「これ、終わるときもらってもいい?」と聞く。

四月に入って五年生になった二四回には、Dは髪をポニーテールに結って来院した。少女らしさが感じられ、少し大人になったのかなと感じる。母は「時々はきちんとできないことを気にするが、何とかやれている」と話し、次回で来院にひと区切りつけることになる。

[二五回(X+一年五月)]

最後にLMTを描いてもらう[図6]。

人を描いているうちにストーリーが見えてきたのか、動物もその時点で加え、Dが描いてきた漫画のような、いろんなハプニングが起こっている楽しそうな風景が出来上がる。かくれんぼうをしている子どもたちや、二匹の犬を散歩させようとして真反対の二方向に引っ張られて困っている人など。釣り人は川辺で大漁に浮かれている。

道は川とぶつかってしまい、描き直して川に沿った道に進路変更する。細かい部分や彩色は、「めんどくさい」「疲れたなあ」と適度に省略して仕上げた。出来上がった風景を見て、セラピストは小学生らしく生き生きしているなあと感じる。

残りの時間、色鉛筆を一本ずつ削ってきれいに並べ、「できたあ」と収めるようにつぶやく。また、今までの作品を順番にじっくりと見る。Dは作品を重そうに抱え「さようなら」と笑顔で帰っていった。

4 考察——面接で何が起こったのか

1 Dの抱えているテーマ

Dの訴えは性と穢れ（菌などの汚れ）への恐れ・不安が主なものであった。Dは、小さい頃からきちんとした性格で、秩序立った環境を好んでいたようである。来院したのは、家族の状況の変化に加え、年齢的にも思春期を迎え、これまでDの自我が守ってきた秩序に揺らぎが生じた時期だったのだろうと考えられる。性的なもの、本能的なものとしての無意識が脆弱な自我を襲ってくる危機感・焦燥感がDの訴えと重なる。「目がかすむ」という訴えも、今まで見えていた世界に揺らぎが生じたことを表しているように思われる。不安を母親に確認し、手を頻繁に洗うなどの症状は、これまでやってきた方法で何とか自分を守ろうとする手立てであったが、それでも不安と恐怖が押し寄せてくる状態であったのだろう。

揺らぎから生まれた目に見えない曖昧な領域は、強迫症状によって埋められ、（LMTにも現れたように）何もない空白として捉えられていたが、同時にDはそこを症状によって埋め尽くすことで固執してもいたといえる。この曖昧な領域に関わっていくことのできる自我主体をいかに生じさせうるのか、これがDの抱えているテーマだったと考える。

［図6］ＬＭＴ（面接終了時）

2 面接過程を振り返って

第一期のDは、まさに不安に全身を硬くこわばらせて身を守っているような状態だった。面接の場も息が詰まりそうな空気で満たされていた。コラージュではとにかく「かわいい」キャラクターを順番に貼り付けていき、汚いものや遊びによる曖昧な隙間を少しも入れたくないような雰囲気であった。それでも、クリニックに「ヤダけど来ている」と複雑な気持ちを表現できたところや、コラージュに取り組む真剣さに可能性を感じて、セラピストはDにつきあっていった。セラピストの夢は、現在忌避しているまさにそのもの自身が笑いによってまったく違う価値をもつものに変換されるという可能性を語っているようである。第二期になって、スクィグルをすることになり、セラピストとDの間に相互にやりとりをできる余裕がやっと少し生まれてきた。七回の一枚目ではいつものようにかわいらしいものを描いたDだったが、やりとりのなかで、おばけやゾウ、ポケモンのイメージが出てくる。今までDが触れようとしなかった未知の性質のものや変化するものとして、無意識的なものが少しずつ表現されてきているようである。

その後、九回からは何かの動作を伴う場面を二人ともがイメージするようになった。その動きは増幅されていく。そして、セラピストは複雑すぎるDの描線に形としてのイメージが浮かばなくなる。Dのほうもたつまきや大きな波などをイメージしているが、二人ともが無意識の混沌へ巻き込まれてしまったのではないだろうか。描画の形態が似通ったのは、混沌のなかで二人がかき回されるような状況になったからでは、と考えている。そういう意味では、この頃、Dが必死で守っていた強迫性による殻が緩んで次第に無意識的なものに触れることが可能になり、いったんはDもセラピストもその内容に浸かっていくような体験をしていたのではないかと思う。同時に、Dは二色の信号は「とっても危ない」と笑い、単純な二分法（以前の彼女の状況）の危険性を笑うことで否定することが可能になってきている。また、セラピストは水から飛び出るイメージを何度か体験しているが、Dの自我が無意識につかまってしまわないで主体として成立するイメージを体験していたのかもしれない。

この頃には、Dの内に包むイメージが生じている。そして、不安は自らの外から襲ってくるのではなく、内側からやってくるものとして変化し、外敵から自分を守るための手立てであった強迫症状は少し治まってきている。そして、自分の見ている世界の不確かさや内からくる罪悪感を訴えるようになっている。

第三期には、型が決められていなくとも、自然にその場で遊びが生まれてくる雰囲気が生じてきた。Dには子どもらしい笑いや甘えたような表情も見られるようになり、セラピストも自然に楽しい気持ちになった。また、何となく時間を過ごすことも増え、第一期のように何かをやって隙間を埋めなければならないという不安はあまり見えなくなった。そのような空気のなかでオリジナルの漫画が生まれてきた。漫画のテーマは、まず、平和な場面が馬鹿にされ徹底的に叩きのめされて笑われることが出てくる。学校シリーズでも先生が生徒にからかわれて焦るギャグが形を変えつつ現れる。これは、「〜しなければ」といったこれまでの秩序や超自我に支配されたあり方を相対化していく試みではないかと考えられる。また、トリックスター的な生徒がまじめな授業を愛嬌ある場面に変化させてくれる。

漫画には、シニカルかつユーモラスに自明の状況や超自我的な存在を攻撃し否定するという内容が含まれている。河合俊雄[1]は近代的な主体の確立に際して対象に埋没していたところから「極端な否定の時期」をくぐって行くことが必要であることを論じているが、ここで行われていたのも近代的な自我主体の成立過程に伴う強烈な否定だと考えられる。また、漫画には「空を飛ぶネコ」や鳥の絵が頻繁に登場した。セラピストの夢の終わりにも女の子は上方へ登っていくが、これはいったん埋没していた風景を離れ否定する「鳥瞰の視点」[1]の獲得と関連するだろう。Dの場合、この作業を皮肉をこめて「笑う」という遊びを通じてやっていったのではないだろうか。

おわりに――間に生じた遊び

面接前と最終回のLMTを並べ眺めてみるとき、大きく変化したのは中景の部分であると感じる。一枚目では野原としてのっぺりと埋められていた空白に、二枚目では家や人などの生活や遊びが現れている。LMTの遠景と近景の間だけでなく、セラピストとDの間、Dの自我と無意識の間など、さまざまな「間」から生まれてきた主体的な遊びとユーモアが、Dが面接から持ち帰ったものではないかと思う。来談したときには、Dは曖昧な隙間の領域に不安を感じ、なきものにしようと必死になっているような状態であったが、スクィグルを通じて、セラピストとの「間」にある混沌に飛び込んでもみくちゃになり、そして、そこに「何となく」いて遊ぶことのできるDの自我主体が発見されたように思うのである。

Dの思春期は始まったばかりであり、「大人になりたくない」と不安を抱えつつDは歩んでいく。それでもやってくる嵐のような思春期を、何とか乗り越えていってほしいと願っている。

謝辞　面接過程をともに歩み、事例報告を認めてくださったDちゃんとご両親に感謝いたします。また、事例検討会の際、貴重なコメントをいただきました京都大学・河合俊雄先生にこの場を借りてお礼を申し上げます。

［文　献］（１）河合俊雄『心理臨床の基礎２　心理臨床の理論』岩波書店、二〇〇〇

4 自律性の未熟さとしての場面緘黙
――小一男児の事例を通して

石谷みつる

はじめに

人間の関係性は早期の母子関係を基盤として徐々に複雑な関係へと発達してゆく。早期の母子関係は、生命の維持のためのスキルや社会性のスキルの未熟さを母親が補うという子どもの依存性と、母親が子どもを世話するという母親にとっての心理社会的ニーズによって相補的関係を作り出している。相補的関係における母子の関係は、当然対等なものではなく、子どもは母親に依存するという形の非対称的な関係である。ところが二、三歳を過ぎて運動能力と言語能力がある程度の発達を遂げる頃になると、同年代の子どもとの横の関係に身をおき、対等な関係を結ぶことが期待されるようになってくる。

場面緘黙児の多くは、家庭では普通にしゃべることができるが、学校などの家庭外の社会的関係に一歩足を踏み入れたとたん、過度の緊張状態に陥り社会性の未熟さを露呈してしまう。それは話すことができないという言語面だけにとどまらず、うなずくなどの身体言語やその他の身体のスムーズな動きまで阻害されるケースも珍しくない。

このように場面緘黙児は、幼児期における母への依存関係中心の世界に踏みとどまったままであり、自律性が非常に未熟なまま複雑な人間関係のなかに放り出されたかのような印象を与える。

では次に具体的な事例をもとに、前述したような視点から場面緘黙児について考察してゆくことにする。

1 事例の概要

■クライエント　E君。小学一年生の男児。

■主訴　社会生活不適応（母親による）。

■家族　父親（五〇代、自営業）。母親（四〇代）。E君（六歳）、小一男児。妹、弟。

■生育歴　妊娠中は正常であったが九カ月で早産し、二三〇〇gで出生。お産は軽かった。発育は普通であったが、人見知りはほとんどなかった。妹の妊娠中母親は絶対安静を命じられクライエントを母方祖母に預けた。弟の誕生後も他府県の親戚宅に三カ月間預ける。その間変わったことはなかったが、戻ってきてから以前通っていた音楽教室で皆の歌う歌がわからずパニックになる。母親にしがみついて泣き、以来外では積極的に動けなくなる。三年保育の年中に入園するが、そこでもほとんど動けず話さなかった。今でもそのことで「どうして僕は年中からしか入れてくれなかったのか」と文句を言う。小学校でもほとんど何もできない。しかし最近は絵が描けるようになり変化しつつある。家では母親にべったりで、妹弟が母親に甘えていると膝に乗りたがったりするなどの甘え・嫉妬が見られるが、その反面「お母さんはどうしてそう怒るの？」と頑なになることも多い。

■印象・外見　表情に乏しく大人びた印象。体型は細く弱々しい感じがする。

■見立て　場面緘黙。

■対応　大学の附属相談施設にて週一回のプレイセラピー。母子並行面接。有料。

2 面接経過（「　」はE、〈　〉はセラピストの言葉）

【第一期【一回～一一回】X年七月一六日～X＋一年二月四日】 独語調の言葉から弱弱しい依存性の発現へ

インテークのとき、クライエントは予測に反してプレイルームを探索しながらボソボソとしゃべっていた。しかしその言葉はセラピストに向けられているのかどうかはっきりしない独語調のようなものであった。視線はあまり合わせない。ウルトラマンファミリーの人形が気に入りその家族関係を説明してくれる。順々に並べ最後にウルトラの父と母を置く。バルタン星人も取り出し砂に埋める。続けてウルトラマンファミリーも同様に埋めるのだが、砂場に荒々しく突き刺すように埋める。タイムアップを告げるとすっと立ち上がりおもちゃを全部片づけて退室。

二回以降もウルトラマンファミリーでよく遊ぶ。ウルトラマンの家族関係や役割がクライエントにとってはとても大切なことらしく、それぞれを使い分け「母だからこんな手（こぶし）をしていたらあかんのに」などと言う。「砂が入る」と靴に砂が入るのを嫌う。ウルトラマンとレオ兄弟を砂に埋めたり出したりする。車に乗ってペダルでこごうとするが進まないので、セラピストがそっと押してやると敏感に察知し「やっぱりやめとこ」とすっとあきらめた。「おもちゃが壊れていて遊べない」と不満を言いながらもおもちゃを几帳面に並べ替えたりして楽しく過ごす。三回では合体ロボットを合体させている最中に突然無表情のまま机に叩きつけて脚部を押し込んだのでセラピストは驚く。またこの頃よりセラピストと視線が合うことが多くなる。

六回の後、闘病中だった父が死亡してしばらく休むことになり、セラピストからクライエントに葉書を出した。ところが父死亡の翌日にクライエントが盲腸破裂のため入院。もう少し治療が遅れていたら命取りになっていたところだったと後に聞かされる。

七回に久しぶりに来室。やはりぎこちないが、遊びながらクライエントは自ら入院中のことをぽつぽつとしゃべる。「お母さんは、お父さんが死んだから僕は疲れていると思ってた。もう少し遅かったら危なかったって」〈しんどかったでしょう?〉「しんどかった」。

八回にはいじめっ子のF君のことを話す。F君はよくクライエント宅に遊びに来るらしい。〈F君はE君のこともいじめるの?〉「そう」〈それじゃあ嫌やな?〉。それには無反応。しばらく遊んだ後「でもF君、(F君の)お母さんに怒られてる。何でかわかる?」〈わからない〉「うちでご飯食べて帰るから」〈E君のお母さんは怒らないの?〉「お母さんは食べて帰ったら、って言う」と不満そうに語る。鼻歌まじりにだんだん自由に遊べるようになり、最後のほうではバルタン星人のはさみの大きさを「これくらいや!」と体全体を使って教えてくれる。

九回ではロボットの頭を引っ込めながら「僕のお父さん、なんで頭引っ込んだか知ってる?」〈なんでやろ?〉「死んだから」と父の死に触れる。また「F君今日は来なかった」と言う。砂場全体に怪獣やウルトラマンファミリーを並べているとき、セラピストが〈この中ではエースが一番大きいね〉と声をかけると「違う。僕が一番大きい!」とバッと立ち上がって笑う。ウルトラの父、母、キングは別格らしく空の砂箱においてある。そうするうちにじょうろを見つけ小声で「やってみたいな……」と。セラピストが促すとクライエントは明るい表情になり何度も水を汲んできては砂場にかける。九回、一〇回では学校での出来事もしゃべる。会話がようやく少しスムーズにできるようになってきたとセラピストは感じる。砂場の片側に父、母、キングを除くウルトラマンファミリーその他を並べ、もう片側に敵をずらっと並べて対峙させる。そして弱々しく「これどうするんだったっけ……」とじょうろを取り出し、セラピストと一緒に水を入れる。クライエントは服に水がかかるのを嫌がるので、セラピストがクライエントの服の袖をまくる。子どもらしく素直に従う。クライエントはセラピストに手伝わせながら人形に水をかけて倒すのを楽しむ。

一一回では以前から関心をもっていたが難しそうなので敬遠していた合体ロボットを、セラピストにやり方を教わりながら一緒に組み立てる。

【第二期〔一二回～一九回〕X＋一年二月～四月】 セラピストへの攻撃性と言語による要求が顕著な時期

一二回では前回の合体ロボットの続きを始めるが、小さなパーツが一個かけていることがわかると、「これがないとできないやんか！　どこにやったん？　探して!!!」とセラピストを責める。セラピストが探している間にルームインルームに入り、窓からセラピストめがけて物を投げつけて怒りをぶつけてくる。一三回からは弟妹も母に同伴することが多くなる。一四回ではピストルで遊ぶと主張しておもちゃを標的にして遊びはじめるが、火花が目に飛んできたことにショックを受ける。しかしクライエントは何も言えず無表情のまま。ゴーグル付きヘルメットをかぶり再開する。そして弟妹が来ていることについて「何もすることないのにどうするのかな」と気になっている様子を示す。オセロをはじめてセラピストとする。一五回は再びピストル遊びをヘルメット装備の上で始める。標的はウルトラマンファミリー。しかしタロウは「父に怒られるから」、キングは「王や父に怒られるから」、父は「母に怒られるから」、母は「父に怒られるから」という理由で標的から除外する。一九回では水遊びで靴がドロドロに汚れたが、次第に気にしなくなる。セラピストへの声かけは「〇〇やって」という命令調の言い方が顕著となってくる。

【第三期〔二〇回～二三回〕X＋一年四月～六月】 相互的なやりとりにおける癇癪

二〇回でははじめて野球をする。クライエントはほとんどしたことがないようなので、遊び方をセラピストが教える。「もー！　早くして！」とクライエントはボール拾いの間も待てない。そのうち思い切りの力を込めてセラピストにボールを投げてきて、無言でバットをセラピストに手渡す。クライエントは強く投げてくるので怖いが、時おりフェイントを交えるなどいたずらも仕かけてくる。

二一回も野球。クライエントは早く始めたいため、準備をしているセラピストの背中にボールを投げつけて「早くして！」と怒る。ボールを投げてくるときにクライエントは目でセラピストに狙いを定めるということができず、視線は泳いでいる。クライエントは意外にバッティングがうまく、セラピストが「すごい！」と驚くと照れくさそうな笑顔をのぞかせる。笑いなれていない感じ。時にはセラピストとにらみ合って間合いをはかって楽しむようになる。ボールを投げてくるクライエントは二m弱の至近距離から全力投球するのでセラピストは怖い。クライエントはけらけら笑って喜んでいる。「早くして！」とたびたび癇癪を起こすことは相変わらず続いている。

【第四期［二四回〜三二回］X＋一年六月〜一〇月】 相互的遊びにおける抑制のきかない行動の顕著な時期

二四回では新しい靴の話をしているときにセラピストに「何センチ？」と尋ねてきた。セラピストへの個人的な関心を言葉にしたのははじめて。二五回ではクライエントはセラピストに「山、ここに作って」と砂の山を作るように命令。セラピストが少しでも手を休めていると「早くして！」とせかす。そしてできた山のほうに水を入れるように言う。二五回では新しいトランスフォーマーを作るのに手間取りイライラする。「あーもう！　時間がなくなってしまう！」と途中で放棄しかけるが、セラピストが〈私がやっとくから〉と手伝うことにすると落ち着きを取り戻す。何度か地団駄を踏んで「できない！」と泣きそうになりながら癇癪を起こすが、セラピストが助けると穏やかさが戻る。

二七回ではあれこれやると言ってはみるものの落ち着いて遊べず、セラピストにイライラをぶつけてくる。「何かすることない？」。結局セラピストは砂遊びに誘う。クライエントは学校で習ったザリガニの穴よりももっと深い穴を掘ると張り切る。最後にできた大きな穴にクライエント自ら入ってみて退室。

クライエントの見せた子どもらしい行動にセラピストは驚く。二八回もこのような何で遊んだらよいのか見つけられないイライラは続いた。また穴掘りをするが、この回は砂場の底が見えるほどの深い穴を掘った。そこへ水をどんどんセラピストに運ばせて注ぐ。その他にもいろいろな遊びをやりかけるが「遊ぶことないし、早く帰りたい」とプレイを見捨てようとするかのような発言をする。

二九回は野球だけでなくドッジボールをした。両者とも力いっぱい投げあった。クライエントはボールの代わりにフリスビーを投げてこようとするが、セラピストは〈危ないから〉と制止。またダーツや野球盤などはじめてする遊びについてセラピストに尋ねるとき「お母さん」と呼ぶ。時間になってもプレイルームから離れがたい。この頃からセラピストはクライエントとよい関係ができてきたと感じるようになる。

三〇回ではまた底が見えるほどの深い穴をセラピストに掘らせる。セラピストが穴に注ぐ水を汲んでくると「待ってました！」と応じ、セラピストは息が合っていると実感する。三一回では水鉄砲でこっそりセラピストを狙って撃ってきたり、何も入っていないのに「どこに〇〇はあるでしょう?」と探させたり。この回もサンダルに入った砂を出してもらうときに「お母さん、これ」と呼ぶ。三二回は野球をするときはじめてルールを作り、得点板に点をつけて遊んだ。

【第五期 〔三三回〜三六回〕 X十一年一〇月〜一一月】 自律性の芽生え

毎回のように何をしてよいか自分で決められず、「家でテレビでも見ていたほうがよかった」「何していいかわからないから目が痛くなった」と不満そうに言う。それでもこの頃にはなんとなく自分でやりたいことを見つけられるまでになってきた。またセラピストのことを「あんた」と呼ぶようになっている。三四回は野球盤をルールに従って楽しむ。セラピストに褒められると素直に笑顔を見せるなど表情が柔らかくなってきた。砂遊びのときにはプレイルームのスリッパに履き替え、「(スリッパを汚したことを)お母さんには言わないでよ」と言って退室。〈お母さん怒るの？〉と問うと「どうでもいいから早くしてっ！」と怒って靴を履き替えさせる。三六回には遊びを探しながら学校での出来事を話す余裕が見られたが、近々ある学芸会の劇について尋ねると無視する。クライエントにとっては学芸会は大変な試練のよう。砂遊びのときには「ぼーっとしてないで手伝って！」「手伝わんでいい！」と矛盾した命令を与えてセラピストを翻弄する。途中からは濡らした自分の靴をストーブで乾かしてほしいと要求。

【第六期［三七回〜四七回］X＋一年一一月〜X＋二年四月】 意図の明確な攻撃的な行動の発現

三七回には「部屋の変形をしよう」と、大きな玩具を手当たりしだいひっくり返して砂場に積み上げていく。ただしセラピストが制限を加えたものに関しては理由を納得して手加減する。プレイルームの中は騒然としてセラピストは少し怖くなる。玩具は蹴られたり殴られたり。ボールも同じく乱暴にセラピストに投げてくるのでセラピストはよけるが、どうやらセラピストと相互的にボールをやりとりしたかったらしく「ちゃんと受けてよ！」と怒る。三八回はうって変わって穏やかにいろいろな出来事を話しながら砂に埋もれているBB弾を探して過ごす。三九回では久々に死んだ父親がプラレールで遊んでくれたことを語る。この回は砂場に「障害物競走」をするために棚の玩具を片っ端から投げ入れる。セラピストが気に入らないところに物を置くと「そんなんするなや！」と男の子言葉で怒鳴る。わざとセラピストに砂をかけて「あーおもしろい」と意地悪もする。砂場は足の踏み場もなくなる。クライエントはその中をのしのし歩いて退室。

【第七期［四八回〜五六回］X＋二年四月〜七月】 戦いが収束するまで

ピストルの撃ち合いや、フリスビーの投げ合いで勝負したがる。クライエントは「ちゃんと僕めがけて投げて！」とセラピストに真剣な戦いを要求する。しかしヘルメットなしでは戦いに臨めない。ところが五〇回にはヘルメットをもってしてもうまく自分を守れないことに気づき脱ぎ捨てる。クライエントのピストルによる攻撃は容赦ないものであり、セラピストはまったく気が抜けない。興奮が高まり、ついに椅子でセラピストに殴りかかろうとする場面も見られた。五二回にはピストルでは物足りず、重いボーリングのピンを至近距離から投げつけてくる。そのうちクライエントとセラピストの投げたピンが相次いで割れたため、激しい戦いは一気に沈静化する。五三回以降は漫画を静かに読んだり学校での出来事を話したりという、穏やかではあるがやや散漫なムードのセッションが続いた。クライエントは、学校では人間関係に困難さを残しながらも、緘黙症状を示すことなく過ごしていた。

ところが五六回の後、母親からこれまで要望していたセラピストとの直接対話の機会を設けてもらえないことへの不満の手紙がきて、こちらからの返事の手紙のかいもなく、中断するに至ったのだった。

3 考察

1 自律性の発達

マーラー（Marler, M. S.）らは、新生児の子どもが母親との一体化した関係から三年あまりかけて対象恒常性を確立し、一個の人間へと発達してゆく「分離―個体化理論」を提唱している。[1] これは自律性の発達理論といえる。自律的機能として彼らは運動性と言葉をあげているが、場面緘黙の子どもたちはまさにこれらの機能を社会的場面で適切に利用することが困難である。

一人の人間として存在するようになるためには、母子一体性に基づく万能感を放棄しなくてはならない。つまり快感原則から現実原則へと存在の基盤を更新してゆく必要がある。生物的に母の養育なしには生きてゆけない人生最早期の子どもは、すべてのことを受身的に受け入れざるをえないため、まだ個の確立はなされていないと考えるのが妥当であろう。ところが徐々に能動的に働きかけるだけの能力を獲得していくにつれて、子どもはもはや事態が万能的には進んでゆかないのだと気づき、今もまだ自分の養育の担い手である母親に対する攻撃感情を抱くようになる。これは自我が芽生えてくる過程においては避けられないことである。

マーラーらは分離個体化にむけての強力な推進力を有するものとして、独立歩行機能の獲得をあげている。これは身体面での自律性にとどまらず、身体言語の分化をも意味していると考えられる。もちろんこの一歳前後の時期には、それと並行して言語面での発達も進んでいる。つまり子どもは少しずつ母親と一体化した状態から個体化へ向けて前進するための道具として、「身体のコントロール」「身体言語」「言語」を手に入れたことになるのだ。これらの道具を駆使することによって、子どもは徐々に母親を対象化しながら自我を成長させてゆく。しかし万能感という満ち足りた状態を母親がもはや自分に与えてはくれないという事実は子どもの攻撃性を惹起するが、これ以前の段階で何らかの要因のために母子間の関係がうまくいっていなかった場合には、子どもは攻撃性を表出するのが困難になる可能性があると考えられる。

本事例を考えてみると、クライエントはまず人に対する攻撃性よりも、玩具をうまく扱えないことについて一人で荒々しくそれを扱うことによって怒りを表す傾向が強かった。それがセラピストに従順に手伝ってもらうことから、次第に「早くして!」などの荒っぽい要求の言葉の発現へと変化していった。これはセラピストという明確な対象に対する攻撃性の現れと考えてよいだろう。そしてクライエントの場合、はじめは攻撃性はぶつける対象が言語より不明瞭な、玩具を乱暴に扱うというような身体言語により表現される傾向が強かった。そして徐々に言語による表現が、自分の無力さを自分が思い描いているように補ってもらえないとき、つまり持ち越された万能感を放棄せざるをえないことを認め他者に頼らねばならなくなったときに、その対象に対する「癇癪」という形で現れたのだった。

2 万能感の放棄の過程

伝統的な分離―個体化理論においては、言語の獲得は運動機能（独立歩行）の獲得に次いで重要なステップであると見なされてきた。[2] しかし言語は対象との分離―個体化の発達に貢献しているだけでなく、その逆の方向性、つまり「合体とか一緒であることに大いに貢献している」という側面も有している。つまり言語は対象との新しいレベルの関係性――万能感中心の関係性から社会的ルールに則った関係性への移行を促す「合体体験」を生じさせるものでもあるのだ。

共生段階への希求性をもちこしたまま分離―個体化が進んでいくと、言語は母親と子どもの一体化した状態にとどまるために利用されるということが推測される。再接近期にある子どもは、以前の何も伝えなくても自動的に欲求が満たされるという幻想をあきらめ、そのかわりに言語を使って母親を支配しようとする「強要」(coercion)[3]を示す。クライエントがたびたび示した「癇癪」はこの段階の強要に近いものと考えられよう。

言語化が期待されるような状況で言語を発しないということも、ある意味では対象への負の働きかけをしていると解釈できる。そこには発話を制止することにより対象の関心をひき、魔術的に欲求を読み取らせかつ満たしてほしいという、いわば「陰性の強要」が見て取れる。よく知られている彼らの攻撃性は、最初は話すべきときに話せないという、ともすると傲慢とも受け取られかねない形をとって現れるが、治療が進むにつれてそれは攻撃的な遊びやセラピストを荒っぽく扱うという行動になって現れてくるという展開がみられる。クライエントの場合は治療開始時から言葉が出ていたため陰性の強要は早い時点から「癇癪」になって現れていたと思われる。それがルールのない野球によるボールの相互的なやりとりやルールを無視したことによるボーリングのピンの破壊へと発展し、自分のルールのない行動、つまりは万能感に則った行動から次の段階へ進もうというところで中断に至ったのだった。

3 結語

本事例は残念ながら中断という形で終わった。それは母親が早い時期からクライエントの担当者である筆者との直接の面会の機会を望んだことに対して、治療者チームが適切な説明をすることができず、母親の不信感を招いてしまったためであった。しかしクライエントのプレイ内容は一山越えたところで終われたのがせめてもの救いだった。

この事例から得られた場面緘黙児における負の強要に関する視点はさまざまな示唆を与えてくれると思う。さらに理解を深めるためには、クライエント自身の内的体験と照らし合わせての考察が必要だろう。

なお、フォローアップにおいて、筆者はクライエントのその後の様子を母親からうかがうことができた。クライエントは小学校卒業まではなんとか学校生活を送ることができていたが、有名進学校の中学校に入ったものの適応できず、成人になった現在は家でパソコンばかりして引きこもっているという。このケースをあのまま中断せずに継続させることができなかったことが悔やまれてならない。

〔文　献〕（1） Mahler, M. S., Pine, F., Bergman, A.（1975）*The Psychological Birth of the Human Infant*. New York : Basic Books.（『乳幼児の心理的誕生――母子共生と個体化』高橋雅士ほか訳、黎明書房、一九八一）

（2） Stern, D. N.（1985）*The interpersonal World of the Infant : A View from Psychoanalysis and Developmental Psychology*. Basic Books.（『乳児の対人世界――理論編』小此木啓吾、丸田俊彦監訳、神庭靖子、神庭重信訳、岩崎学術出版社、一九八九）

（3） Pine, F.（1985）*Developmental Theory and Clinical Process*. London : Yale University Press.（『臨床過程と発達――精神分析的考え方・かかわり方の実際１・２』齋藤久美子、水田一郎監訳、岩崎学術出版社、一九九三）

5 身体症状とイライラで登校渋りを呈した小学三年生女児

田中秀紀

はじめに

本稿では、小学校三年生（九歳）の女の子Gちゃん（以下、クライエント）の事例を取り上げる。本事例は七カ月と短い面接過程であったが、一方で一回の面接の中身が濃く、また展開も早いセラピーだったと筆者は感じている。クライエントは母への嫉妬・羨望が強く、また自らの衝動の高まりからさまざまな症状を示したと考えられる。クライエントが不安やその原因となる欲望を自分のものにするために、プレイセラピーがどのような役割を果たしたのかということを中心に、この面接過程を考えていきたい。

1 事例の概要

■主訴　たびたび身体的にしんどくなること。イライラが多いこと（母親面接より）。

■生育歴　クライエントは赤ん坊のときから泣きっぱなしで、一日中抱いていなければならなかったというほど分離不安が強かった。弟が生まれたときも母親を取ろうと泣いていたという。父親には二人の子どもも「わからない怖い人」として懐かず、クライエントが三歳のときに離婚が決定するなど、その頃は家族全体が不安定であった。当時母親は父親との離婚に振り回され、クライエントに十分に目を向けることが難しかった。このような状況だったために、クライエントは愛着が必要な時期に安定した気持ちでいることが難しかったと思われる。

■家族　父との離別後、母方祖母、母、クライエント、弟の四人暮らし。

■現病歴　三年生の一学期から常にイライラするようになり、二学期に二回ほど「しんどい」といって学校を休んだ。吐こうとしたりしたが、しばらくすると治って平気そうにしている。医師の診断では異常なし。しばしば朝に「しんどい」と登校渋りがある。母親が学校に送っていくと学校は「行って楽しかった」と帰ってくる。母親が弟に気持ちを向けると、クライエントは殴る、蹴る、暴言で母親に向かってくる、弟とは取っ組み合いの喧嘩になるなど、母親との心理的融合が強い一方、激しい嫉妬・羨望で弟との争いが目立ってきた。体の不調や収まりのつかない姉弟喧嘩を心配した母親が、知り合いの紹介で筆者（以下、セラピスト）が勤務している教育センターに来談した。クライエントは虫を嫌い、その頃は鳥も怖がるようになっていた。家に帰るとクライエントは宿題を「やらないと」と思いながらもずっと鉛筆を持って止まっている。見開き二ページの漢字の宿題や算数の宿題も細かいところまで書いて一つ二時間半かかるという。

■見立て　嫉妬・羨望による攻撃性がこの頃に発展し、恐怖症症状や強迫性の制止症状や嘔吐など、多様な神経症症状を呈していたと考えられる。しかしクライエントは絵や読書が趣味であり、知的能力は相当高いと考えられる。

■対応　週一回の母子並行面接（無料）。

2　面接過程（「　」はクライエント、〈　〉はセラピストの言葉）

大まかに四つの時期に分け、事例の経過を報告する。

なお、母の都合や弟・本人の病気などで休みになることが多く、総回数は七カ月で一四回である。

【第一期［一回〜四回］九月〜一〇月】 初回からクライエントは自分自身について語りだす。表現することによって、次第にセラピーの場に安心していく時期

［一回］ お互いに自己紹介した後、クライエントはおもちゃがあるプレイルームを見渡して、「いっぱいある」と言う。〈いっぱいあるなあ〉。部屋の奥に入って「いっぱいある」〈絵とか描いてみる?〉「うーん」〈あんまり?〉「うん」。セラピストが箱庭の説明をする。〈触ってみ〉「さらさらや〜」〈うん。さらさらやなあ。やってみる?〉「うーん、やってみようかな〜。何置いてもいいの?」〈うん〉「たくさんあってどれにしようかわからんわー」。シルバニアファミリーを見つけ、「Gの家にもこういうのあるねん。これ椅子?」〈うん〉「椅子を置いてみよう」。椅子、机、赤い椅子を置く。「ここでご飯とか食べる。こっちは赤ちゃんがいるところ」。さらに赤い机、椅子を置く。ここから次々と、かつゆっくりと玩具を置いていく。「子豚が生まれてる。車に乗って見てる人」と言ってペンギンを置く。「子豚は枕を敷いて寝てはる。それを『あ、寝てる』と猫が発見している。バケツを赤ちゃんがこぼしてしまった。その水を鳥が飲んではる。ニワトリの卵。大きな卵が割れるとすでにニワトリになったトリが生まれている。そこにうその卵をビー玉で置く人」と言って動物を置いていく［図1］。「だんだん楽しくなってきた」。時間終了を告げると「えー、もっと遊びたいー」と言う。プレイルームから退出後、「すごいおも

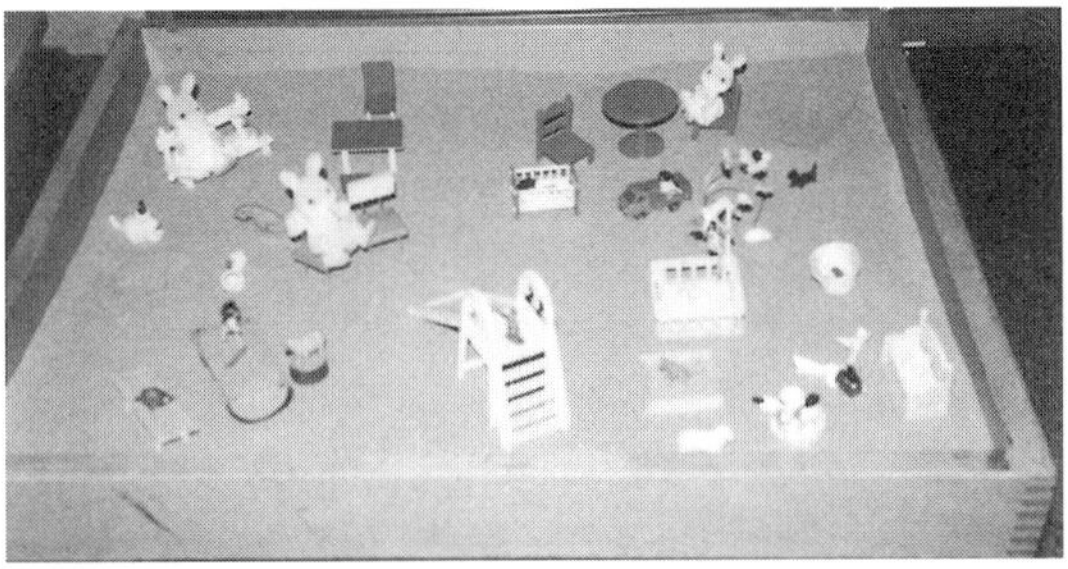

【図1】初回での箱庭（筆者の模造したもの）

しろかったー」と母親に駆け寄る。
[二回] 箱庭の骸骨を見つけ、「ガイコツ」。シルバニアファミリーの家を二人で持ち上げ箱庭に置いて、箱庭を開始する。「上が子どもの部屋で、下が大人の部屋。Gの家で作るときな、下が服屋さんで、上が女の子だけの部屋。女の子ばっかりいるねん」「ここに机と椅子。お台所。包丁」と大人の部屋に置く。「ベッドを置こう。ベッドはどれにしようかな……これにしよう。椅子をここに置く。起きたらここでぼーっとできる。赤ちゃんのベッド」と子どもの部屋に置く。家の横に木を置き、「木を育てる。花の咲いた木とクリスマスツリー。赤ちゃんがここでご飯を食べる」〈ここで食べたら気持ちいいなー〉。
[三回] この日は箱庭をやりたくなさそうで、二人同時に線を引いて紙を交換し、同時に絵を描く変則スクィグルをセラピストが提案すると「やってみようかな～」と言う。線を引き始めると「ひゃははは～。ぐしゃぐしゃになった～」〈ほんまやー〉。一枚目クライエントは「お花とちょうちょ」。セラピストは〈船とそこに乗っている人〉を描く。クライエントはその人を指して「これなー、赤ちゃんが入っていて手を上げている。髪の毛ぼさぼさ～」と言う。〈そうか～。これ赤ちゃんか～〉。三枚目はクライエントは「お化け」を描く。「真ん中のお化けが左のお化けを棒で殴っている。そこから血が出ている」〈血が出てるんやー〉。四枚目はクライエント「けんかしているおばさん」を描く。「太ったおばさんとやせたおばさんがけんかしている。右のおばさんはびっくりしている」。五枚目はクライエント「ウルトラマンみたいなのとかいじゅう」を描く。「叩かれてたんこぶができている」。
[四回] 同じようにスクィグルをする。そのなかでクライエントはヘビ・オオカミ・かいじゅうが怒って火を噴く場面など攻撃的な絵を描く。

【第二期 [五回～七回] 一一月】 セラピーの場の意味を問い、お気に入りの絵を持って帰る願いがかなわず大

泣きした重要な時期

［五回］「今日は何しよ？」。スマートボールを発見し、かなり勢いよくボールをはじく。「今日は絵描きたい気がするな。今日はどんなん描こう？　これ（シルバニアファミリーの人形）描けるかな？　難しいかも」。人形を並べ、描きはじめる。クライエントはセラピストにも描くようすすめる。セラピストはクライエントのペースに合わせて細かく丁寧に描いた。「G下手」〈え？　下手ちゃうよ〉。描いている途中で終了。「お母さんに見せに行きたい」。

［六回］前回の絵の続き。「ここは何人ぐらい来はるの？」〈たくさん来はるよ〉「どれくらいの人が来るの？」〈小学校一年生から高校三年生まで来はるんよ〉「高三の人は何して遊んではるの？」〈お話とかしたりしてる〉「Gぐらいの人は何して遊んではるの？」〈うーん……何してはると思う？〉「うーん、わからへん」〈Gちゃんは絵描いたりしてるよね〉「うん」〈みんなここで好きなことしてはるんよ〉「うん。ここに来るのおもしろい。……何歳？」〈え？　……二六〉「ふーん」と話しながら、着々と絵を描いていき、絵が完成する。「女の子と犬。これが赤ちゃん。で、車のおもちゃを持っている。これが一番小さい赤ちゃんでお母さん」〈赤ちゃんすやすや寝てはるなあ〉「うん。……持って帰りたい」〈あんな、ここで描いたものは持って帰られへんねん〉。

【母親面接より】今まではおままごとみたいな遊びだったが、最近Gは「走り回りたい」と言い、鬼ごっことかをしながらぎりぎりまで学校で遊んでいる。

［七回］「お母さんと会ってる先生とな、グループはどうやって決めたん？」とクライエントは母子並行面接のペアについて質問した。セラピストは担当者の決め方についての説明をするが、セラピストもその説明にどうもしっくりいかず、〈というか、ほとんど偶然で決まったのかも〉と言う。「ふーん」。

【母親面接より】前回帰りの車で「絵持って帰りたかった」と大泣きした。

【第三期〔八回〜一二回〕一二月〜二月】体を動かす遊びや勝ち負けを決めるゲームなど、遊びが大きく変わった時期

〔八回〕「オセロやろっか」〈やろうやろう〉。クライエントが白。セラピストが黒。五〇―一四でクライエントの勝ち。「白のほうが全然多い」。次に箱庭をする。「ここが浜辺やねん」〈掘ったら水色出てくるよ〉。クライエント砂を掘ってみる。「ほんまやな〜」。骸骨が置いてある棚を見て、「ガイコツや〜。このは怖いものも作れる。このお墓とか」とクライエントは墓に触り、箱庭制作に戻る。そうこうしているうちに残り時間わずかになる。「じゃあ片づけよう」〈せっかく作ってくれたし、どんなんか教えて〉「これがな〜人魚でな〜貝の中は人魚の宝物。きれい。浜辺やからな〜貝とか石とか落ちてるねん〜。それでお花とか咲いててな〜ここ（椅子）で休んだりするねん」〈ゆっくりできそうやな〜。花も見られるし〉［図2］。

〔九回〕ツイスター（twister）を見つけて、やってみる。クライエントは最後に耐え切れずに転ぶ。「あ〜。転んだ〜。おもしろい。Gもう一回やる」。何度も「もう一回やる」と時間終了までツイスターをする。

〔一〇回〕クライエントは入室すると「もう何やるか決めている」と言う。ツイスターを二人で三〇分。次にもぐらたたきをする。クライエントは、はじめはモグラのペースにもついていけないくらいだったが、叩くペースも速くなり、勢いよくバシバシ叩くようになる。

〔一一回〕人形をぐらぐらゆれる塔に置いていくバランスゲームをする。クライエントは「ハッ」「あぶない〜」と言いながらやる。セラピストが勝ちそうになると「崩れろ〜」と言って笑うほど全身でバランスゲームをする。

【母親面接より】漢字の宿題でほんのわずか字を崩し、母親に「きれい（に書けてる）？」と聞く。母親が「きれいよ」と言うと、クライエントは「わざと崩して書いてみてん」と言った。

［一二回］「今日はすること決まってる。この前負けたから悔しい〜」とバランスゲームを始める。「今日は友達と鬼ごっこしてきた」とセラピストに報告してくれる。次にドミノ倒しをやる。「ドミノ倒し楽しい。（ドミノが橋を越えると）フワ〜ってなるー」。

【母親面接より】 最近変わった。宿題も「こんなぐらいでいいか」と思うようになったらしい。母親から見てそれは二重丸が付くくらいだが。また、姉弟喧嘩の雰囲気が変わってきた。クライエントのイライラがなくなって冗談ぽく弟をつつくようになる。

［図２］八回での箱庭（筆者の模造したもの）

【第四期 ［一三回〜一四回］ 二月〜三月】 終結の時期

［一三回］センターの都合でセラピストの来年度からの勤務日の変更が決められ、担当者が変わらざるをえなくなる。〈四月からな、Gちゃんな、新しい先生と遊ぶねん〉とセラピストは残念な思いをもちつつそのことを伝える。「うん」とクライエントは答える。「今日は……ドミノしよ。階段置くときキンチョウする〜。……新しい先生は男の人？　女の人？」〈うーん、どっちかなあ〉「……最後のところはやって」〈うん〉。最後のドミノを置こうとするが、そこでセラピストが誤って全部倒してしまう。〈あ〜ごめん〜！〉「あはは。あ〜あ（笑）」〈ごめんな〜〉とクライエントは許してくれる。プレイの最後にセラピストの提案であっち向いてホイをする。それに勝った人が目の前に置いてあるピコピコハンマーで相手を叩き、負けた人はグローブで防御する。クライエントがハンマーで叩くとき、ハンマーを持つ前からはしゃぐ。

負けたときまで間違えてハンマーを持ってセラピストを叩こうとする。〈違うで〜〉「ひゃははは」とクライエントは大笑い。

【一四回（最終回）】「あんな、あんな、明日な（休日で）お休みやろ。だからG今日が土曜日やと思ってな、ここがあるの忘れててん」〈明日休みやと思ってんな〉とセラピストの理解を伝えると「うーん……今日が土曜日やと思ってん」とクライエントは修正する。「……あんな、学校楽しい。三年生終わるの嫌やなと思った。ここも楽しい」〈へー〉。その後ゴム製の毛の生えたボールでキャッチボールをし、クライエントはふざけて時々セラピストにぶつけてきて笑う。〈やられたー〉とセラピストは言う。箱庭の棚を見て、「これやってみようかな……。今までのと同じのをやろうか、今までとは違うのを作るか……。よし、今までと違うのを作ろう」と箱庭を開始する。「お化け屋敷やけど、本物のお化けが出る」。骸骨、灯籠、般若の面二つ、墓、千手観音を手に取る。「すごく怖くしないと」〈怖いなー〉「怖い道を作ろう。かわいい道じゃなくて」。しかし、途中で時間が差し迫り、〈……あと五分やで〉「えー。もうそんな時間？」。骸骨を上側に置き、そこから道を手前に作ったところで時間終了。「これはまたやな。最後にGが描いた絵を見てみたい」。セラピストが持ってきた絵を見て、「最後に見たかった」と言う。

【母親面接より】漢字の宿題も適当にするようになった。字が踊っているという。

四月になり、母親のほうから終結の申し出がある。以前のように暴れることはほとんどなくなり、姉弟喧嘩はそれなりにあるものの、最近では自分から塾に行きたいと言って通いはじめたとのこと。セラピストのことは「やさしくてよかったー」とクライエントは言っている。

3 考察

【第一期】この時期は箱庭、絵など、クライエントの得意だった遊びを通したセラピーの導入と考える。初回面接ではクライエントの対人関係を作る力が示され、このクライエントの可能性を感じさせる。はじめから「いっぱいある」とプレイルームへの驚きと関心を示し、興味のないことは断る力もある。砂にも「さらさらや〜」と素直に触れ、箱庭制作を開始できている。その後は多くのアイテムで豊かな世界が表現される。「家にもこういうのあるねん」と自己紹介もする。「すごいおもしろかったー」というのはクライエントにも初回が手応えのある体験だったのだろう。そのなかでクライエントの症状と関係することも示された。「赤ちゃん」「ゆっくりする」と何度も語ったことは、クライエントには乳幼児期の安らぎがまだ必要であることを示唆していると考える。また「女の子ばっかりいるねん」（二回）という発言にみられるように、実際にクライエントの家に父は不在で、弟も攻撃の対象となっており、ラカン（Lacan, J.）が示す「父の法」が施行されてないことを示した。また同時に、クライエント自身が「かわいいだけの」攻撃的な面を抑圧した「生」を生きていたといえる。そのことは「ガイコツ……」（二回）と自分の怖いものに興味はあれど触れられないことにも現れている。しかし三回のスクィグルでは「かいじゅう」「けんか」「血」を描き、さらに四回では「ヘビ」「オオカミ」「火を噴くかいじゅう」を描くことでクライエントは未分化で攻撃的な面を表した。また一枚目のセラピストの「船」のスクィグルに「赤ちゃん」が乗っているというクライエントの幻想は、クライエントがセラピーの場を安心感のある場と捉えていることをうかがわせた。

【第二期】六回ではクライエントはセラピーの場の意味やセラピストについて尋ねてきた。ここはどんな人が来て、何をするのか、と問うてきた。さらに七回になぜ自分がセラピストと会うようになったのかと問うた。この疑問には、セラピストにとって自分は何なのか？　という問いも含んでいたと思われる。伊藤良子は「自らの存在の根源を問う次元」に達し、他者の欲望においてその答えを探すことになったとき、転移の生成を指摘している。[1]

また描いた絵を「持って帰りたい」という願いも転移の現れと考えられる。その願いは残念ながらかなわず、クライエントは大泣きした。セラピーの体験を持って帰りたくなるほどこのセラピーはクライエントにとって「よいもの」となっていたのであろう。このときクライエントは二つのつらい体験をしている。一つ目は、セラピーの場のものを持って帰れないという「規律」があったことを体験したことである。文字どおり「泣く泣く」クライエントはそれに従う。しかし、逆にこの規律によってクライエントは自分の欲求や感情、つまり「私」は何がしたいのかということを認識できたといえるだろう。

二つ目のつらさは、この規律を切り出したセラピストとの関係において体験された。それまでクライエントに丁寧に付き添っていたセラピストが、このときはクライエントの気持ちに反することを主張した。クライエントにとって自己愛的な一体感から引き剥がされ、他者性をこのセラピーにおいてはじめて感じた瞬間であった。伊藤はセラピストとの想像的な次元での結合と、象徴的な次元への参入の転換点に転移を位置づけ、それによって「発話者としての『私』」の形成が可能になると指摘している。[1]「存在の次元の問い」もこの時期に同時に起こったことを考えると、第二期は「私」を形作る「転移」の生じた重要な時期であると考えられる。ここでクライエントはつらさによく耐え、次の面接に臨めたと思う。このつらさは一方で「私」を他方でドルト（Dolto, F.）の言う「人間としての欲望をもった他者」[2]を発見する体験であったと考える。この時期にはじめて「やってみたい」（五回）とクライエントは自分の要求を述べていることもこの転移における「私」と「他者」の形成の事態を指示していると考える。

【第三期】 セラピーがまた違う次元に入ってきたことを感じさせる。より「私」が形作られ、「他者」が現れるような内容のセラピーであった。「もう何やるか決めている」（一〇回）と自分の気持ちを感じ、実行に移すことができるようになる。八回の箱庭制作では、砂を掘り、水を表すようになる。これは自分の無意識を見つめる準備ができたようでもある。その制作途中に骸骨を見て「ここは怖いものも作れる」と二回で発見したときとは異なり、怖いものと戯れることができるようになってきている。クライエントがセラピーの場を利用して怖いものに触れる自分を新たに作る過程を歩み出したと言える。

ここからいろいろな遊びが出現する。まずクライエントのほうから勝負を提案している。勝負とは両者に勝者／敗者の区別、つまり「私」と「他者」の区別がはっきりする残酷な面があるが、クライエントはそれに耐えられるようになり、結果勝負という枠内で自分を出し、ゲームのプロセスや勝つ喜びを新たに経験できるようになったと言えよう。強迫的な症状との関連で考えると、バランスゲームやドミノなどの「崩す」ゲームでは、はじめは几帳面に行為し最後は崩れる遊びを経験して、「崩れる」ことも一つのあり方だと体験できたようだ。ここで強迫的な症状を「崩す」ことができたように思える。このクライエントの場合、それはたとえば漢字を書くことへのこだわりに現れたが、プレイセラピーによってこのような面も少しずつ崩すことができるようになったのだろう。

【第四期】 最終回での箱庭ではついに「すごく怖い」箱庭制作に取りかかる。第一期ではスクィグルで表現されていたが、スクィグルはどちらかというとイメージの想起や自由連想に身を任せていることに近いものであるのに対し、箱庭制作はリアリティのあるアイテムを選びそれを触って配置するという点において、クライエントの主体的な行為の側面が強くなると考える。クライエントは箱庭を通じて「怖いもの」に関わることで、「本物のすごく怖い」（一四回）自分のあり方を「私」に含めていったと言えよう。

またこれと関連して、「叩くゲーム」をすることは、自分の攻撃性に近い形を他者に表現できたことを示していると考える。これらの遊びを体全体で体験することは、クライエントがまた「かわいいだけでない」（一四回）より全体的な、攻撃性や怖いものを含んだ自分を他者とともに表現できるようになったことを示していよう。したがってこの時期に姉弟喧嘩の質が変わっていったのは、クライエントが自分の内的な欲望に対する不安や、嫉妬・羨望を感じる必要がなくなり、むしろそれを象徴的に表現できる場を見つけたことが大きく作用していると思われる。

この事例の終結はセラピスト―クライエントの両者にとって突然の別れになってしまった。一四回で「三年生が終わるのが嫌」の後に「ここも楽しい」と言ったことは、このセラピーが「終わるのが嫌」ということを言おうとしていたのかもしれない。最終回で「怖いもの」の箱庭が未完成だったことを考えると、恐怖症的なクライエントの「怖い」世界はまだ今後の課題として考えられるだろう。しかし最後にクライエントは六回で描いたお気に入りの絵を見た。それは「赤ちゃん」の絵だった。クライエントはそれを自分の中に位置づけて去っていった。これはクライエントの「お別れの儀式」だったのだろう。ともあれ、クライエントの症状も改善し、母親にもだいぶ余裕が生じてきていた。ここで終結を決めることができたのもこの家族の力である考えられる。

［文　献］（1）　伊藤良子『心理治療と転移――発話者としての〈私〉の生成の場』誠信書房、二〇〇一

（2）　Dolto, F.（1984）*L'image inconsciente du corps*. Paris：Seuil.（『無意識的身体像――子供の心の発達と病理2』榎本譲訳、言叢社、一九九四）

6 ジル・ドゥ・ラ・トゥレット症候群の男児とのプレイセラピー

仁里文美

1 ジル・ドゥ・ラ・トゥレット症候群とは

チックが多く動作性、すなわち筋肉の不随意的で無目的な運動を症状とするのに対して、ジル・ドゥ・ラ・トゥレット症候群は動作性チックと音声チックの両方を症状とする。つまり、瞬き、首振りなどのチックと「あっ」「うっ」などの声のチックが出るのである。それは別々に出る場合もあれば、同時に出る場合もある。以前は、排泄に関わる言葉やののしりの言葉、性的な言葉などが出る汚言症（コプロラリア）の有無によってトゥレット症候群の診断がなされていたが、DSM—Ⅲ以降このように診断基準が緩められ、トゥレット障害ともいわれるようになってきている。

チックは幼児期から児童期にかけて多発し、一過性で治まることも多いが、そうでない場合は学年があがるにつれて親も周りも違和感を覚え、過度の叱責から情緒的な混乱や不適応を引き起こしたり、いじめの原因になったりすることも往々にしてある。特に音声チックがある場合はなおさらである。その背景には、前思春期に入り、親の世界観や価値観だけではなく、子ども社会のなかでの自分としての価値観をもつことを余儀なくされてくるという心理的発達的な側面と、身体的生理的活動が活発になることによって心理的な緊張が高くなってくる時期であるという面もある。

それらを考慮に入れると、遊戯療法や箱庭療法などの心理療法が有効であるが、行動療法や薬物治療が用いられる場合もある。ここでは一事例を通してトゥレット症候群の実際とプレイセラピーの過程を見るとともに、その症状のもつ意味について考察したい。

2 事例の概要――H君とその症状

小学校四年生のH君は、母親が彼の一連のチック症状を心配して病院の小児科を訪れた。投薬治療があまり効を奏しないことからプレイセラピーが適当ではないかと筆者に紹介された。最初会ったときのH君はスポーツウェアの上下にスポーツ刈りのちょっとやんちゃそうな色黒の男の子で、四年生としては少し小柄な感じであった。瞬目と顔をしかめるような動作性のチックと「あっ、あっ」とか「ん、ん」という音声チックがある（以下、「 」はクライエント、〈 〉は筆者、『 』はその他の人の言葉）。

最初、母子同席で主治医から『チックをしているのは自分でもわかってる?』と聞かれて、H君は「自分でもわかってる。やめようと思ったらやめられるけど……」。そして主治医が『やめられない?』と聞くと「やめると変な感じがする」。そして「遊びのなかで夢中になってるときはまし」と答えていた。

母親と主治医が退室した後、H君にバウムを描いてもらう［図1］。その後H君は好きな絵を描きたいと壁のポスターのクマを真似して描く。その間チックはずっと出ているが、ドラゴンクエストやドラゴンボールの話、習いごとの話などをしっかりと話す。「空手は友達がやってるからやりたい」「自分はあまり好きじゃない」。水泳は「お父さんがやめてもいいって言ってはるけど、ターンができるようになりたい」。診察においてもセラピストに対しても、あまり緊張した様子は見せず、マイペースで絵を描いていった。

近年のクリニックなどでは、いろいろな設備や遊具が揃ったプレイルームのあるところも増えてきているが、病院やクリニックなどでは何もないなかで子どもの面接をすることが求められることも多い。このセラピーも、病院の診察室という遊具も何もない、ともすると冷たさの感じられる場所で、また看護師や掃除の人などが時おり出入りする守りの少ない空間で行うことを余儀なくされた。ウィニコット（Winnicott, D. W.）が「精神療法は二つの遊ぶことの領域、つまり患者の領域と治療者の領域が重なり合うことで成立する」[1]と述べているように、既成のプレイルームの枠は本来の治療の「枠」ではない。このプレイセラピーでは、まさに二人がそれぞれ自分の空間としての遊びの空間をそこに見つけ、それが重なり合うことで治療場面が成立し、それを展開していくこととなった。

また母親の話によると、母親自身時おりうつ状態になって育児ができず、祖母宅に預けたり、父親が面倒を見たりしていたそうである（父親は家で仕事をしている）。母親から見て父親はしつけが厳しく、礼儀作法にもうるさいけれど、父親は母親こそよく怒るし、怒った後ほったらかしにすると言う。母親は、そんな状況のなかでHも弟もまじめだけれど気弱で依存的になったのではないかと危惧している。チックは小一の頃からあったようだが、学校の先生は、今でもみんなきょろきょろしたり動いたりしているからH君だけが目立ってしまうことは特にない、とあまり親身になってくれないのに不満なようであった。

［図1］

二回目と三回目は風景構成法［図2］を描く。その間も「サッカーは友達とよくする」「ポジションはキーパー」「弟とはしょっちゅうけんか」などといろいろおしゃべりが続く。風景構成法については「家が火事になって燃えている。この子はライオンに乗って逃げている」と説明する。ラポールのつき方も早く、エネルギーの弱さもあまり感じられなかった。

また、バウムと風景構成法からは、自分を取り巻いている課題の大きさや状況の困難さとともに、周りの状況に対して自分を抑

［図2］

えようとしているが、自分なりに何とかしたい様子もうかがえた。

診察室には遊びのためのものが何もなかったため、看護師さんにお願いして、遊具を探してもらっていたところ、怪獣やウルトラセブンや動物などの人形を十数個袋に入れて用意しておいてくださったので、その後の数回はその人形で遊ぶことになった。面接の構造はH君と五〇分のプレイセラピーを行った後、一五分程度の母親面接を筆者（以下、セラピスト）が行うという形をとった。一つには他のセラピストに母親面接をお願いすることができず、H君を長く待たせたくなかったためであるが、母親のうつなどの症状には立ち入らず、H君をサポートすることを目的とした母親面接とするためでもあった。

3 治療の過程

【破壊と再生［四回〜一八回］】

四回から、病院側で用意された人形やロボットなどで戦いが繰り広げられるようになった。H君は座ったまま両手に一体ずつ人形を持って、診察室のテーブルの上で戦わせるが、どちらが正義の味方というのではなく、なんとなく手に取ったもの同士が戦い合う。「ヒュー」「ガアアーン」「バーン」らしき効果音を絶えず口の中でつぶやいているが、その声は判然としない。セラピストはどのように手を出していいものやら、悩む。時おりどちらかが負けそうになったり、机の上から落ちていきかけたりすると、セラピストも〈あー、落ちちゃうよー〉とか〈ウルトラセブン負けちゃったかな〉などとつぶやいている。とりあえず勝ち負けはついて、勝ったものと負けたものとを分けておいていく。そうやって遊んでいる間も、ずっと声のチックも顔をしかめるチックも出ている。

八回には広い診察室のテーブルの上をサーキットに見立て、ミニカーや飛行機を組にしてレースが繰り広げられる。普通に廻るだけでなく衝突させたり、途中で故障したり。この頃から、チックの症状として顔をしかめていたのがなくなり、かわりに手を頭の上に持っていくチックへと移動して、さらに忙しそうな感じがして、違和感が増していた。

この頃、時間帯が遅くなったために、プレイの最中に看護師や医者、掃除のおばさんなどが、時おり扉を開けて入って来ることが続く。入って来られるとぱっとそれまでしていたことをやめてしまい、姿がなくなってからもう一度やり直すことになる。そのために、師長とも話し合って理解していただき、他の看護師たちの協力も得られるようになった。それとともに診察室の扉にかける札を作ってもらい、それをかけるようにした。その後は一、二回を除き、まず入って来られることはなくなった。

母親面接では、なかなかチックが治まらないことに不安を覚え、また身の回りのことなどいくら注意してもまた同じことを繰り返すHのことを信じられないと訴えられる。セラピストから、お母さんとして必要なことではあるけれど、それがH君の負担になったりけんかの種になったりするのであれば、少し言わないでH君に任せることはできないだろうかと提案してみてやっていただいたが、次の週には『言わないでいるのは無理です』と肩を落とされた。

一四回には、家庭科の裁縫箱を持ってきて、フエルトの布を縫ってティッシュケース作り。これをこうやって、と説明しながらする。途中で間違えたのに自分で気づき、糸をほどいてもう一度やり直す。この回には右手を顔の前に上げるようなチックが多発しており、針を持っている右手が顔の前にくるので、セラピストは少しひやひやしながら見ていた。しかし、声のチックはプレイ中は治まってきていた。

一五回はまた怪獣ごっこで、ドラゴンボールの映画を再現する。悟空に見立てた人形が倒されてマグマの中に落ちたかのように見えたが、実は透明の球の中に入っていて九死に一生を得る。その解説をしたり、その合間に漫才のかけ合いのように突っ込みが入ったりする。母親面接では『私がきれい好きすぎるのか』『小さいときから待ってやれずに過保護に育てすぎた』と語られるようになった。

一八回には怪獣でジャッキー・チェンの映画を再現する。怪獣やウルトラセブンを、ビルなどに見立てた本棚の上やファイルケースの上から飛び降りさせるが、不死身で跳んでいく。H君自身は足の指を怪我して動けないことを自分から話す。野球がしたいとH君から提案があり、ここでどうすれば野球ができるかを話し合う。次回、H君は室内用のスポンジでできたボールとプラスチックのバットを持ってきてそれですることになる。母親面接からは、ここのところH君のチックが落ち着いているのでお母さん自身落ち着いていると話される。お母さんの表情も少し緩んで、笑顔が見られた。

【野球とサッカー——ズルと甘え〔一九回～三六回〕】

一九回に、H君が持ってくると言っていた室内用のボールとバットを忘れてきたので、看護師にいらなくなったカレンダーの紙をもらってきて、それを丸めて診察室にあったサージカルテープで止めて、ボールとバットを作って野球ごっこをする。二人で真ん中に置いてあった大きな机を端に動かして場所をつくる。H君が「ここがホーム」「一塁」と場所を決めて始める。塁に出るときに手や足を机やベッドの角にぶつけて痛がっていた。このボールとバットを結局最後まで使うこととなった。また、テープルが大きすぎてセラピスト一人では動かせないために、二人でテーブルを動かして場所をつくることも毎回行った。

二〇回から二六回でも、野球をする。二〇回に「H選手」が満塁ホームランを打ってそれについて実況中継をする。H君は徐々に打つのも投げるのもうまくなってきて、完全試合を目指したり完投を目指したり。でもストライクとボールの判定があまりわからない。H君はピッチャーライナーを足に受けたり、デッドボールが当たったりして、そこから倒れ、セラピストが心配して近づくと助け起こしてもらったことから、「乱闘」と言ってかかってくる。殴りかかってくるというよりは、くっついてくる感じで甘えているように思える。甘えて遊びでよろけて倒れるのとともに、暑さのせいか少し疲れ気味で持久力がない。

二七回から二八回も野球。暑さがましになってきたこともあり、元気に豪速球を投げている。セラピストには手も足も出なくなってくる。合間に解説が入る。バットやボールが潰れると、それをセラピストがカレンダーとサージカルテープで修理している間に、H君がCMを入れたり、最後に来週の予告を入れたりする。

二九回から、数回にわたって、弟の帰宅時間が遅くなったため、母は弟の帰宅時に家にいてやりたいと、H君が一人で来院することになる。二八回目の最後に確認すると、家からは電車を二本乗り継いで一時間ほどかかるけれど、大丈夫ということであった。この回は「日本シリーズ」でH選手が活躍。そこからチャンバラになる。母親が外で待っていないこともあり、より自由に遊べていたようにも思えた。

しかし三四回目に、H君はそれまでと一変して不安そうに来院し、母親から話したいことがあると告げられた。まずは同席した母親から、Hが四、五日前から不安が強くいろいろ訴えるがどう対応したらいいのかわからないと言われる。H君は「お父さん、お母さんが死んでしまうのではないか、お父さんお母さんのために野球の選手かサッカーの選手になってたくさんお金を稼いで楽をさせたい」「でも自分はあほで漢字もあまり知らない、サッカーもあまりうまくないから、そうできないんじゃないかと思う」と涙を交え、切々と訴える。セラピストはH君の気持ちを何とか受け止めようと慰めずにうなずき、H君の言葉を繰り返した。

その後の三五回から三六回では、H君は元気に来院して野球をするが、打たないで塁を廻ったり、ファウルをフェアーといって塁に出たりといったズルをいっぱいしてセラピストをコテンパンにやっつける。筆者が応じないと乱闘シーンになる。母親面接によると、Hの不安はしばらく続いたそうで、『チックがひどくなったりよくなったりするのに一喜一憂している』『本当に治るのか』『どうしてこんなことになったのか』と泣かれた。

この三四回のH君の訴えは、母親がともに来院せず一人で来院することが増え、またプレーの内容からも、H君が筆者とのプレイセラピーの世界に受け入れられ、そしてそこを通じて自立しようとするところが見られるように、親とともにいる子どもとしての世界から抜け出して、新たなる自分としての世界に入ろうとする契機となるものだったと考えられる。そのためには単なる旅立ちでは不十分で、親の死をイメージするような大きな転機が必要であったと考えられる。

これはどのようなサイコセラピーにも言えることであるが、目的がまずは症状の消失におかれるので、セラピーがある程度進んで目に見える症状が治まってくると、周囲、特に親は安心してもう大丈夫だろうと思うことになる。そしてそうなればセラピーはもう終わっていいことになってしまう。しかし、まだもっと大きな目的としてのクライエントの人格的な成長や、親をはじめとする周囲との関係をつくりなおすということを念頭におくと、関係がしっかりしたものとなって、セラピーは佳境に入ってきた頃で、まだ続ける必要がある。またこの一時的な症状の消失は転移関係のなかでの擬似的な治癒にすぎないものでもある。そのようななかでこのような状況を打破し、次のステップに向かおうとする動きとして親殺しのイメージが無意識の世界から襲ってきたものと考えられる。

このように考えると、症状は一時的に軽減しても、その後もある程度は続くことになる。よほど理解がないと、症状がなくなればセラピーを続けることは難しくなる。しかしセラピストとしては、その症状がどのような意味をもつもので、セラピーをいつまで、あるいはどこまで続けるのかを見極める必要があるといえよう。実際この頃、待合室でもプレイをしていた診察室内でも、症状はほとんど消失していたのであった。

【自立への道〔三七回～五九回〕】

三七回から三九回では、紙のボールでサッカー。試合とＰＫ戦。フェイントをかけたり、ズルをしたり。また床に寝そべって、漫画に出てくる技をやったりゴールを守ったりということをたびたびする。試合ではセラピストに「どいといて」と言ってゴールをしたり、ボールを足で踏みつけて動かしてゴールしたり。ＰＫのときは蹴る真似をしてはくるっと回ってやめにし、というのを繰り返して、セラピストの隙をついて蹴ったり、セラピストの番のときにスライディングで取りに来たり。自分が負けてくると、試合の流れを変えたり。床に倒れこんでファインプレーをする。そして足や腕を痛めたような仕草をし、セラピストが心配するとくっついてくることも多い。最後に自分の力で三回念押しするようにゴールして、本当に勝つとうれしそうに意気揚々と診察室から出て行く。しかし、母親面接では、プレイセラピーを続けていて本当によくなるのかという疑問が投げかけられた。弟がいるので、家ではできないのかと嘆かれる。

四二回目の頃からＨ君はほとんど一人で来院するようになる。学校の行事などで間が空くと、最初プレイにあまり意欲的でなく、また少し咳のような声のチックと頭を振るようなチックが出るが、遊んでいるうちに徐々にエネルギーが上がってきて、チックもなくなる。サッカーの難しい技をしたり、セラピストのボールを受け止めたりした後、それでエネルギーが尽きるか、怪我をしたかのようにして、死んだ真似をして心配してもらいたがる。セラピストの点はなかなか認めてくれないが、H君もわざとオウンゴールを入れたりもする。

四六回では四月になったので、自分の学校の行事予定もきちんと説明して次にいつ来られるかを決めていく。やはりほとんど野球かサッカーをする。ホームランやヒットを打つと意気揚々と帰る。五〇回から五二回にかけては野球のオールスター戦。「イチローより強いH選手」と自分を褒め称えるアナウンスを入れる。セラピストが打ったバントをうまく前に出て捕ってアウトにする。力が出てきてバンバンと打ちまくるが、コントロールが甘くなっていてセラピストに当たる。自分で判定する代わりにフェアーの範囲を場所で決めるが、守り通せない。強く当たってバットが折れたり、ボールがグズグズになったりで、毎回修理する。

五三回〜五九回にかけては、夏休み中のためほぼ毎週来院して野球をするが、点数だけでなく、ヒット、ホームラン、エラー、ファウルもきっちりカウントするようになってくる。五四回にはコントロールもよくなって、バントやいろいろな打ち方をして点を入れる。三回まで表裏きっちり最後までし、ズルをすることもなくなった。

【終結に向けて〔六〇回〜六五回〕】

六年生の秋になり、しばらく学校行事のためお休みが続いていて、母親のみが来院。Hとしては学校行事には参加したいが、セラピーも終わりにしたくない。お母さんとしても、だいぶと落ち着いているがチックが残っているので気になるとのことであった。そのあたりを考慮して中学入学頃終結ではどうかという話になった。

六〇回に久しぶりに来院。顔を歪めるチックが少しある様子。サッカーをやりながら、休んでいた間のことを自分で説明し、その後の予定についても話し合う。この頃は大方一人で来院し、まれに母親が一緒に来院しても前は診察室の前の廊下で待っておられたのが、プレイのときには別の場所におられるようであるし、また母親面接のときにはH君がどこかへ行っていたと、母子がそれぞれ独立してきたような感じを受ける。

六四回では風邪気味でしんどいと言いながら、サッカーのPKをする。H君自身がエネルギーが絶え、死にかけたところからドラゴンボールの仙豆《センズ》を食べて復活する。

六五回に二カ月ぶりに会うと背が伸びている。一気にお兄ちゃんらしくなった。「卒業式が終わった。中学の制服も買った」と報告する。野球のバッティング練習でセラピストの打つのをうまく受ける。セラピストのほうがなかなか打てなかった。H君の打つのは強くなって、何度もバットが壊れ、修理。今回で終わりになることを確認し、終結する。母親面接では、これまで話していなかった祖父母にも話してほっとし、逆に励まされたとのことであった。

4 考察

1 トゥレット症候群の意味（動作性チック・音声チック）

症状の消失過程から見ると、その発生もまず動作性のものが出、それから言語性のものが出現したと考えられる。動作性のチックはそちらに目を向けなければ気づかれないものであるので、それだけではクライエントにとって不十分であり、声というもっと直接的なチックをも発症したと考えられるのではないだろうか。その症状は母親にとっては認めたくない、何とかなくならせたいものであったようである。だから学校の先生には、それをやめるよう注意してもらうためにチックのことを告げたが、それ以外には親戚や近所の人などにも、努めて知られないように努力されたのであった。

おそらく最初のうち、筆者にもクライエントのチックを見たくないところがあった。まったく脈略なく顔をしかめたり、手をあげたりする動作は確かに奇妙である。しかし、症状を出している相手こそがクライエントであり、症状もクライエントの一部であることを思うと、見ないでおくことはそこにふたをすることになると考え、あるがままを見ようとした。そのようななかで、徐々にクライエントの無意識の意図のようなものが見えてきた。それは意図というよりはもっと本能的な衝動のようなものだと言えるかもしれない。意識とは違う、やってはいけないと言われ、そして自分自身でもやめようとも思うけれど、抑えても抑えきれないもう一つ別の本能的な動きや訴えが、クライエントから出ているように思えてならなかったのである。これは筆者も含めてあらゆる人がもつ無意識の生の欲動のようなものであるように思える。もってはいるが、ないふり、見ないふりをしているもの。だからこそ多くの人が見たくない気持ちになるのではないだろうか。それを認めてこそ、クライエントをあるがままに受け容れることになると思われたのである。

2 プレイルームと遊具

また今回、場所の設定としてプレイルームやたくさんの遊具がなかったことによって、逆に遊びが拡散せずにすんだところがあった。専用のプレイルームがあれば、邪魔もされず音も遮断されて、落ち着いてセラピーができるという利点もあるが、現代の日本があり余る物であふれているように、プレイルームも華美な玩具をそろえることになってしまってはいないかとも思われる。工夫をすればプライヴァシーを守ることも今回のように可能である。そのように考えると遊具はどこまで必要なのだろうか。また玩具が増えることによって、その回のセラピーがそれまでの流れから変わってしまう経験をしたことのあるセラピストは筆者だけではないと思う。玩具をいかに使うか、またその場をどのように自分たちの遊ぶ世界に造り上げることができるかは、二人のあり方によって変わってくる。今回手作りしたボールとバットには愛着も湧いてきて、最後までそれらを使うこととなった。アクスラインが言うように専用のプレイルームがなくともプレイセラピーは可能である。[2] いろいろなところでプレイセラピーが行われ、子どもたちが自分のこころと、そして人と向き合うことができることがもっと増えることを願ってやまない。

［文　献］（1）Winnicott, D. W.（1971）*Playing and Reality*. London : Tavistock Publications.（『遊ぶことと現実』橋本雅雄訳、岩崎学術出版社、一九七九）
（2）Axline, V. M.（1947）*Play Therapy : the inner dynamics of childhood*. Boston : Houghton Mifflin.（『遊戯療法』小林治夫訳、岩崎書店、一九五九）

［参考文献］＊氏原寛ほか編『心理臨床大事典　改訂版』培風館、二〇〇四

コラム

遊戯療法と子どもの今

山中康裕

「遊戯療法」というタイトルで、二〇〇四年八月に医学書院から出た『専門医をめざす人の精神医学』(1)という教科書に書いたものからの抜粋と、最近私が考えていることを書いておこう。

(1)「遊戯療法」とはplay therapyの訳語である。ところが、なまじっか「遊戯療法」と訳したばかりに幾多の誤解がある。最も多い誤解は「お遊戯」と勘違いして、ただ子どもと楽しく遊べばよいと考える者があることだ。われわれ治療者《セラピスト》の所に連れられてくる子どもたちは、当然何らかの症状や行動異常に苦しんでいる。彼らの心の内界は、不安や恐怖や怒りや諦めや苦悩やらでいっぱいのことが多い。当然ながら遊戯療法を開始すると、まずものすごい攻撃性が表現されたり、どす黒く暗い表現が多く現れたりするものだ。playには、「遊ぶ」以外に、「演奏する、演じる、いじくる、振る舞う、行う、揺らめく、運転する、戯れる」など二〇を超す意味がある。私は「遊戯」と訳すよりも「表現する」という意味での「表現療法」としたほうが真実に近いと思っている。ただし、「遊び」の原義であるところの「ゆとり」の意味を内包している点で、「あそび」（鋸やハンドルの例をあげればわかるだろう）も捨てがたく、「遊戯」も「ユゲ」と読めば、昔の禅僧が解釈したように、「悠々」の境地すら含む、広範な意味のスペクトルをもつので、やはり残したい気持ちもあるのだ。

(2)「子どもの今」とは、本書の影の編集者、渡辺明美さんのくださったテーマである。

これは確かにきちんと捉えておかねばならぬテーマに違いない。私は、喜んでこのテーマで書くことにした。つまり、昨今の長崎や佐世保で起きた一二歳の男の子や一一歳の女の子の殺人事件は、これまでとはまた一味違って、世間を震撼させた。前者はいとも簡単に突き落とし、後者は頸動脈を切り、息絶えるのを待ってから、先生に知らせていることなど、かたや、まるで玩具の人形を落とすかのように、こなた、冷静沈着、用意周到に考えて、この年端もいかぬ子らが殺人を犯したのであるから。たまたま私は学部長時代に、『千と千尋の神隠し』と『ハリーポッター』の二本の映画を見て、『ハリーと千尋世代の子どもたち』[2]という本を書いたばかりだった。しかも、何と、男の子の一二歳、女の子の一一歳は特別なとき……と、まるで、これらの事件を見透かしていたかと思われるくらいに、ぴったりと照準があって……。無論、私は、事件を見透かしたわけではない。この年齢は、「前思春期」としてくくられる時期で、通常看過されやすいが、「性」の成熟が始まる寸前の、つかの間ながら、一つの到達点なのであり、創造的・実存的・宗教的なテーマの究極に触れる子もある時期なのだ。通常は、個人的無意識と集合的無意識とは、おのおの自我からは隔壁で隔てられている、というより、二重の「守り」があるのだが、最近のIT革命や、情報革命などにより、リアリティ（reality）とバーチャルリアリティ（virtual reality）の区別が曖昧となり、それらの隔壁、つまり、守りの壁がきわめて薄くなってしまって、普通なら容易に飛び越せないはずが、いつの間にか、簡単に飛び越してしまうようになった現象の極端な例が、これらの事件とみるのだ。よって、必要なのは、子どもたちの「こころの守り」をこそしっかりと守らねばならない、と考えているのである。(3)(4)

［文　献］（1）精神医学講座担当者会議監修『専門医をめざす人の精神医学　第2版』医学書院、二〇〇四
（2）山中康裕『ハリーと千尋世代の子どもたち』朝日出版社、二〇〇二
（3）山中康裕「最近の少年事件に対して、専門家としてどう考えるか」精神療法、26（4）、二〇〇〇
（4）山中康裕「再び、最近の少年少女事件に関しての若干の意見」精神療法、30（5）、二〇〇四

コラム

親面接の役割について

三上英子

子どもの問題解決のために、子どもの状態を正確に把握し、どのように対応していくのかを一緒に考えていくことが、親面接の役割と考えられる。

親が相談に訪れるということは、子どもの問題が抱えきれず、家族としての働きのバランスを崩していることが多い。子どもの問題の改善をテーマとしながらも、生育歴、子どもを取り巻く環境、日常の子どもの様子やそれに対する親の態度などを丁寧に聞いていくと、親や家族の問題が浮かび上がってくることが少なくない。直接、親や家族の問題を扱っていくことは、親にとっては抵抗のあることも多く、親としての子育ての拙さを責められるように感じられ、来談する意欲が低下し、ひいては子どもの面接も中断することになってしまう。子どもの治療を継続させ、家族のバランスを取り戻していくためには、親のそういった心性を理解しつつ面接をすすめる注意が必要であろう。

子育ての大変さや、子どもの問題を抱えていくことの大変さに共感をして、親の現在の状況を支えていくのはもちろんであるが、現実をしっかりと見据えて、子どもを育てる親となるための手助けも忘れてはならないと思われる。

子どもの現在の状況を発達的知見から説明すること、子どもの治療の進行状況、子どもに現れた変化の意味などをこまやかに取り上げることなどで親の面接へのモチベーションを高めるとともに、日常生活の中での対応のヒントなど、すぐできることを具体的に伝えて、親自身が子どもにうまく対応できたと実感し、自信を回復することで子どもとの関係がうまくいくようにする工夫も必要である。

子どもの相談をする中で、親自身の子ども時代の記憶が賦活され、親としての視点と子どもとしての視点が融合され、今現在の子どもの状況の理解に役立つことや、子ども時代のつらい思い出が子どもへの対応に影を落としていたことに気づき、それを語ることで自分自身の生き方への反省が生まれたりすることもある。

面接室の中で親自身が丁寧に遇され、話をよく聴いてもらうことで安心をした体験が、子どもへの対応に還元されていくような面接をするように心がけたい。

コラム

スクィグルゲームと遊び

山﨑玲奈

スクィグルゲーム（squiggle game）とは、もともとイギリスの子どもたちの遊びであったものを、小児科医であり精神分析家でもあったウィニコットが、子どもの治療相談に導入したものである。このゲームの一応のルールは、〝一方が描いたなぐり描き線から、もう一方が形を探す〟ことであり、その役割を二人のあいだで交代しながら何度か繰り返し行う。描画用具やゲームを続ける回数などは、すべて自由。しかも、その唯一のルールさえ、子どもとのやりとりのなかで適宜変更可能である。たとえば、ある面接で子どもがなぐり描きをするなり、「あぁー、これもう形見えてきた！」と声をあげたことがあった。前述のルールからすれば、筆者がその線を絵に変える番である。それゆえ、ルールに則って筆者が絵にすることもできるだろうし、ルールを変更して子どもに描いてもらうこともできる。この面接では、相談のうえ、筆者が子どもの思いついた形を描くこととなった。スクィグルゲームのルールは、その子どもとのあいだで作られるといってもよい。ルールを共有する過程、二人のあいだで約束を交わしていく過程が、ゲームの構造、場を作るのである。そして、その構造はその後の二人の関係を作ってゆく。スクィグルゲームとはその連続であり、先が見えないゆえのおもしろさと危険を伴う。

また、スクィグルゲームそのものに目を転じると、ゲームは一本の線から始まる。しかし、線は本来自然の中には存在しない。私たちのこころが世界を捉え、それをモノとして現そうとするときに生まれる形である。線のやりとりはこころのやりとりでもある。そして、線はそのシンプルな姿ゆえに描き手のこころを如実に表す。こころの迷いは即、線の揺れとなり、その緊張は堅い輪郭を生みだす。それゆえ、線一本描いただけで、描き手のこころがすぐさま相手に伝わってしまうという危険も潜んでいる。しかし、線はそれ一本でぴたりとその場の雰囲気を捉える、そんな妙技もさらりとやってのける。スクィグルゲームとは、きわめて豊かで危険な深みをもつ遊びであり、それは、面接場面において「治療関係をあぶり出す、もっとも鋭敏なリトマス試験紙」[1]となるのである。

［文　献］（1）中井久夫『中井久夫著作集2巻　治療』岩崎学術出版社、一九八五

［参考文献］＊ Winnicott, D. W.（1971）*Therapeutic Consultations in Child Psychiatry*. London : Hogarth Press.（『子どもの治療相談1・2』橋本雅雄監訳、岩崎学術出版社、一九八七）

＊藤村克裕『造形の基礎を学ぶ——一本の線から広がるデッサンの世界』角川書店、一九九八

コラム

遊戯療法と大人の心理療法

角田 豊

子どもの遊戯療法と大人の心理療法は、外的な場面としてはかなり異なっている。セラピストとしてどちらが向いているか、といった個人的な得手・不得手もあれば、訓練の機会や職場のめぐり合わせによって、どちらかの経験しかもてない場合もある。両方を経験する機会に恵まれるなら、セラピストとして有益なことである。そうでない場合でも、他方について関心をもつことは意味のあることだと思う。ここでは、遊戯療法の経験が、大人の心理療法にどう生かされるかについて述べてみたい。

(1) 遊戯療法を知っていることで、大人の心理療法が相対化され、柔軟に把握されるようになる。遊戯療法における子どもの遊びは、安全感が体験される場で自発的に始まるものであり、無意識的な側面と自我・意識的な側面が重なり合うなかから生じる。また、遊びとは、子どもとその子に接する他者との関わり合いから、生まれるものである。遊びが展開するとき、そこには心理学的な統合、創造、変容の可能性が含まれている。大人の心理療法においても、こうした要素は共通している。遊戯療法と異なるのは、玩具や遊具を使った遊びではなく、クライエントの「語り」が表現の中心になる点である。困難を伴うことも多いが、どちらのセラピーも、本質的には心の「遊び場」の提供を目指しており、遊びがもつ治癒力に期待しているのである。

(2) クライエント理解という点からも、二つのセラピーを学んでいることは有意義である。大人のクライエントを理解する際に、その人の子ども時代を把握することは重要であり、大人のなかに子どもをイメージすることが必要となる。遊戯療法の経験は、子どもの行動、表現、成長といった、子どもの実際についての臨床感覚を豊かにしてくれる。

(3) セラピストのかかわりを考えるうえで、遊戯療法の「プレイ感覚」が役立つ。遊戯療法の場が機能するにつれて、子どもは自らが抱えてきたさまざまな面を、遊びのなかで演じる（play out）ようになる。セラピストのほうも、子どもから与えられた役割を演じたり、真剣でありながらも、遊び心をもった態度をとる。こうした感覚が、大人の心理療法に生きる。たとえば、原初的な依存や攻撃が、治療関係に強く現れてくるような場合は、限界設定を重視したうえで、セラピストがプレイ感覚をもつことが大きな意味をもつ。これはけっして簡単なことではないが、そうした態度がセラピストの頑なな態度を防ぎ、セラピーの場を維持するのである。

第2章 衝動的な行動をめぐって

1　火遊びを繰り返した男児との遊戯療法
――現実感を求めて

久野晶子

はじめに

1　現代の子どもと現実感

現代社会においては、身体を使う経験や、自然を相手にした具体的な生業を行うことが減っている。加えて、バーチャル・リアリティ技術の進歩により生活が観念化し、他人との生のかかわりが希薄になり、確実な現実感をもつことがなかなか難しい状況にある。

「『現実』の生活で『現実感』をひしと感ずることはそんなに多くはない」と宮川香織[1]が述べているように、現実感とは、自分の予想を超えた思いがけない体験をすることによって実感させられるものである。それは他人との生のかかわりや、人間のコントロールを超えた自然との出会いの中で得られる体験である。しかし、安全に管理された社会の中で、合理的で効率的に育てられる現代の子どもたちは、そういった体験を得るチャンスに乏しい。そのため、現実そのものをつかむことが難しくなっているように思われる。

2「リアリティ」の源泉としての「異界」

夜遅くまで起きていると出てくる「お化け」や、悪い子を懲らしめにやってくる「鬼」は、子どもの心的世界の中で強いリアリティをもって存在している。このような世界観は、子ども特有の心の構造、理解の枠組みに沿っているため、子どもにとって強力な説得力をもつ。岩宮恵子[2]は、「大人の常識的な日常の世界とは違う世界」を「異界」と呼び、子どもは「異界」に近い所に生きていると述べている。子どもにとって「異界」は、日常の現実とは異なったレベルで「リアリティ」を強く感じさせてくれるものとして魅力をもつと考えられる。しかし、前述のような社会状況において、子どもたちは安心して異界に浸ることが許されにくい。そのため、大人になっていこうとするときに、異界とちゃんとした距離をとっていくことがかえって難しくなっている。

3 子どもと火遊び

元来子どもは火に魅せられるものである。「火は色、暖かさ、動きを示し、また驚くべき速さで広がるが、それにもかかわらず一吹きで消せる。それゆえ、歩きはじめの幼児達さえもがマッチやローソクの炎に魅せられる。幼児達にとっては火は魔法のような不思議なものに見える。（中略）幼児期以上の少年達は『火遊び』にはっきりとした喜びを見出すようになる。（中略）火は、実際、少年達の経験的な遊び装置の欠かせない部分であり、また火への接近が全く無いと少年達は有効な教育手段を奪われる。火のもつ不思議な意味と潜在的な破壊力は、少年達を魅了する」[3]。このような火のもつ特徴は、子どもたちにとってはまさに異界の顕現として感じられているのであろう。しかし子どもの火遊びは非常に危険を伴うため、大人社会から厳しく禁じられることになる。

本稿で報告する事例は、火遊びを繰り返し、学校で火事騒ぎを起こして来談した一〇歳の男児との半年間の遊戯療法である。中村伸一[4]は、児童期の放火はワクワクしながらの火遊びの延長線上にあるもので、反社会的な攻撃的行動の一つであり、より複雑で重篤な病理が背景にある思春期以降の放火とは性質が異なるとしている。本事例の火事騒ぎは火遊びのいきすぎによるものであり、重篤な病理性をもつものではない。しかしそのいきすぎが、現実感の得られにくい現代の社会の中で、一〇歳という思春期の入り口で起こったという点で、子どもの今について考える手かがりを与えてくれると考える。彼が遊戯療法の中でどうやってリアリティに触れていったのかという視点から論じていきたい。

1 事例の概要

■クライエント　Aくん、一〇歳（小学校五年生）。

■主訴　火遊びを繰り返す（母親による申し込み表の記載）。

■生育歴および問題歴　小三から火に興味をもつようになった。一年前にも店舗脇の段ボールに火をつけて遊んでいるところを通報され、警官に連れられて帰宅したことがあった。先月、友人と学校のトイレでトイレットペーパーに火をつけて便器に流して遊んでいたところ、後始末が不十分で煙が上がり大騒ぎになった。Aは「やめようと言えなかった」と言うが、他の子らはAともう一人がやろうと言いだしたと言う。事件のことを自分から話すことはない。もともとあまり感情を見せないほうであるが、学校で事情を聞かれたときの怯え方が尋常でなかった。担任から見て彼は「能面」のように表情がなく、一年前から非常に気になる子であったという。集団行動場面では自分を出さない。事件前に机の中の整理を指導された際、衝動的に机の中を滅茶苦茶にした。「気持ちを出せず欲求不満が溜まっているのでは」と担任に勧められて来談に至った。

■インテーク時の外見・印象　Aくんは、かなり緊張しているのか、身体の動きはビクビクと落ち着きなく、表情は硬く曖昧な笑みを浮かべている。しかし、はきはきと話してくれる場面もあり、拒否的ではない。

■初期の見立てと方針　感情と十分につながることができていないため、思春期を前に不安定になっている。

遊戯療法を通じて感情を安全に体験できるように支援する。

■対応　週一回の遊戯療法。母親面接は必要に応じてセラピストが行った。

2　事例の経過（「　」はクライエント、〈　〉はセラピストの言葉）

【一回、二回、三回】

そわそわと落ち着かない。対戦型テトリスを選び、Aが接続して対戦する。セラピストの勝ちが続くが次第に「勝ちたい」と意欲的に。二列を一度に消して相手に一列増やす攻撃を狙う。なかなか成功しないが、負ける寸前の音楽も早くなったピンチの状況を楽しむよう。

【四回】

何をするか決められず動きだせない。〈友達とは？〉「友達が決める」〈Aくんは？〉「ほとんど決めない。どっちにする？とか聞かれてもなかなか決められない。自分で決めることは難しい」〈ここでは困るね……やってみてもいいもの？〉「ビリヤード、野球盤……」。少しずつ動きだす。「もうちょっと時間があったら決められそう……全部少しずつできる？」。まずビリヤードを選び、結局最後までやる。球を打つ手応えが気持ちよさそう。声をあげて笑ったり悔しがったりするときと、目が泳ぐときとのギャップが大きい。

【五回】

ソファでしばらくごろごろした後、ビリヤードをする。一回目はセラピストの圧勝、二回目は接戦の末セラピストが勝つと相当悔しがる。セラピストが失敗をすると喜ぶいじわるさが出てくる。最後はAが圧勝し雄叫びをあげる。退室すると顔つきは神妙になり、身体の動きも硬くなる。

【六回】

「久しぶりでなまっちゃった」と言いつつ、ビリヤードでいきなり三発入れる。力がまとまっており、エネルギーが出ている。打つたび「〇〇花火!」「アチョー!」「パワーショット!」などのかけ声をかける。最後まで接戦となり、引き分ける。

【七回】

動き出すまで時間がかかるが、まずビリヤード。負けが続くとしゅんとするが、圧勝して勢いづく。興奮したかけ声。勝ちにこだわってズルをする。鉄砲を見つけ、人形を並べ「射的」。そこからセラピストと直接の銃撃戦になる。しかし、退室後は無表情。

【八回】

ソファでぐずぐずした後、「今日も銃やろう」と言う。相手は入れない陣地をそれぞれ作る。弾がセラピストに当たるととても喜ぶが、自分が当てられるのは嫌がる。当たると「吾輩を怒らせたな」と残忍な顔で喜びにあふれて仁王立ちで連射する。弾を床に撒き、セラピストが拾いに出てきたところを狙って撃つ。弾に砂を絡めて飛ばす。退室するとおとなしくなる。

【母親面接】

この頃「怖い夢を見た」と夜中に親の布団に入り込んでくる。心霊写真、妖怪、怖いものに興味があり、よく見ているからか? べたべた甘えてくることも増えた。テレビで感動物語を見ると涙が止まらなくなるよう。こちらがタジタジとなるぐらい大人びているときもある。これまで心配することなくきたので、ああいう事件を起こしてショックを受けた。

【九回】

「銃撃戦やる?」と甘えた声で聞く。しかし銃撃戦が始まると、冷徹、残忍な無敵の大王のように「撃つがよい」と言い放つ。セラピストをおびき寄せるために弾を撒き、拾いに出たところを狙い撃ちにくる。セラピストがAに当てると「私を怒らせたな！」と言う。

【一〇回】

プレイルームが使えず、面接室に玩具を入れて行う。「懐かしい」と対戦型テトリス。二列クリア攻撃を狙う。セラピストが成功させると「私を本当に怒らせてしまったな」と不敵に笑う。〈この世のものとは思えない怒り〉「この世のものとはって？」〈普通の人間より神様やお化けが怒ったほうが怖い〉。セラピストが守り神として箱庭棚から大仏を持ってくる。すると、Aも大きな赤鬼の面を達磨にかぶらせて置く。セラピストが十字架を追加するとAはお地蔵様、五重塔を追加するとAは「無念の怒りをもってた人」と武田信玄像を追加する。テトリスでは大がかりな攻撃を企み、セラピストが何もしなくても「自爆」していく。

［写真1］

【一一回】

まずゲームボーイをする。セラピストが勝つとやめて、パンチキック、スポーツチャンバラで戦う。フェイントをかけ、さまざまな技を次々と工夫して繰り出す。〈さすが悪者〉。「砂で遊ぼう。スーパータウン作ろう」。Aの提案でお互いに「見ちゃだめ」というルールで箱庭を作る。さらに「それぞれ神様入れることに」と言う。箱庭①［写真1］は金色の仏像、墓、お地蔵様と並ぶ祠に僧侶が参拝。傍らの井戸からはろくろっ首が顔を出し、木からはヘビやムカデが下りてくる。Aが最も怖がっていた銀髪を振り乱して暴れる「妖怪？

鬼？」に銃を構えた兵隊やインディアンが立ち向かう。妖怪の背後には象とモアイ像が控えている。水辺ではワニとサメが赤い魚に喰らいつく。箱庭②は「変えていい？」と生物のいなかったセラピストの箱庭に、男性を大きな口にくわえ込んだ恐竜に立ち向かう人間たち、剣を構えて挑み合う人間などを置く。

【一二回】

ソファで甘えた後、スポーツチャンバラ。目にも止まらぬ速さでフェイント技を次々繰り出し、セラピストは結構打たれる。ビリヤード。「○○花火！」「原爆！」。負けそうになるとボーリングへ。勝つと納得して箱庭③へ。「今日のテーマ決めた！『甦る恐竜』。やっぱり『生きていた恐竜』」。砂に半ば埋もれた白骨は「もうすぐ甦る」。次々と甦った恐竜は人間に喰らいつく。銃を構えた人間たちが戦車や船に乗って立ち向かう。

【一三回】

ソファで伸び。「今日は射的！」。箱庭の枠の上にインディアンを並べていく。枠が足りず、ボンゴを箱庭に入れ、台にして象を置く。続いて大きな木、恐竜など箱庭に登場したアイテムが的になる。Aは大物狙いで、大きな木に向けて連射。何度も当たっては揺れるもののなかなか倒れない。どうしても倒したいと何度も撃ち続け、倒す。

【母親面接】

相変わらず怖い話が好き。心霊写真、陰陽師、霊を祓う人などの番組を選んで見ている。親の布団にはまだ入ってくる。Aは将来の夢を「普通の人」と言うなど、ちょっと変わっている。二カ月後のセラピストの退職を母親に伝える。

【一四回】

「何をするか考えてくるの忘れた」。オセロをする。「二個飛ばしまでは置いていい」新ルールが難しくA優勢。同数で引き分け。棚を探索し、おどろおどろしい絵に惹かれてお化けのボードゲームをする。「お化け人形」のカードを本気で怖がる。Aの提案で、先にゴールしたほうが勝ちというルールに加え、お化けとの対決で勝つともらえるお化けカードの数も勝敗に関係あることにする。「アーメン！」「陰陽師！」と悪魔祓いの呪文を唱えてお化けと対決する。セラピストが二回も大魔王カードを引いて負けるのをおもしろがる。Aにセラピストの退職を伝える。

【一五回】

お化けゲームをする。「陰陽師！　悪霊退散！」とお化けカードを引く。「十字架くん」に守られて大魔王と対決しないが、Aはお化けカードが欲しいので対決したがる。お化けのうち鬼、フランケンシュタインは好きだが、メドゥーサ、蛇女、鬼婆は怖いと言う。

【一六回】

野球盤で遊ぶ。「ゴジラ松井くん」からゴジラ、モスラ、キングギドラが打席に登場。最後の回は「A隊長」が打ち、Aの圧勝。三輪車に後ろ向きに乗って「車椅子」。そのままバスケット「障害者バスケ」。時々「オートバイをウィリーで乗り回す兄ちゃん」や「三輪車に乗っている三歳の子ども」にもなる。銃で三輪車を武装し警備隊になり「隊長！」〈大変！　怪獣が……〉「街で暴れている？」。しかし助けに来たはずのAはセラピストの背中に銃をつきつける。〈悪者？〉「二重人格？」。にやっとすごみのある笑い。

【一七回】

三輪車でウィリー、障害者バスケ。ビリヤードで大接戦。取った球を箱庭に入れていく。セラピスト優勢に腹を立て「爆撃！」と球を箱庭の砂の上に手荒く落とし、クレーターができる。「残酷なことやる」

と宣言して箱庭④。恐竜・象対武装した人間の戦場に向けてビリヤード球の大砲、空気銃を次々発射。うまく直撃せず欲求不満。再び「残酷なことやる」。人形を重ねた上に大砲を直接落下。「結構おもしろかった」〈ビリヤード球の手ごたえすごい〉。

【一八回】

「今日も老人やろ」。障害者改め老人バスケ。競った末にAの勝ち。射的。ボンゴを儀式のように叩き続けるなかゲームスタート。的の安定度に応じて配点。連発して揺らして着実に倒し、雄叫びをあげる。セラピストはまったく当たらない。最後、セラピストは完全に疲弊し空気銃から弾を発射できなくなり降参。Aは確実に倒す。「人に当たるとおもしろい。結構リアル。ヒューッて飛び去ったり、一回転して落ちたり」と倒れる様子を再現。セラピストが片付ける間、Aはボンゴを叩き続ける。

【一九回】

「バブー」と三輪車をこぎ、「バブちゃんバスケ」。競った末Aが勝つ。ボール投げ。セラピストはAの投球に身体がついていかない。ビリヤードから箱庭での爆撃へ。山の上で銃を持った人間と象・恐竜を戦わせ、その両方に対し爆撃していく。球を人間と動物に直撃させて、砂の中に埋め込む。砂山の上に大きな象を置いて「棒倒し」をする。足元が徐々に崩れていく感覚に「これおもしろい」。二度ともセラピストが倒す。

【学校より電話連絡】

とても表情が明るくなって子どもらしさが出てきた。のびのびした様子。

【二〇回】

風邪で元気が乏しい。野球盤をする。人形を「リアルに」走らせる。後半大きな声が出てくる。三連続ホームランで飛び上がって喜ぶ。やっと悪さが出てくる。

【二一回】

ビリヤード。セラピストが点を取ると地団太を踏んで悔しがる。時間を惜しんで箱庭で「象倒し」。途中で「片側からだけ削ることに。そっちのほうがリアル」。象の足元の砂が徐々に崩れていく心もとなさがスリル満点で、大声をあげてエキサイトする。セラピストが二度倒した後、最後にAが倒して終わる。

3 考察

1 学校での火遊びの意味するもの

Aは小学三年のときの焚き火をきっかけに火に魅せられ、一〇歳という思春期の入り口で、学校のトイレでの火事騒ぎを起こした。岩宮[5]は、現代の日本において、学校は隔絶された場所で、大人になるための教育が行われさまざまな試練が与えられるという意味で、イニシエーションの儀式の行われる場所に近い意味をもっており、日常とは別の異界が生じやすくなっていると述べている。学校の中でも特にお化けの出てきやすい場所であるトイレで、火をつけたトイレットペーパーを水に流すという行為は、お盆の送り火の一種である精霊流しとよく似ている。送り火とは、お盆に一時的にこの世に戻ってきた先祖の魂たちを、もう一度あの世に送り返す儀式である。トイレに火を流すという行為は、思春期の入り口に立ってさまざまな衝動の活性化の不穏な予感を感じとっていた彼らなりの、自分の中の「異界」をきちんとあの世に送り返そう、この世とあの世を区別しようとする試みだったのではないかと思われる。この試みは遊戯療法において引き継がれた。

2　現実感を求めての火遊び

担任は、Ａが学校生活の中で感情をあらわにしないことがとても気になっていたと言う。「能面」とは、感情と自由につながれない姿である。Ａは離人感にも似た、生き生きとした現実感を得られないもどかしさを抱えていたのだろう。思春期の近づく不安定さの中で、それはより切実な切望へと高まっていったと考えられる。岩宮[5]は、自宅が火事で全焼したことをきっかけに離人感から解放された女性の事例を報告し、「炎上することによって異界との境界が閉じて清浄な状態に整」える、炎上のイニシエーションとして機能した可能性を指摘している。異界とこの世の境界が閉じるとは、現実のリアリティをしっかりとつかむことができることでもある。Ａが火遊びに惹かれたのは、その超越的な力が彼のリアルな体験を呼び覚ましてくれるように感じたからではないだろうか。しかし、それは現実の死を招きかねない危うさと隣り合わせのものであった。

3　プレイが機能するまで

遊戯療法の中で、Ａはさまざまな遊びを通して「リアルさ」を模索していった。一回のテトリスで、緊迫した状況に追い込まれることを楽しんでいた様子からは、非日常の中でリアリティに近づこうとしていたことがうかがわれる。また一度の攻撃でどれだけ大きなダメージを与えられるかを追求していたのは、「手応え」としてのリアリティを求めてのことと思われる。しかしはじめのうち、それはなかなか成功しなかった。何をするか自分で決められず迷うＡに対し、セラピストは彼が主体的に選択できるよう時間をかけて支援した（四回）。ここでビリヤードの重い球を勢いよく弾く感覚が彼の心をとらえた。ビリヤードの一撃は、彼の中で花火や爆弾の爆発としての意味を帯びていった（六回）。

4 悪の顕現

七回では、爆発、攻撃は「射的」へ、さらにセラピストとの直接の銃撃戦へと発展する。その戦いの中でAの残忍な側面が現れる。セラピストは、残忍な喜びにあふれて連射する姿に、Aの中に隠れていた「悪」の顕現を感じた。しかし否定的なものにはまったく思われなかった。この生き生きと充実した感覚が彼の求めていたものにつながると感じられたからである。東山紘久が[6]「児童期はそれまでの『子どもは清い』時期と違って、悪が何らかの形で子どもの世界に忍びよってくる時期である」と述べているように、「悪」の顕在化は成長段階において必須のものである。この頃の母親面接では、彼がお化けに非常に興味をもっていることが報告された。東山は前掲書にて、悪の表現の最初の内在化がお化けや幽霊恐怖であるとしている。Aは「悪」とどう出会いつながるかという課題に取り組んでいった。

5 守り神のもとで異界と対決する

しかしこの悪の顕現はしっかりと守られた中で行われなければ、体験として本物にはならない。一〇回のAとの激しい戦いの中で、セラピストは「守り神」を導入した。するとAも「赤鬼の面をかぶった達磨」という非常に存在感のある守り神を置いた。セラピストはAの中にある異界の本質を見る思いであった。一一回には「神様を入れる」というルールのもとで箱庭が作られる。聖なるものの守りのもとで、猛々しく暴れる「妖怪」が現れ、人間たちが武器を持って応戦する。この「妖怪」とは、能の「獅子」を模した人形であり、まさに異界からの訪問者である。同時にヘビやムカデ、ワニ、サメ、恐竜らも現れ、恐竜が人間を食べようとしている、まさにその瞬間が「リアル」に描き出される。

一二回の箱庭のテーマは「甦る恐竜」「生きていた恐竜」である。太古の昔に滅んだはずであった恐竜が甦る、いや実は滅んではおらず「生きていた」とは、彼の中で衝動・感情との結びつきが取り戻されてきたことを示すと考えられる。そしてこの「衝動」「情動」と真っ向から対決するその瞬間に、彼が「リアリティ」を感じとるチャンスがあった。さらに一三回には、箱庭で静的にその「リアルな瞬間」を再現するにとどまらず、箱庭の登場人物であった象、インディアンを実際に銃で撃ち落とし、重く手応えのある物体がAの発した銃弾によって倒れ落ちていく、その「瞬間」を追及していく。

6　向こうからやってくるリアルと出会う

一七回では「残酷なことやる」と言って、人形に球や大砲を直接激突させるが物足らない。「現実感」とは、自分の頭の中の「筋書き」が破られるときにはじめて感じとられるものであるので、こちらからつかもうとしてもつかめるものではなく、向こうからやってくるもの、自分の意図とは別のところで「出会う」ものである。自分で作り出そうとすると、決して本当にリアルには体験できない。一八回の射的で、Aは人形に弾が当たって「結構リアル」に飛び去るところに注目した。残酷ではあっても作為的な場面の再現よりも、偶発的に生じた予想を超えた動きのほうが「リアル」に感じられることに気づいた。そして一九回では象を棒代わりに用いた「棒倒し」で、向こうから訪れる「リアルな瞬間」を得た。

おわりに

最終回の生き生きと感情を素直に出して遊び尽くすAの姿は、初回とは明らかに違っていた。この頃には学校でも子どもらしい表情を見せるようになっていた。この後、Aは後任セラピストとの一年間の遊戯療法を経て、小学校卒業を機に終結している。

Aは遊戯療法の中で異界に浸り、セラピストとの勝負に没入し、そこに生じてくる偶発性を体験することを通して、リアリティとの出会い方を見つけていった。日常生活の中で現実感を得ることができれば、異界とも適切な距離がとれるようになる。Aが思春期に歩み出すために必要としていたのは、このリアリティとの出会い方、繰り返し日常をつかみ直すすべを得ることであったと思われる。

〔文　献〕

（1）宮川香織「『現実感』を考えてみる」こころの科学、117、二〜八頁、二〇〇四
（2）岩宮恵子『生きにくい子どもたち——カウンセリング日誌から』岩波書店、一九九七
（3）上野厚『都市型放火犯罪——放火犯罪心理分析入門』立花書房、二〇〇〇
（4）中村伸一「放火を起こした女子分裂病の症例」〔中村伸一、生島浩編〕『思春期青年期ケース研究9　暴力と思春期』岩崎学術出版社、二〇〇一
（5）岩宮恵子「思春期のイニシエーション」〔河合隼雄編〕『講座心理療法第1巻　心理療法とイニシエーション』岩波書店、二〇〇〇
（6）東山紘久「児童期」〔小川捷之、齋藤久美子、鑪幹八郎編〕『臨床心理学大系第3巻　ライフサイクル』金子書房、一九九〇

2 すぐにキレるという中学生

近森 聡

1 問題と目的

子どもたちのストレス耐性が低下し、「キレ」やすくなったと言われる。「キレる」という現象は、言葉どおり、こころの不連続性を感じさせる強烈な怒りの噴出である。その場面に居合わせた教職員、他の子どもたちは、怒りの噴出の「唐突さ」のために、また、その「激しさ」のために、「キレ」についていけない。感情の抑えが突如として「キレる」ために、怒りの衝動が津波のように周囲を襲い、周囲との関係まで「キレ」てしまうのである。「キレる」は、人格の不安定さと関係のある現象であり、主体の不在状況の突然の出現である。「キレる」という語自身が、周囲の影響からの受動性、主体不在の自動性のニュアンスをもっている。「キレ」た場合、周囲は、働きかけるべき相手の主体を見出すことが困難で、取り付く島のない状況に追い込まれる。

「キレる」子どもたちと話すうちに、子どもたちが「キレる」背景には、子どもたちの攻撃性に満ちた屈託を抱えてくれる環境を、生育歴の中で十分にもつことができなかった悲劇があることに、しばしば出会ってきた。

学校で、子どもたちが「キレる」衝動によって失うものは大きい。「キレる」子ども自身は、教職員からの温かいまなざしを失い、級友からも孤立しがちである。「キレる」場面に巻き込まれた子どもは、暴力を振るわれたり、その光景に恐怖心を抱く。

一般に、あるものが「キレる」のは、そのものが切羽詰まった、ゆるみのない、「遊び」のない状態のときである。子どもたちのこころに「遊び」を取り戻すことが、余裕をもった「新しい自分のあり方を『身につける』全身的な体験」[1]となり、ひいては「外在化された自己の筋道だった骨格」[2]をつくって、主体性をより強固にして「キレる」現象を抑止することにもつながるのではないだろうか。中学校での一つの事例の経過をたどりながら、考察を進めてみたい。

2 事例

1 スクールカウンセリングという枠組み

事例の中学校は、都市部に位置する。校長以下、教職員はよくまとまっており、山積する問題に意欲的に立ち向かっている。後ほど、事例の経過に即して見るように、この事例が、独立した相談室ではなく、中学校内で行われたスクールカウンセリングであることが、事例の展開に大きく影響を与えている。スクールカウンセラーは、相談室で待機するばかりでなく、多様な場面を自らアレンジして、子どもたち、教職員とかかわりをもち、仕事を創出していかなくてはならない。[3]筆者も、教職員の理解と協力の下、積極的に校内を巡回し、さまざまな活動に参加させていただいている。このようにして、子どもたちの日常に接することができるのは、大きな利点である。なぜなら、日常生活のひとこまから問題を拾い上げ、実態に即した支援ができるし、緊急を要する状況に対しても即座に対応ができるからである。スクールカウンセリングには、「総合環境療法」[4]的視点が不可欠である。

2 事例の概要と経過（「　」はB君、〈　〉はカウンセラーの言葉）

クライエントは、B君。中学校一年生の男子である。B君は、すぐに「キレ」てしまうことを悩んでいる。「キレる」ことで、時として、人間関係上トラブルを生じたり、教師に対して反抗的になったりするが、今のところ大きな問題を生じているわけではない。家庭環境は非常に複雑である。

【一回】最初の出会い——学校への不満

四月早々、校内を巡回していると、数名の中一男子が不服そうな表情で渡り廊下にたまっている。声をかけると、B君が口を尖らせて話しかけてくる。忘れ物をして先生に注意を受けたとのこと。先生に対する不満が次々と出てくる。しばらく黙って聞いていると、「また、聞いてや」と言い残し、他の生徒とともに立ち去る。

【二回】「ちょっとすっきりしたワ」

同じ日の昼休み。校内巡回中に中一の教室の前にさしかかったところ、B君がカウンセラーを見つけて話しかけてくる。「カウンセラーやったら、また話、聞いてや。もう我慢できん。キレそうや」と、再び激烈な教師批判。最初は、B君の話の仕方に「カウンセラーなら、話につきあっても当然」という、押しつけがましい攻撃的な圧力を感じていたが、次第にうちとけて話をしてくれるようになった。二〇分ほど話をしているうちに、午後の授業開始のチャイム。「ありがとう、ちょっとすっきりしたワ。今度、相談室行くから」。

翌週の放課後から、B君の相談室への来談が始まった。

【三回】相談室へ

入室するなり、「わーっ。ここはいいな。落ち着く」と言う。家の複雑な状況を語る。

【四回】 ホワイトボードへ

部屋の壁にかかっていたホワイトボード（縦四二㎝×横五七㎝の小さなボード。以下、ボード）を見て、「何か描いていい？」。交互に思いつくままに絵を描く。車（B君）、電車（カウンセラー）など。最初は壁にかけて描いていたが、描きにくいので、〈はずして、テーブルの上でしようか？〉と言うと、「そうしょう」とB君。「お題を出して描くことにしよう」とB君からの提案。交互に題を出して二人ともその題にそって描く。たとえば、不思議な人間（B君）、こんな電化製品があったら（カウンセラー）、こんな飲み物があったら（B君）、理想的な学校（カウンセラー）などである。カウンセラーが〈紙もあるよ〉と紙を使った描画にも誘ったが、「こっちのほうがいい」とボードへ。使用可能なマジックは、赤、青、緑、黒だが、B君のお気に入りは青。「ボードはいいな。何回描いてもすぐに消せる。何だか落ち着く」と、ボードに殴り描きしては消すことを繰り返し、消す感覚をじっくりと味わっている。とても柔らかい表情で、以前の不満たらたらの攻撃的な表情との違いに、B君の別の一面を発見した思いがした。

【五回】 スクリブル

ボードで、交互にスクリブルを行う。その後、ボードで描いては消しを繰り返しながら、家庭内で不自由な思いをしていることを語る。

【六回】 変容の物語と「消す」こと

授業担当の先生に連れられて来た。「キレてしまいそうだというので、この子の話、聞いてやってください」と先生。先生が帰った後、「朝からイライラしている。何かしてしまいそうだから来た」とB君。複雑な家庭環境に対する苦しい思いを一気に語る。

一段落したところで、ボードをテーブルに置き、無言のまま青のマジックを手にして○を描きはじめた。二つの○が並んだ。じっと見ていて、メガネのつると顔を描き足して、メガネをかけたまじめそう

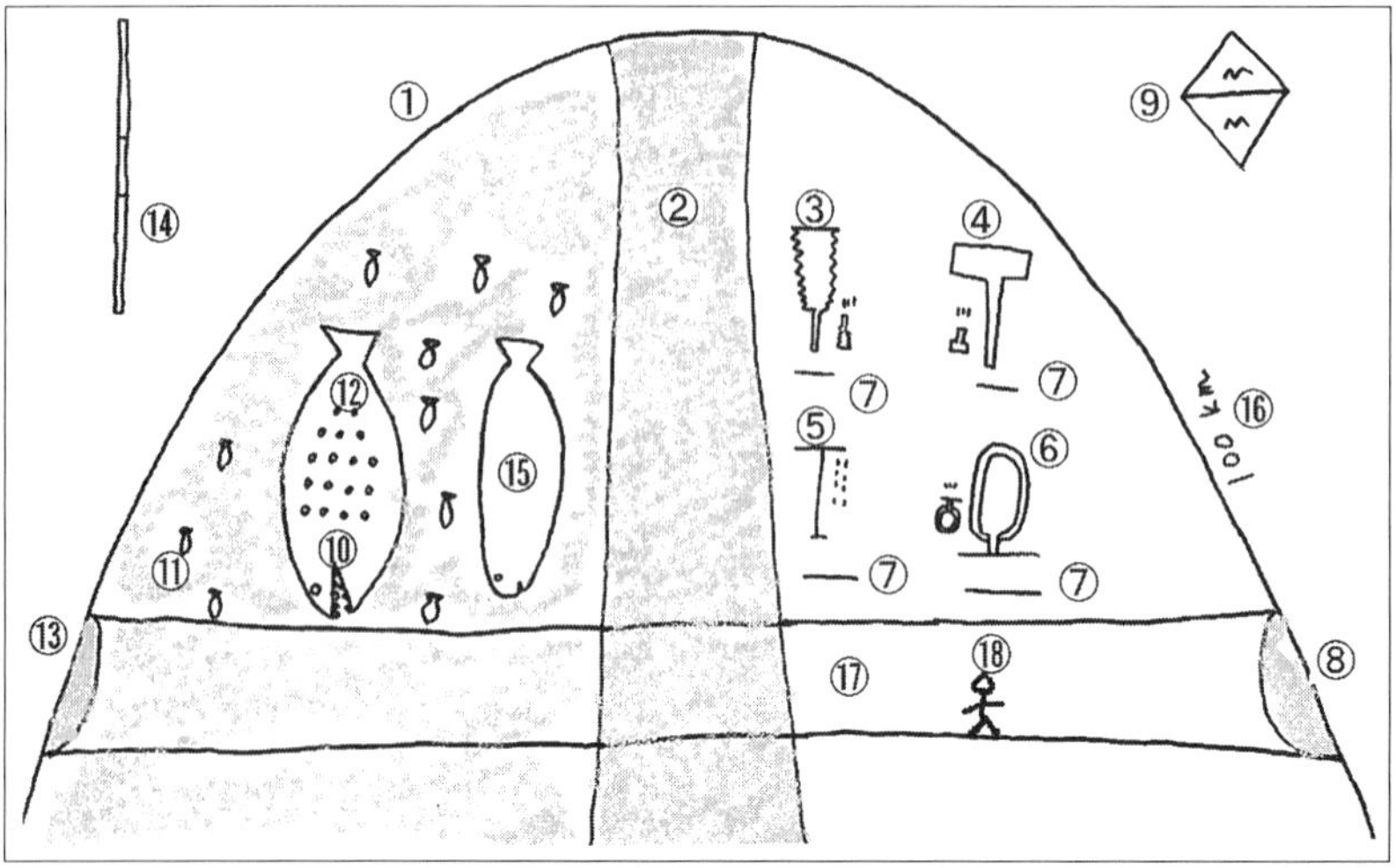

〔図1〕変容の物語（B君が描いたものを筆者が復元）

な男の人にした。すぐに消してしまう。次は小さな○をやや乱雑にどんどん描いていった。そのB君の姿に、もてあましているエネルギーを感じた。○の塊の上にへたをつけてブドウに。B君の肩から力が抜け、カウンセラーもほっとした。次に、ブドウの絵も惜しげもなく消し、真っ白になったボードをしばし眺めた後、スーッと青い線を一本引いた。少し眺めた後、線を消した。もう一度、軽いタッチで青い線をスーッと引いた。その線を見つめながら、「これ紫に変わる。見ててみ」とカウンセラーに話しかけた。カウンセラーも身を乗り出して、ボードにB君が線を描く動作を見守った。青い線を引きながら、「ほら、すぐに乾いて、乾いたところが紫に。こうやって乾くから粉になって、これでふき取れる」と線を消す。「これを発明した人はすごいな。いくらでも描けるし、（線を数本引く）ほら、こうやって消せる」と、「消せる」と言う語を強調して発音し、動作を味わうようにじっくりと消す。さらに二回、線を描いては消しをゆっくりと繰り返した後、イレイザーに付着した粉状のインクをティッシュでこすり落とし、指先でその感触を味わっている。「さらさらする」。

　真っ白に戻ったボードを眺めていたB君は、次に緑のマジックを手にすると、一転して、大きな柔らかな山をボードいっぱいに描いた［図1］。ボードの枠内にさらに守られた空間が出現したよう（①）。青のマジックに持ち替えて、山の中央、上から下に向けて、大きな青い流れを作る。「大きな滝」。これで、山がさらに二つの世界に分断される（②）。もう一度、緑のマジックに持ち替えて、滝によって仕切られた山の右側に、「木がいっぱい。のこぎりの木。上からのこぎりがどんどん落ちてくる。ぐさぐさぐさ」（③）。以下、④〜⑥は「かなづちの木」「釘の木」「チェーンソーの木」。カウンセラーは、B君自身の攻撃性の強烈さとB君の置かれている状況の危険性に痛ましい思いがしはじめた。ところが、B君はいたって平然と、むしろ楽しげに自分の想像が次々と展開していくことを楽しんでいる面持ち。カウンセラーは、B君のその様子に支えられ、とことんついていこうと思った。

「この線から入ると上から降ってくる」と、⑦の線をそれぞれの木の前に。「ここに洞窟がある」と、⑧の洞窟を描く。「この洞窟の中に盾が入っている」と盾を右側の余白部分に大きく描く（⑨）。「この盾を取って、木の下に行くと器になって全部（上から降ってくる道具が）中に入ってくる」。カウンセラーは、ストーリーの鮮やかな展開に驚く。ここで、青のマジックに持ち替え、山の左半分を軽いタッチで薄く塗っていく。〈水だらけだ〉「そう。中には大きな魚がいる。すごい歯があって危険」（⑩）。傾斜しているはずの山域が大きな湖（?）に。空間のねじれ。「でも、周りにはおいしい魚がいっぱい（⑪）。どうしたら取れるのか？　危険な魚には光がついている。いっぱい（⑫）。この光が近づいたことを知らせてくれる。それで、やっぱりここに洞窟（⑬）があって、中には釣竿（⑭）が。この釣竿で大きな魚を釣れる。釣り上げると危険でなくなる。鯨になって、潮を吹く。牙はなくなる。そのかわり光も消える」と、大きな魚の右隣に⑮の鯨を描く。「盾と釣竿が合わさると、いろんなことができる。でも、もう一つの洞窟に行くには、一〇〇㎞もある」と山の右の余白に、一〇〇㎞と記入（⑯）。「だから、多くの人は洞窟の中を進む。それは、一㎞」⑰。ここにも空間のねじれ。恐ろしく短縮された空間。「そのかわり、中には敵がいる⑱。頭をコーンとたたくと、へなへなとなる。それで、二つとも手に入る」。

【七回】他生徒との相談室共有

放課後、B君は、他の一年生男子二名とともに来室。カウンセラーも入れて四人で交互描きをする。他の二人も乗ってくる。一人が途中で帰り、最後は、B君ともう一人が、ものすごい勢いで、ボード上に殴り描きをする。ボード上は、青、赤、黒の線で塗りつぶされている。それをB君がイレイザーで消すと、盤上にボードの地が白い線となって現れる。B君は、白い線で丸い模様や人の顔を描く。

【八回】共有の定着へ

前回の三人組で来る。「これ、はまるやろ?」とB君は他の二人に言う。四人で交互描き。この回以降、三人は、連れ立って来室するようになる。

3 考察

1 抱える空間の提供

B君だけでなく、子どもたちは、家庭をはじめ学校の外で生じた屈折した思いを抱えながら、登校してくる。さらに、校内での人間関係をはじめとする出来事が、子どものこころにさまざまな苦悩を与える。その屈折した思いが、子どもたちの学校内の行動に影響を及ぼし、一人の行動がさらに他の子どもにも波及する。ところが、学校の活動は、基本的に集団で行われている。学校の先生方の多くが、個々の子どものこころにも寄り添おうと努力を重ねている。しかし、次々と生じる子どもたちの問題行動の対処に忙殺され、個々の子どもに添い続けるのは困難である。特に、B君のように、日常的には大きな問題行動を起こしていない場合はなおさらである。ここに、スクールカウンセリングの必要性が生じる。スクールカウンセリングでは、不登校、非行などの問題が生じた後のフォローも大切だが、こうした問題を未然に防ぐ、あるいは早期の対応で最小限にとどめる活動も重要である。B君のケースの場合、カウンセラーが校内を巡回し、その機能を適宜提示することによって、B君は、誰の強制でもなく、まったく主体的な選択で相談の機会をとらえ、ボード上に絵を描くことを始めたのである。

学校内の相談室は、校内の他の場所とは異なった時間の流れる、異空間である。他の教室では先生主導で授業が行われるさなか、相談室では子ども主導で時間が流れる。B君は、その中で、ある時は話し、ある時は描き、ある時は消した。「変幻自在に展開するのが遊びの世界」[5]の本質であるならば、B君は、相談室での時間を遊び尽くしたのである。B君にとって、相談室は、家庭でも学校でもない空間であり、遊びと自己探求の試みを抱えてもらう空間である。

おもしろいことに、変容の物語を創造した次の回、B君は、他の二人の子どもをこの空間にいざなう。筆者は、この動きを「子どもが子どもを連れて来る」現象として解釈したい。[6]B君の試みは、自己探求の内面に向かう動きから、新しい友人作りという外界へ向かう動きへと変化し、相談室も、B君の外界を拡大する試みを抱える空間へと変容した。友人を誘ったことは、相談室が、学校内にあるゆえに生じた、事例の転換点である。相談室を一歩出れば、そこは日常の世界。時間が来れば、B君はその流れに戻らなくてはならない。どのように流れに戻るのか、あるいは、どのように相談室内に外の流れの一部を取り入れるのかを考えることが、スクールカウンセリングには、必要となることが多い。より深い自己探求を続けるのであれば、相談室をより閉鎖的な空間にする必要があるが、B君はそれよりも新しい友人の誕生を望んだ。相談室の閉鎖性の程度を、事例の展開の必要に応じて変更できるのが、学校内の相談室の特性であろう。

2 表現過程をともに歩む

(1) ホワイトボードという媒体

B君の事例では、ボードが主要な役割を果たしており、ここで、ボードという媒体の特性について考えてみたいが、ケース研究の中で、ボードを主要な表現媒体にしたものを見出すことができなかったので、B君のケースに即し、他の表現媒体、すなわち、箱庭、画用紙との比較を行っておきたい。

まず、ボードには、箱庭と同様、はっきりした領域の境界が存在し、枠付けを行った画用紙と同じような効果があると思われる。しかし、箱庭では、使用されるアイテムが相談室内にあるものに限定されるのに対して、ボードでは、画用紙と同様、クライエントに喚起されたイメージとなる。また、ボードでは、画用紙に描くのに比べて、摩擦が少なく、軽快な筆記と消す作業の繰り返しが可能で、取り返しがつきやすい、元の白い世界に返しやすいという特性があり、それが画用紙よりも気楽なとりかかりを誘うのではないか。ボードは黒板と同様、筆記していく過程を誰かに見せるための媒体でもある。変容の物語において、ボードは、B君が脚本家、演出家、主役を務め、同時に観客でもあり、カウンセラーという観客の見守る劇場のようであった。話を運んでいくB君は、実に生き生きとして自信に満ちており、わくわくしながらストーリーを展開させていた。カウンセラーもそのB君の力に感動し、引き込まれていった。物語は、完成した絵画として存在するのではなく、ストーリーが展開していく途上に意味があると感じた。完成した絵画として見てしまうと、滝、洞窟が突如出現したり、盾や釣竿を手に入れて一気にストーリーが転換点を迎える興奮を共有できないのである。それは、アイテムが置かれることによって「刻一刻と変化していく」[7]箱庭の作業に類似している。画用紙を用いる手法の中では、風景構成法が、描くアイテムを順次提示して、画面構成の経緯を見守っていくのと類似性がある。くしくも、B君の描いたアイテムには風景構成法と一致するものが多く見られるのである。
以上見てきたように、ボードは、はっきりとした境界に守られ、表現を引き出される環境の中で、自由にイメージをめぐらせながら描画と消すことの軽快感を味わうことができ、同時に、表現の「過程」を他者と共有する劇場的な効果をもちやすいのではないだろうか。

(2) 描くことの意味

事例中の描画の展開を追うと、「(交互の描画)⇓(相手の出した問題に触発された描画を交互に行う)⇓(交互のスクリブル)⇓(B君が自主的に描いた円に触発されたB君自身の投影)⇓(B君がまったく自主的に展開したストーリー性のある描画)⇓(友人たちの参加した交互のスクリブル)」となり、カウンセラーとの交互のイメージの交流を経るうちに、イメージがB君の中で次第に自己展開し、ついにはストーリー性をもってB君の中でいったん自己完結し、最後は、再び生じた外部とのイメージの交流の中で、友人たちにイメージが共有されていったことがわかる。

「キレる」状態では、B君の衝動は共有することは難しい。しかし、相談室という自由を保証されたくつろいだ空間で、B君の衝動は次第に攻撃の矛先を収め、かわって、イメージの運動が起こって表現を求めはじめ、カウンセラーとのイメージの相互交流によって、イメージ運動が深化して行き、ストーリー性をもつに至った。

イメージがストーリー性をもつというのは、主体の思考が関与して、イメージが多くの人から理解を得やすい整合性をもち、「外在化された自己の筋道だった骨格」を形成していくことである。その過程で、B君自身の攻撃衝動が、表現形式的に変容して、他者から理解・共有可能となった。攻撃衝動は、イメージの世界を通ることで、主体的に制御可能となり、他者への通路を開くのである。

(3)　消すことの意味

B君のボード上の遊戯では、消すことが非常に重要な意味をもっていた。消すという行為は、本来的に、表現に対する攻撃性を表しているだろう。しかし、B君の消す動作は、一部を除いて、実にゆったりとして落ち着きに満ち、消す過程をじっくりと味わい、「身につける」行為であった。B君にとって、消すことは、「キレる」衝動を消す、過去の失敗を消す、身に負った重荷を消す、新たな表現の可能性を開くなど、多義的多層的に意味の詰まった「象徴的」な身体表現なのである。

(4)　変容の物語

内容的に見ると、左の山域のほうがより深層的で神秘的であり、ストーリーは表層から深層へと進展するが、右と左では基本的に同様の物語が展開する。のこぎりの木、牙のある魚などの危険に満ちた空間、これはB君自身の攻撃性およびB君の置かれた環境に通じる。それが、遊びそれ自体の「守りとしての機能」⑧に助けられて、大きな不安を喚起せずに展開していく。よく見れば、危険を知らせるシグナルもある。そして、こころを深く掘り進むことによって、攻撃性や危険性を逆転させ豊かさ（建設に使える、食糧となる）を獲得する「秘密」を手にするのである。しかし、この物語では、「秘密」があまりに容易に手に入ってしまう感もある。左の山域（湖？）と洞窟内に強烈な空間のねじれがあり、これは、B君の強引さに通じるであろう。空間のねじれを通過すれば、距離を稼ぐことができ、敵も手ごわくはなく、洞窟に隠された「秘密」は一気に手に入ってしまうのだ。この物語は、消すという行為と同様、「葛藤を超えることによる安定感を直接クライエントに感じさせるもの」⑨であったが、カウンセラーは、まだまだこの先、B君がじっくりと時間をかけてこころの奥底を探る作業が必要なのではないかと感じた。

まとめ

難しい環境におかれ、「キレ」やすいという悩みを抱えるB君は、イメージを展開させ、消去させる遊戯の中で、B君を取り囲む危険性や「キレる」衝動と向かい合い、それを昇華させたり消去する作業に没頭した。また、イメージを通して級友と出会う作業を夢中になって繰り返した。しかし、それは、安全に守られた相談室内の出来事である。今後も、外部では、B君にとって危険に満ちた環境および自分との戦いが続く。カウンセラーは、その戦いを支えるために遊戯空間を提供するのである。

〔文献〕
(1) 岸良範「遊戯療法における身体性」『現代のエスプリ389』至文堂、一三七頁、一九九九
(2) 安島智子「遊戯療法を構成するもの」(日本遊戯療法研究会編)『遊戯療法の研究』誠信書房、二〇〇〇
(3) 東山紘久『スクールカウンセリング』創元社、二〇〇二
(4) 村松健司「子どもの施設治療におけるあそびの役割」(日本遊戯療法研究会編)『遊戯療法の研究』誠信書房、二〇〇〇
(5) 弘中正美「遊戯療法における総合性」『現代のエスプリ389』至文堂、一〇頁、一九九九
(6) 東山紘久『遊戯療法の世界——子どもの内的世界を読む』創元社、一九八二
(7) 岡田康伸「イメージ療法と箱庭療法」『現代のエスプリ387』至文堂、一四〇頁、一九九九
(8) 前掲書(5)、一二頁
(9) 石川敬子「心理療法における『芸術表現』の意味」心理臨床学研究、21(5)、五〇八頁、二〇〇三

コラム

食事に含まれる「つながり」の大切さ

大谷真弓

温かく、懐かしく安心する料理を、私たちはなぜか「母の味」「お袋の味」と呼ぶ。実際の母親の作った料理でなくても、そう感じる食事がある。記憶の底にある何ものかとつながって、そのような感じを呼び起こすのだろう。では、いったい何につながっているのだろうか。

幼い頃に母に食べさせてもらった料理の味とつながっている場合もあれば、ある忘れがたい思い出とつながっていることもあるだろう。今ここで料理を出してくれた人とのつながりや、そこでともに食する人たちとのつながりもあるだろう。

こうした食事の背景にはまた、手間暇かけて素材を育てた人や料理した人がおり、命あるものを殺すという人間の暴力性、それに対する祈りや願いも存在する。また、素材の育った土地、空気、水、育った季節や風土、自然に流れる時間なども存在しているはずである。自分の体とのつながりもそこにはある。そして本来食事とは自然を文化にまで高めたものであり、人を自然と文化の両方につなげるものであったはずである。温かさを感じさせる食事にはこのように、さまざまな「つながり」が含まれているといえるだろう。

ところが最近では、子どもは一人で食事をすることが増えており、料理してくれる人や一緒に食卓を囲む人とのつながりが少なくなっている。また、素材は季節や土地にかかわらず大規模生産され、ほとんど加工されたかたちで私たちのもとに届く。その頃には素材にもともと秘められていた命とのつながりや、人間の暴力性や祈りなどを感じることは難しくなっている。伝統的な料理も先細りし、料理が親から子へと受け継がれることも減っている。このように、現在私たちが口にする食事からは、さまざまな「つながり」を感じにくくなっている。

食事は、さまざまな「つながり」を含んでいてこそ豊かなものになる。「つながり」を私たちが再認識し再発見することで、食事は人が心身ともに成長し生きていくための基盤となるのではないだろうか。


［参考文献］＊吉沢久子『ひとり暮らしのおいしい食卓――自分のためにしっかり食べる』講談社、一九九九
＊大谷ゆみこ編『スローライフ、スローフード――「食」から考える明日のライフスタイル』メタ・ブレーン、二〇〇四

コラム

遊戯療法における人形遊び

小野国子

遊戯療法では、大小の人形を用いて、即興芝居や戦争ごっこのような遊びが展開されることがある。物語の筋やその変化も重要であるが、人形を遣うということに独特の持ち味があるように思う。

人形を用いると、自ら演じるときと比べて、遣い手であるクライエントやセラピストに役割と媒介物という二重の守りを与える。人形は、生きていないがゆえに、現実の限界や日常の制約を超えられる（たとえば、空中を飛ぶ、など）。

また、人形の属性（性別、年齢、服装、特定のキャラクターであるなど）がクライエントの自由なファンタジーの表現を刺激するとともに、現実との係留点ともなるようである。

人形は、古来、神や聖霊の形代《かたしろ》として、信仰や呪術に用いられてきた。日本の人形劇の民俗的伝統の中に、人形の汚れの引き受け手としての性格が直接、間接的にうかがわれるという。[1] 遊戯療法においても、人形にクライエントの内界や外界の何ものかが投影され、痛めつけられたり殺されたりする。

人形の遣い手として、クライエントやセラピストは、音声（セリフ）と見振りの〈外見〉をその人形に貸している。セリフと人形の動きが物語を紡ぐ。遣い手は役になりつつ感情を顕わにできる。ポカリと殴る、身を震わせて泣く、地団駄を踏んで悔しがる、跳びはねて喜ぶなどの身振りが人形でなされ、情動表出の通路となる。

奥州の「おしら様」人形は上下左右に振り動かして供養されたりする。このような「原身振り」が人形劇の中核を占めるとも考えた山口は、「精神の深い層における振動を伝えた場合、人形の動きは、人間が世界について意識的に説明し、道徳的に説明するための体系の軌跡を越える」人形劇こそ、人間が心の深い層での感受性が受け取った世界についての像を表す技術の最も古くかつ常に新しいものの一つであると述べている。[1] 遊戯療法における人形遊びを、このような視点からも見ることができるかもしれない。

[文　献]（1）山口昌男『道化的世界』筑摩書房、一九七五

[参考文献]＊ Jurkowski, H. (1988) *Aspects of Puppet Theatre*. London : Puppet Center Trust.（『知的冒険としての人形劇——オブジェクト・シアターへ』加藤暁子訳、新樹社、一九九〇）

コラム

遊戯療法実習の実際

福田昌子

遊戯療法をどのように教えるかは、実際にはとても難しい問題である。遊戯療法に関する著作や事例論文は数多く公刊されているが、知識としてではなく体験的に実習することがセラピストとしての感性を養うのに不可欠であろう。私は幸運にも遊戯療法について白紙の状態のときに東山紘久先生の遊戯療法実習を受けることができた。半年にわたり講義時間にさまざまな体験をグループで共有し、さらに毎回学外で個人的に実践すべき課題を与えられ、レポートを提出するという密度の濃い内容であった。

私にとって最も印象に残っている課題は「見知らぬ子どもとラポールをつける」であった。今や公園などで他人の子どもを微笑みながら見つめていると、大人どころかその子自身に警戒されかねない時代になってしまったが、昭和の頃はのどかであった。言葉を用いずに視線と表情だけで相手に温かな関心を抱いていることを伝える、これは関係を結ぶ第一歩である。地元ではなかなか勇気が出せず、夏休みの旅先で小学生の女の子相手に実践した私は、子どもとわずかな時間でも楽しく心を通い合わせる体験を得て、幼い子に対するそれまでの苦手意識を脱ぎ捨てることができた。扉が開かれた思いがしたのを覚えている。　自分の子ども時代を振り返って文章に綴る、身近な人と交わした会話を記録して分析する、グループでの箱庭作り、受講者それぞれの箱庭作品のスライド鑑賞、さまざまな内容の感受性訓練、実際の遊戯療法場面の観察など、毎回「今日はどんなことをするのだろうか」と楽しみに待つ実習だった。レポートは必ず次回に先生の簡潔かつ温かなコメントを書き添えられて返却されるため、それを読むのが皆の励みになった。それらのレポートは私の宝物として今でも手元にある。初心に戻ろうと感じるとき、出しては読み返してみる。何と貴重な体験をさせていただいたことかと感謝の気持ちに満たされ、自分なりの遊戯療法をどこまで深められただろうかと顧みる。

遊びは理屈抜きに楽しい体験である。遊ぶとき、私たちの素の「子ども性」がいきいきと立ち現れ、「善きもの」「大いなるもの」に触れて相手の「子ども性」と響き合い、一体化する。東山先生の遊戯療法実習はそのような「子ども性」に充ち溢れた時間であった。

［参考文献］＊東山紘久『遊戯療法の世界――子どもの内的世界を読む』創元社、一九八二
＊東山紘久『カウンセラーへの道――訓練の実際』創元社、一九八六

第3章……虐待や養育困難な状況をめぐって

1 虐待を受けた五歳女児とのプレイセラピー
——養護施設の事例

髙橋 悟

はじめに

近年の児童虐待の増加により、児童養護施設（以下、単に「施設」）に措置される被虐待児が増えてきており、この事態に対応するために、施設に配置される心理担当職員も増えてきた。施設で行われる心理療法は、それが生活の場で行われるという点において、従来の枠組みをもつ心理療法とは異なる特徴をもつが[1]、この特徴はさらに、児童が措置解除となって施設を退所した場合には心理療法の継続が不可能になるということも意味している。心理療法の継続が外的な事情に左右されるという点では、たとえばスクールカウンセラーでも、かかわりをもっていた生徒が卒業するために面接を終了せざるを得ない場合はあるだろうし、突き詰めればどのような形態の心理療法においても、同様のことは起こってくるといえる。しかし生活史上、両親の離婚や失踪、あるいは施設措置そのものという、その児童の意志を離れたところで起きる出来事によって、さまざまな人間関係を断ち切られるという経験をもつ児童にとっては、セラピストとどのような関係を築くかということと同様に、そのセラピストとの別れをどのように体験するかということも、非常に重要になってくるものと思われる。

本稿では、家庭への引き取りによって、一年足らず、三七回のセッションで終結に至った施設におけるプレイセラピーの事例を提示し、クライエントとセラピストとの関係がどのように変化していき、そして別れという仕事がいかになされたかを検討する。

1 事例の概要

■クライエント A、五歳、幼稚園年長組の女児。

■生育歴および来談経緯

Aは一歳時に両親の離婚により母親に連れられて生活するも、母親が失踪したため父親に引き取られた。その後Aが三歳のときに父親が再婚したが、継母と継姉から身体的虐待を受け、X年三月（A五歳時）に施設に措置された。入所後、Aに自分の気持ちをうまく伝えられない様子や、幼稚園への行き渋り、陰での他児へのいじめが見られたため、X年六月に施設職員から筆者（以下、セラピスト）にプレイセラピーの要請があり、インテークに至った。

以下に事例の経過を示す。経過の中で、セラピストは施設職員と頻繁に情報を交換し合い、また児童相談所との話し合いにも参加しているが、本稿ではプレイルーム内でAとセラピストとの関係の中で起きたことを中心に記述する。

2 事例の経過（「 」はA、〈 〉はセラピスト、『 』はその他の人の言葉）

【インテーク X年六月】

プレイルームまで職員に連れてこられる。セラピストが挨拶すると、お愛想の笑顔を見せる。入室すると箱庭玩具に興味を示し、棚で倒れている動物を立てていく。コンビニの建物のミニチュアを手に取り箱庭の砂をかけた後、箱庭に置きたそうな素振りでセラピストを見るので〈置いてもいいよ〉と伝えると置き、さらにガソリンスタンド、交番、車とどんどん置いていった。六体ある雪だるまを交番の中に入れ、「雪だるまのおうち」と言う。その後雪だるまをガソリンスタンドの上に寝かせて置き、砂をかけて隠し、「雪みたい」「寝てはる」「雪がお布団や」。六個の果物も「起きたら食べるねん」と置く。セラピストが次回以降について問うと、答えずに「雪女って知ってる?」〈知ってる〉「ビデオで見たんやけど、怖いなあ。……お父さんが氷にされるねん」。少ししてセラピストが再度〈どうやろ、また遊びに来《こ》うへんか?〉と訊くと、か細い声で「うん」と答える。退室し、生活棟に戻っていった。

Aはプレイ中、答えたくない質問には絶対に答えないぞという態度であった。また、セラピストに向ける笑顔が、それ以外のときの表情とかなり違うのが印象的であった。セラピストはAの人と情緒的につながる力を感じながら、一方でセラピストの問いかけへの反応から、「大人に何か質問される」ことに対する警戒心、脆さ、弱さのようなものを感じた。

これ以降、週一回五〇分のプレイセラピーを行うこととなった。

以下の経過を四期に分けて報告する。

【第一期〔二回〜一〇回〕X年六月〜八月】

二回から四回では「かくれんぼ」と言ってビー玉を箱庭にばら撒いて砂に埋め、そのビー玉を掘り出したりセラピストに探させた。また、テーブルを挟んでビー玉を転がし、お互いにキャッチし合う。取るのが難しい転がし方をし、セラピストが対応に苦しむのを見て、堪えられない様子で喜ぶ。四回では「ご飯作りたい」といって茶碗に砂を盛るが、自分の分は山盛りにし、セラピストの分はかなり少量であった。五回では「なんかおもしろい玩具ないの?」と、セラピストに不満を表明する。六回ではジグソーパズルをするが「これめっちゃ難しい」と途中で諦める。「マフラーを作る」と言って毛糸を出すが、どうやって作るかわからずやめてしまう。七回では画用紙に女の子の顔の絵を描き、八回では描いた顔をはさみで切りはじめる。「見て」とセラピストに見せたときには、女の子の顔は輪郭ではなく、顔の中で切られていた。セラピストは困惑し、修復するがAは見向きもしなかった。九回では茶碗に砂を盛りビー玉を飾りつけて二つの「ケーキ」を作るが、自分の分に圧倒的に多いビー玉を乗せる。フライパンにビー玉を入れてふるい、わざと床にばら撒いて「拾ってきて」と。セラピストが拾ってAに渡すと受け取って投げ、また拾わせる。終了を告げるとセラピストのケーキをひっくり返して、「先生の分ないで」。一〇回でもビー玉の転がし合いをするが、テーブルに激しく叩きつけて笑い、またセラピストに対して「早く！」ととげとげしい言葉を向けるようになってきた。

この時期職員からは、Aがプレイについて「楽しい」と言っていること、幼稚園はすんなり行けるようになり、表情も豊かになったが、反面挑発的な話し方をするようになってきたことが報告されていた。八月頃、両親の希望により、面会から始めていくことになった。

【第二期［一一回〜一八回］X年九月〜一〇月】

一一回で哺乳瓶を発見する。水を入れ、恥ずかしがる様子もなく、セラピストの目を見ながら吸い口を齧ったりしつつ飲む。これ以降第四期まで、ほとんど毎回のように哺乳瓶で水を飲むようになった。哺乳瓶を持って口にくわえ、素足で箱庭の上に乗って足についた砂をセラピストに払わせたり、くわえたままでトランプをしたりする。トランプではババ抜きをするが、セラピストからババを引くとそのまま捨て、「だってババいらんもん」と。一四回では絵の具を出し、画用紙に無茶苦茶に色を塗り付け「これ他の人に見せたらあかんで。こんなにぐちゃぐちゃにしてるって言ったらあかんで」と。一六回ではプレイ中にトイレへ行き、大便を流さずに残す。セラピストはプレイ後に気づいた。一七回では絵の具のチューブの色をセラピストに伝えて取らせようとし、「あお！」と拳をテーブルに叩きつける。〈怒ってるの?〉「違う。早くやってほしいだけや」。一八回ではセラピストに「背中向けときや」といって床にビー玉をばら撒き、「拾って」と。セラピストが這って拾い集めるのを見て大声で笑う。拾って渡すと、またばら撒いて拾わせ、これを繰り返す。

この時期職員からは、他児に対する陰湿な意地悪が減ったが、施設の実習生に対する暴力や威嚇するような言動が報告されていた。A自身も家に帰りたがっており、外出から様子を見ることになった。一〇月の外出では施設に戻ってから泣いていたとのことであった。

【第三期〔一九回~二六回〕X年一一月~一二月】

一九回から二三回まで、主に絵の具で遊ぶ。入れ物の水に絵の具を何色か入れて混ぜ、どんな色ができるかを見る。すぐに水を捨て、別の絵の具で同じことを繰り返す。また、手のひらに絵の具を塗り、紙に押し付けて手形を押す。汚れた手を蛇口の下に出し、セラピストに洗わせた。二四回では箱庭の中に立ってボールを投げ、少し離れたテーブルに置いた郵便ポストのミニチュアを倒す遊び。セラピストがボールを拾ってAに投げて返すと、次第に「取り合いや」とあちこちにボールを投げ、セラピストに拾わせる。セラピストは必死にキャッチし、Aに投げ返すが、最後はAが無茶苦茶な方向に投げ、取れずに終わる。二六回では「先生も塗って」とセラピストの手のひらにも絵の具を塗り、二人で手形を押した。〈今日で今年最後〉と告げると、Aは帰省の日付と泊数をうれしげにセラピストに伝えた。

この時期、両親と児童相談所と施設の話し合いを重ねる中で、日帰り帰省、家族との旅行、年末年始の帰省と段階を踏みつつ、年度いっぱいで家庭への引き取りの方向性が見えてきた。

【第四期〔二七回~三七回〕X+一年一月~三月】

二七回でセラピストが〈正月どうしてた?〉と訊くと「全然楽しくなかった」ときっぱり。二八回でAが指に怪我をしていたのをセラピストに見せる。〈痛かったやろ〉「痛くない」〈……強がってる?〉「ちーがーう」と不機嫌そうにセラピストを蹴る。〈いた〉「痛くない」〈僕は痛かった〉というやりとり。二八回と二九回の間に再び帰省が入る。施設で両親と別れるときに激しく泣いて戻してしまったとのことであった。二九回で「A帰っててん」と言うので〈どうやった？〉と訊くが「教えてあげない」。また、次の帰省の予定日が早く来てほしい、「で、三月に早くなってほしい。小学校になるし」と。哺乳瓶の先をつまんで水を飛ばしてテーブルの上に線を引き、「髙橋先生のウンコ」を描く。並べてセラピストの顔も描いた。三〇回では塗り絵を持参し、セラピストに塗らせる。はみ出したのを見て「髙橋先生はみ出すんやな」と。三一回ではオセロを床にばら撒き、セラピストに拾わせてからゲームをする。考えるふりをしつつ、おもむろにオセロの石を口に入れる。セラピストは驚いてAの口もとに手を差し出すと、笑いながらその上に涎《よだれ》とともに出す。〈どうやった？〉と訊くと「おいしかった」と。三二回ではジェンガ。一回崩した後、セラピストが元の形に積み直していると、Aが木片を拾って投げつけ、壊す。〈うわ、やられた〉「死んだ？」〈死にはせえへん〉。セラピストがまた積みはじめると、さらに投げつけて完全に壊して笑う。〈やられた……〉。その後哺乳瓶の水でテーブルに「髙橋先生」を描く。三角の顔の下に「背中」と「お尻」。お尻に「おっぱい」を付け足し「お尻におっぱいあんねん」と大爆笑する。

この三二回と三三回の間（X＋一年二月）に三月末で措置解除の予定を知らされ、三三回でセラピストから今後について話題にした。〈Aちゃん、小学校は家から通うんやんな〉「そうやで」〈そしたら四月からここには来れなくなるな〉と言うが、Aは特に反応を示さない。その後電話の玩具で遊ぶ。Aはセラピストを呼び出し、セラピストが電話に出ると無言で切り、これを何度も繰り返す。終了後、無言で出て行った。三四回でも〈今日を入れてあと四回〉と伝えるが反応しない。粘土とままごとセットで大量の料理を作ってセラピストに食べさせ、「まずいで、それ。大失敗やもん」と言って、Aは哺乳瓶の水を飲んだ。

三五回（X＋一年三月）では、時間前に職員に背負われてプレイルームに来る。一度生活棟に戻ってもらい、定刻になるのを待ってからセラピストが迎えに行くが、「いや」と。職員に『行っておいで』と言われ泣き出す。結局職員に背負われて入室するが、Aは泣き続け職員にしがみつく。〈待ってって言われたのが嫌やった？〉と訊くが答えずに泣いている。少しして職員に退室してもらうと、Aは激しく泣いて退室したがり、「いーやーやーわー」と繰り返して涙をぽろぽろとこぼし、しゃがみ込む。セラピストはわけがわかないながらも、ドアの前に座ってAに時計を見せ、〈一〇（五〇分）までここにいよう〉と伝える。Aはセラピストをにらんで泣き続ける。セラピストは小さな声で〈今、五（二五分）……早く過ぎてほしいって思ってるかもしれないけど、今日入れてあと三回やねん〉。声を上げて泣く。〈泣いてもいい。嫌って言うてもいい。来週も待ってるし〉。Aは座ったまま少しずつセラピストの死角に移動し、そこからセラピストを覗く。〈見えなくても一緒にいるやろ？〉。Aはさらに移動して箱庭に近づき、床に落ちている砂を集めて拾う。〈そっち行ってもいい？〉と訊くとうなずく。二人で砂を拾い集める。泣いている最中に口から出て床にへばりついたガムを二人で取る。セラピストがAの服についたガムを取ると、笑顔を見せた。プレイ後職員に話を聞くと、『理由はわからないが、朝から行きたくなさそうだった』とのことであった。

翌週三六回でセラピストが迎えに行くと、セラピストを驚かそうとして隠れている。六回で諦めたパズルを完成させ「やっとできたな」と。三六回の後、正式に退所の日が決まり、三七回が最終回になる。セラピストが〈今日で最後〉と言うと「最後ちゃう」。退所日までは施設にいる、と。〈ここで僕と遊ぶのは今日が最後〉と言うが、反応しない。哺乳瓶を眺めて「今日はお腹痛いし飲めへん」〈お腹痛いん？〉「うん」〈どうする？　今日は飲まんとく？〉「うん」。何をするか迷う感じで時間が過ぎていく。まわり将棋を一回する。もう一回している途中でやめて、トランプをする。さらに、毛糸を二本に切って片方をセラピストに渡し、縄跳びをしようとする。毛糸が短過ぎたために跳べず、セラピストが持っていた毛糸を結んでつなぎ、何回か跳ぶ。〈もうそろそろ時間〉と告げると、将棋の駒を「これ、最後に一回だけ振る」と。〈最後の一回な〉。まわり将棋の金をそれぞれ一回ずつ振る。セラピストは一、Aは二であった。「どっちの勝ち?」〈Aちゃんかな〉「Aの勝ちゃー」。退室し、振り返って「バイバイ」。セラピストが応えると、Aは背中を向けたままもう一度「バイバイ」と言って去っていった。

3 考察

Aはその生育史の中で、両親の離婚や母親の失踪などにより、無条件にそばにいるべき両親が突然いなくなったり、また再び現れたりといった事態を体験してきた。そのような背景も考え合わせると、Aが初回に表現した箱庭と「雪女」の話は印象的である。当初セラピストは、凍える息で人を死に至らしめようとする雪女には、Aにとっての恐ろしい母親のイメージが込められており、またAにとっては、雪を布団にして寝る雪だるまであることが、雪女から身を守る術であるのだろうと感じた。しかし、経過の中で雪女について振り返るうちに、雪女はそのお話の中で、ある日突然家から姿を消してしまう母親でもあることに思い至った。このようなことから、Aとのセラピーは、継母および継姉からの身体的虐待によるダメージからの回復のみならず、Aがいかにセラピストを安定して存在する対象として体験し、どのように関係を結んでいくかということ、そしてその過程でおそらく出てくるであろう、Aの笑顔の裏にあるネガティブな表現をどう扱っていくかということが課題になるだろうと思われた。

第一期では、セラピストに対して不満を言ったり、とげとげしい言葉を吐くなどの表現が見られてきた。これまで職員に隠れてしていた他児へのいじめ行為が、プレイルームという場所を得て、セラピストに表現されてきたものと思われる。またAは、ご飯やケーキを作るときに必ずセラピストの分を少なくしているが、これはAが今まで家族の中で体験してきたことの再現とも考えられる。Aはこのような表現をしたときにセラピストがそれをどのように受け止めるかを、注意深く観察していたことだろう。これは、八回で女の子の顔にはさみで切り込みを入れたときにも言えることだが、一般的に受け入れられがたい表現をして、セラピストがどう反応するかを試していたように思われる。

第二期でAは哺乳瓶で水を飲むようになった。この哺乳瓶はインテーク時からプレイルームに置かれていたものである。この時期にAが哺乳瓶を発見したのは偶然とも言えるが、哺乳瓶を目にしたときに、これで水を飲もうとAが思いついて実行したことは、それまでの経過と無関係ではないだろう。ギル[2]（Gil, E.）は、虐待を受けた子どもとのプレイを媒介にしたコミュニケーションを促進するために有効なおもちゃの一つとして、哺乳瓶を挙げている。しかし、恥ずかしがりもせず、セラピストをじっと見ながら水を飲むAの様子は、たとえば人形などにミルクを飲ませる遊びといったようなプレイの枠を超えたものであった。ここでAはセラピストとの関係を、母親と乳児のそれに近いものとして体験していたのではないだろうか。哺乳瓶の登場によってセラピストは、第四期で描かれたような、男性でありながら乳房をもつ存在になっていったように思われる。

このような関係が、足についた箱庭の砂を落とさせたり、第三期に見られるように、手のひらの絵の具を洗い落とさせたりといった、セラピストに対する直接的な身体へのケアの要求につながったものと思われる。身体的虐待を受けていたAにとって、セラピストに自分の身体を触れさせることは、大きな意味があったことだろう。そして、ぐちゃぐちゃの絵を「他の人に見せたらあかん」（一四回）と警戒しながらも、Aはプレイルームをしたいことは何でもできる場所であり、セラピストはしてほしいことは何でもしてくれる人だと感じはじめたようである。Aは一六回で大便をトイレに残したままにしたが、これはセラピストへの贈り物というよりも、セラピストとの関係では何をしても許されるという感覚から、水洗トイレで「大便を流さない」ということをしたという意味合いが強いように思われる。しかしセラピストはAの要求に完璧に応えられるはずもなく、そのためにAがセラピストに対してストレートに怒りを表現することも出てきた。さらに、一八回のようなビー玉をばら撒いてセラピストに拾わせるという行為が最も盛んに行われたのがこの時期である。これはある程度の関係が成立したために出てきた行為であろうが、セラピストは何度拾ってもばら撒かれるビー玉に、二人の間でしていることが積み重なっていかない感覚を覚え、Aの他者を心から信頼することの困難さを感じるとともに、自分が試されているということを強く感じていた。

第三期は、Aは現実に両親との接触をたびたびもち、セラピストもそのことを知る中で、家庭への引き取りとそれに伴う別れを意識しはじめた時期である。そしてプレイの内容は、Aがセラピストに自身の要求をぶつけるというものから、Aがする遊びをセラピストが見守ったり、また、二四回での「取り合い」や二六回の二人での手形押しのような、両者がある遊びを介して関わるといったものに変化していった。第四期、二八回での指の怪我についてのやりとりからは、Aがセラピストから徐々に距離を置きはじめていることが感じられる。そして、二九回で「髙橋先生のウンコ」、三二回で（尻に乳房のある）セラピストが描かれ、また、三〇回の塗り絵で「髙橋先生はみ出すんやな」と言ったように、Aにとってのセラピストが一人の個人として輪郭をもちはじめたように感じられる表現も見られてきた。

そして第四期では、Aの退所とセラピーの終結が現実的なものとして迫ってきた。セラピストは、プレイの進展とは関係なく外的な事態が進んでいることに焦りを感じつつも、今できることは、少なくともAとの間ではその事実を共有したうえで別れを迎えることだと考えた。しかしAは一貫してセラピストからのセラピーの終結に関する言葉には反応しなかった。おそらく、Aは退所によってセラピーの継続が不可能になることを理解していただろう。そして、Aにとって施設を出て家に帰ることは、多少なりともうれしいことであったに違いない。セラピストがどのように別れをAと共有するかに悩む一方で、Aも葛藤的な状況に追い込まれていたと考えられる。セラピストは言葉のレベルで別れをAと共有しようとしたが、Aにとっては、別れにまつわる自身の思いは、施設で両親と別れるときに泣いて戻してしまったように、言葉のレベルでは表現できないことだったのであろう。

そして、改めて第四期の経過を振り返ると、Aはセラピストの言葉に、言葉ではない、プレイのレベルで反応していたことに気づかされる。三三回での電話での遊びで、セラピストはなんともいえず悲しく、そしてつらい気持ちに襲われていたが、これはAの、〈四月からここには来れなくなる〉という理不尽な事態に対する怒りの表現であり、また、この遊びによってAは、他者からつながりを求められて、それに応えようとするが、結局その他者につながりを断ち切られ、裏切られるということがどういうことかを、セラピストに体験させようとしていたのではないだろうか。

その一方で、セラピストは三四回で終了へのカウントダウンを始める。それに込めたセラピストの思いはともかく、Aにとっては非常につらい言葉であったに違いない。三五回での大泣きは、この経過に対するAのさまざまな思いが爆発したものであるように思われる。このとき、セラピストは再び残り回数を伝えている。残りが少ないからこそ、とにかくここにいようと伝えたのである。しかしAにとってはまさにその「残りが少ない」という事実を受け入れがたいための「いや」であり、涙だったのだろう。Aがセラピストの死角に移動したとき、Aがセラピストと〈一緒にいる〉ことを拒否したものと感じ、それでもいい、一緒にいることには変わりはないという思いで、〈見えなくても一緒にいる〉と伝えた。しかしこの言葉はまた、「セラピストとは会えなくなっても、Aの心にセラピストは存在し続けるし、セラピストにとってのAも同様である」という意味をもってAに伝わったのではないだろうか。Aはこの言葉を聞き、最後には笑顔を見せる。しかし、〈見えなくても一緒にいる〉のだということで納得することは、Aにとってはあまりに酷なことであるように思われる。三六回でAは三五回とはうって変わった態度を見せたが、これは三五回で一つの収まりがついたとも考えられるし、「残りが少ない」ということをA自身もわかってのことだったのかもしれない。あるいは、A自身がこれ以上は別れにまつわる思いに触れることができなかったとも考えられる。最終回でAは「今日はお腹痛いし飲めへん」という形で哺乳瓶から離れ、そしてセラピストと別れていった。

ここまでの流れは、外的な状況に大きく影響を受けて、あまりに駆け足で進んだようにも思えるし、この四期に分けられた経過が「別れ」に至るプロセスであるとするのは、いささかの無理があろう。しかし、外的な状況の変化があったからこそ、セラピストとAが取り組めた仕事も確かにある。Aが、別れがつらいと思えるような関係を築いたうえで、その別れの理不尽さに対する言葉にならない思いをセラピストに対して表現できたことは、Aにとって少なからぬ意味があったものと思われる。

真の意味で別れを体験するためには、真の意味で出会い、そして深い関係を体験しなければならない。その深い関係の中で、たとえば三二回でのように、攻撃性を表出しても死ぬわけではないセラピストを体験すること、そして別れにまつわる思いをプレイで表現し、その過程でセラピストのイメージを心に宿していくことが、真の別れを可能にするのだろう。このことは施設の児童にとっては特に困難なことであり、そこでの遊戯療法の一つの目標となるものと思われる。

［文　献］（1）髙橋悟「児童養護施設における心理臨床」京都大学大学院教育学研究科附属臨床教育実践研究センター紀要、7、四八～五九頁、二〇〇三

（2）Gil, E. (1991) *The Healing Power of Play.* New York : The Guilford Press.（『虐待を受けた子どものプレイセラピー』西澤哲訳、誠信書房、一九九七）

2 児童養護施設におけるプレイセラピーと「包容」

森　茂起

私は、児童養護施設において、ここ一五年ほど心理臨床活動に携わってきた。対象となる子どもたちの中には、身体的虐待、性的虐待、心理的虐待、ネグレクトのいずれもが高い割合で含まれ、心的外傷のケアが一つの重要な課題となっている。それに加え、発達課題の達成に関してもさまざまの課題を抱える子どもたちが多く、外傷要因の症状と複合して多種多様な問題を呈する。それらの子どもへの心理学的ケアのなかで、日常生活における治療的かかわりとともに、プレイセラピーが重要な役割を果たす。しかし、養護施設におけるプレイセラピーには、他の専門機関におけるプレイセラピーと違った困難があり、セラピストをとまどわせる。本論では私自身の経験から養護施設におけるプレイセラピーの特質を考えてみたい。最後には、「包容」の働きの重要性を強調することになるだろう。

1　児童養護施設と心理臨床

児童養護施設で行われる心理臨床の第一の特徴は、子どもの生活する施設内で行う働きかけであることにある。つまり心理臨床の実践の場と、子どもの生活の場が同一なのである。その点で外来の事例を対象とする児童相談所、教育相談所、あるいは個人開業クリニックなどと異なる。生活の場における臨床という意味では、病院における入院治療、情緒障害児短期治療施設（いわゆる情短）などが似ている。

次にあげられる養護施設の性質は、心理治療（以下、治療）を目的としていないことである。この意味ではむしろ病院や情短施設と性格を異にしている。病院は治療を目的として入院する場であり、治療により治癒ないし軽快に至れば退院となる。心理臨床もその治療行為の一部に位置づけられる。情短施設もその名のとおり治療が目的の施設であり、病院と同じく治療の進展によって退所となる。ところが養護施設は生活の場となることがまず第一の目的であり、治療を要する児童があったとしても、治療が終了すれば退所というわけではない。施設の生活は、多くの場合家族の生活条件が整うまで、あるいは本人が自立するまで続く。治療を本来の目的としない施設における心理臨床という意味では、スクールカウンセリング、大学における学生相談などと類似性がある。

これらいくつかの特質を合わせると、児童養護施設における心理臨床には他のどの機関とも異なる特殊性があることがわかる。生活の場であることから、子どもたちに関わる指導員、保育士その他、他職種の職員との連携が重要になる。学校カウンセリングや学生相談においても同じ課題があるが、養護施設の場合はその意味は特に大きい。なぜなら学校のように勉学を目的として一日の一部を過ごす機関と違い、養護施設は児童の日常的かつ基本的な「生活の場」であり、指導員や保育士は、いわば家族の代理という役割を担っているからである。日常生活におけるかかわりのなかで、職員と児童の間には、専門家としての職業的関係にとどまらず、家族に近いような個人的人間としての深い情緒的関係が発生する。ホスピタリズムという用語があるが、現在養護施設で生活している子どもたちの生育環境を考えると、施設においてはじめて安定した濃密な人間関係が体験される場合がむしろ多い。そしてそのような人間関係自体が、子どもの発達の促進に大きな役割を果たしている。したがって、養護施設における心理臨床は、外来治療における環境調整や親面接の役割とも重なることになる。

養護施設は元来治療を目的として設立された機関ではないが、今日入所している子どもたちには、幼児期早期の深刻な外傷的体験からくる問題や、家庭での不適切な養育による愛着形成の問題が幅広く存在し、治療的かかわりが強く求められている。ここでは子どもたちの問題構造に詳しく触れることはしないが、従来の用語を用いれば、「基本的不信（エリクソン）[1]」「基底欠損（バリント〈Balint, M.〉）[2]」といったエディプス期以前の問題を扱わねばならない。

養護施設におけるプレイセラピーには、こうした重い課題を背負った子どもたちが訪れるが、ここで述べた養護施設の性格から、治療の場を安定して保つことにさまざまな障害が発生しやすい。別の表現で言えば、子どもの問題を「包容」すべき器が揺るがされやすいということである。次項ではそうした揺れの例を取り上げながら、それでもやはり通常の治療と同じく、治療の課題はセラピストの心の中における「包容」にあることを論じてみたい。

2 プレイセラピーの治療構造

これまで述べてきたような事情を背景に、児童養護施設におけるプレイセラピーには、治療構造を守る上で解決すべき問題がいくつかある。

まず、生活の場とプレイセラピーの場が近接していることが一つの問題である。施設の建物の構造によるが、そもそもスペース的にゆとりのない建物の場合が多いので、プレイセラピーのための部屋を生活場面から独立した場所に取ることが困難である。私が関わっている養護施設の一つでは、生活棟とは別の建物の二階にプレイルームがあるため、生活の場とは違う空間をある程度確保できている。別の施設では、生活棟と同じ建物の最上階にプレイルームを置いている。普段子どもたちが使わないフロアーにあることは好ましいが、階段一つでつながっているのでかなり生活の場に近い印象がある。また別の施設では別棟に置かれているが、距離がかなりあるため子ども一人で行くことが難しく、セラピストが迎えに行くことにしている。送り迎えの途中にも話を交わすことになり、プレイルームの中とは異なった雰囲気となる。暗い時間になると、夜道を怖がりながらセラピストと歩く体験は、現実の恐怖を共有する体験となって、プレイルーム内だけのかかわりとは違った要素が加わる。また別の施設では廊下の奥の部屋を使っているが、子どもたちが容易に来ることができる場所であるため、他の子どもがドアをノックしたりする。治療の場を日常の空間から切り離すことは心理療法の基本だが、養護施設では外来治療とは比べものにならないほど生活空間と治療の場が近接している。入院治療と似ている面もあるが、入院では入院期間全体が非日常的な時間であって、ごく日常的な生活の中に治療が組み込まれる養護施設はそれとも異なる構造と言えよう。

　次に、セラピストの子どもへのかかわりの面でも日常場面との距離が近い。養護施設におけるセラピストの勤務形態は施設によって異なるが、生活場面でも子どもに関わる方針をとっている場合がある。生活の場でのセラピストとの関係が治療の場にも影響し、外来治療と比べて治療の枠が極めてゆるいことになる。個人療法だけを考えれば、日常場面で会わないほうが関係が安定するが、施設職員とセラピストのかかわりまで含めると、生活の場を見ているセラピストと職員の連携が円滑に進む面があり、メリット、デメリットを総合的に判断しなければならない。治療場面のかかわりに徹するセラピストは、職員から見て遠い存在になりやすく、職員との意思疎通を図る手立てが別に必要となる。ケース検討会を定期的に開くなどが考えられるが、若いセラピストは職員から見て役立つ適切な見解や示唆をケース検討会で述べることがまだ難しい。その意味で、生活場面で関わると施設の生活がよく理解でき、意思疎通しやすいが、他方で、子どもから見て他の職員と同じ立場になると、職員が一人増えただけの存在になってしまう。仕事上の役割や立場の違いを明確にする必要があるものの、生活上のケアはしないと完全に割り切ることも生活場面では不自然である。最終的には、セラピストという他の職員とは異なったアイデンティティが、言葉や行動を通じて伝わることが大切で、具体的には何をしてもいいということになるのではないか。アイデンティティが確固としたものになるほど、してもいい仕事の範囲は広がり、確固としていないほど、セラピストらしい仕事に限定する必要が出てくるということであろう。

セラピストの雇用形態も治療構造に関係している。複数のセラピストが曜日別に担当しているところもあれば、施設で一人のセラピストを採用しているところもある。ただし常勤でセラピストをもっている養護施設はまだ例外的である。私が関わっている施設では、私がケース検討会などで職員との連携をもち、子どもたちのプレイセラピーを学生が担当している。各学生は一人の子どもを担当しているので、子どもにとって自分の担当セラピストは自分だけのセラピストである。このことが治療に及ぼす影響も考えねばならない。

一人のセラピストで担当する場合、子どもから他の子もプレイに来るのかと問われる。そこには同胞葛藤的心理が働いている。学生が一人の子どもを担当する場合にはこの葛藤がないが、他の子どもを担当するセラピストに関心が向き、自分のセラピストと比較する心理が働く。いずれにしてもこれらはセラピストとの関係を反映しているので、治療関係を読み取る手がかりにしなければならない。

同胞葛藤と関係するが、プレイセラピーに来ている子どもたちの間に日常的な関係があることが治療構造を難しくする。外来の治療と違って、養護施設内のプレイルームを訪れる子どもたちは、互いに生活をともにしており、他の子がプレイルームで何をしているかを意識する。他の子が何をしているかを知ることで、模倣したり、競争意識をもったりする。その発生の仕方は、プレイルームと日常生活との距離によっても影響される。一般的に、距離が近いほうが影響されやすい。

私物をプレイルームに持ってきたり、プレイルームの備品や描いた絵などを持って帰りたいということもある。絵などの作品の場合、外来治療であれば持って帰ることの意味を考えて時に許すこともありえるが、養護施設のホームに持って帰ると、他の子どもとの相互作用の影響が強くなるので避けねばならない。しかしだからこそ強く持って帰ろうとする子どももあり、時に持って帰ってしまうこともある。

並行して複数の子どものプレイセラピーを行っていると、他の部屋を意識して、そちらを見に行こうとしたり、中に入ろうとしたりすることがある。外来であれば見知らぬ他人だが、養護施設では知っている子どもであるため強い相互作用が起こる。時間割の設定でなるべく避けてはいるものの、同じホームの子どもを同じ時間帯に入れざるを得ないことがある。ホームから一緒に来たり、先に終わった子どもが一緒に帰ると言って待っていたりする。治療の基本方針としてはそれぞれのセラピストとの関係を大切にして、終われば一人で帰ることを目指すが、なかなか意図どおりにいかないことも多い。後に触れる帰り渋りの問題と重なって、待つことに固執する子どもがある。逆に、いつも待とうとしていた子どもが、一人で帰ると言って帰ることもある。子ども間の関係とともに、セラピストとの関係の変化を反映しているはずである。

以上述べたように、養護施設のプレイセラピーでは、治療の場を日常生活から切り離しにくい要因が多数ある。これらが混乱要因にならないように常に配慮していなければ、混乱状態に陥る危険がある。養護施設におけるプレイセラピーで扱わねばならない子どもの抱える問題の重さを考えると、治療関係を不安定にする枠の問題に十分留意して進めねばならない。

逆に言えば、治療構造をめぐるさまざまの現象から子どもの状態を読み取り、適切に対応することなしに治療は進展しない。ここで述べてきた養護施設の特殊性からくる問題が治療を混乱させているように見えるときも、むしろその構造に映し出されてクライエントの内的問題が現れていることが多く、内的問題の理解を進めることで、治療構造の乱れが収まることをしばしば経験する。次節では、養護施設のプレイセラピーでよく経験される問題を二つあげ、そこに映し出されている子どもの問題を考えてみよう。

3 二つの典型的問題

1 治療場面への恐怖

プレイルームからすぐ出ようとする子どもが時にいる。理由はさまざまである。外の物音が気になる。水を使いたい（外に水場がある場合）。水を汲みに出てそのまま水を触っている。隣の部屋に行きたがる。自動車の玩具に乗って外に行きたいと言う。他にも理由はいろいろと考えられる。

また別の現象として、セラピストを部屋の外に締め出してしまうことがある。中から鍵をかけて一人で何かしている。これにやや似ているのが、セラピストに目をつぶるように言い、その間に作業をする子どもである。

このような行動の背景に、セラピストと一対一の関係でプレイルームに入ることに恐怖を感じている場合がある。プレイルームの場は、守られた空間として子どもに提供されるが、守られているはずの空間を恐怖の対象として感じる。心の内容がそこに露呈することに、受け入れられ理解されたいという期待よりも、強い不安を感じるのである。

たとえば先にも触れたように、隣の部屋の子どもと一緒に来て、そちらの部屋をのぞき、自分のルームになかなか留まれない子どもがあった。同じホームで暮らしている子どもなので、それが原因ではないか、時間割上他の時間を取れないため起こる難しさではないかとはじめは感じられた。しかしそれらは口実であって、セラピストとの二人関係に入ることへの不安があると思われた。ここで課題となるのが、子どもの不安を「包容」することである。

子どもの感じる不安の「包容」は、プレイセラピーの中核に置かれねばならない課題である。不安を包容することで、その不安に妨げられて近づけない心の内容に触れることが可能になる。心理療法は、幾重にも重なる不安を包容し、その先にある心の内容に触れていく過程である。その場合、不安の包容は、子どもの不安が伝わってくることでセラピストの中に起こる不安を包容するという形で行われる。子どもの不安を包容するといった表現を便宜上とることがあるが、包容という過程は、自らの心の内部でしか行うことができない。

今の例でも、セラピストはさまざまの不安を感じるだろう。プレイルームという枠を守れないことに不安を感じ、特に初心者であれば焦り、セラピストとしての自信がぐらつく。「自分と遊びたくないから隣の部屋に行くのでは」という不安も起こりやすい。しかしこれらの不安は、実は子どもが本当にもっている、二人になることへの不安、自分だけの部屋に留まることの不安から目をそらしている結果であることが多い。「自分が悪いのでは」と感じる不安は、子どもの不安を生々しく感じることより実は楽だからである。子どもがもっている不安に目を向けると、どうしてよいかわからない。そのような不安は、子どもの生育史に由来する深い不安であって、容易に解消できるものではないからである。治療構造を揺るがすような行動をとる子どもの中で働いている不安に直面して、そこから発生するセラピスト側の不安をもち続けることが先ほど言った包容という行為である。

枠はずしの行動を制止しなければならないにもかかわらず、制止して子どもの不安を高めることが怖いために制止が及び腰になっていることがある。これも、セラピストの不安を包容できず、子どもの行為を許容することで不安を避けようとしてしまっているのである。不安を感じながら、それを何かの手段で回避するのではなく、心の中に留めておくことが包容である。不安の包容ができればそれだけ、焦らずとまどわず制止することができるものである。治療構造を守る働きかけには、セラピストの不安を包容するという課題が常に伴っている。

あるいは、不安に気づくと慰めたいという衝動に駆られてしまう。「大丈夫だよ」と言いたくなるが、そのように安請け合いして軽減するようなものではないのが子どもの不安である。慰めというものは一時しのぎなので、不安が実際に減少するわけではない。子どものほうも一時しのぎの慰めを使うことはよくあって、何か楽しい遊びを見つけてしばらく過ごすのも慰めの一つである。プレイを始めてしばらくはプレイルームの玩具をいろいろ試してみて、一渡りそれが終わった回頃から外に出ようとしだす子どもがある。玩具でごまかしていた不安に直面してきたからと考えるとよくわかる。

いくつかの例を断片的に示したが、治療場面に入ることへの不安は、養護施設のプレイセラピーではよく現れる。その不安を施設の事情などで説明して終わらせず、子どもがそもそももっている人との関係への不安、自分の内面がさらされることへの不安と理解し、それに対応してセラピストの中に湧き上がる不安を包容することが課題と思われる。

2 治療時間の引き延ばし

前項とは逆に、プレイセラピーの時間終了が難しく、帰り渋る子どもがある。これも養護施設では構造的に起こりやすい問題である。一般の外来治療では、親が同伴しているのが普通であり、親と帰らなければならないという事情がある程度の限界条件となっているが、養護施設では、自分で生活の場まで帰る形をとるため、子どもが自発的に帰らない限り終われないことになる。プレイルームを出ても廊下でぐずぐずと話していたり、ホームへ送ってほしいと頼んで困らすこともある。どこまで送ってどこから子どもが一人で帰るかは、施設の建物とプレイルームの構造によるので、それに応じて一定の原則を定めねばならないが、その根拠が明確でないため、子どもが「もう少し」と言いやすい状況がある。たとえば、外が暗いのでついてきてほしいという子どもに、どこまで同伴するかは便宜的なものとなり、「なぜここまでか」という問いに対して説得力のある理由は出しにくい。

　この問題についても、現実的条件が問題を厄介にしているように見えるが、実は、終われないという問題となって現れる子どもの内的状態を考えることが重要である。基本的不信や基底欠損に由来する「見捨てられ不安」がここに関係していることが多い。見捨てられた経験を重ねてきた子どもにとって、治療時間の終わりはさらなる見捨てられ体験と感じ取られるからである。たとえば一人の子どもを例にとってみよう。

　家族環境が複雑で、安定した養育をまったく受けられなかった小学校高学年の男子である。プレイセラピー初期より愛着をめぐってアンビバレントな感情が現れた。「もーおもんない（おもしろくない）。やめたい」「別の部屋がよかった」とプレイの内容や、部屋への不満がたびたび出るが、実は強く期待しているのも感じられる。他の子どものプレイが休みになるなど、プレイが休みかもしれないというサインが何かあると、今日はないと思い込み、「ないと思ってた」と言いながら来る。そういう回は攻撃的な行動が強くなる。見捨てられ不安がかき立てられたためと思われる。セラピストが時計を見ると、「時計見たらあかん」と怒り、時計を見ていないときでも「見たらあかん」と怒ることがある。そして時間の終了が非常に難しい。終わりを告げると「キレるぞ」と言って帰り渋る、物を持って帰ろうとして止められると怒る、「バイバイと言ったらあかんぞ」と別れの言葉を言わせないなど、終了時間になると気分が荒れ、帰るまでに時間を費やす。しかしいったん部屋の外に出ると、急に気分が変わることもあり、その転換に、セラピストのほうがついていきにくい。

　時間終了をめぐるこのようなやりとりは、見捨てられ不安の強い子どもに共通して見られる現象である。セラピストの対応としては、子どもが感じている不安に焦点を当てて、その言語化を試みることがまず考えられる。しかし基底欠損領域が問題になっているときには、言葉での解釈が攻撃と感じられるというのはバリントが論じたことである。(3) 子どもからすれば、本当にほしいものは、当面の意識では実際に時間を無条件で与えられること、さらに本質的には他者との調和体験であり、それが与えられないで言葉で説明されることは、拒否された、つまり「見捨てられた」体験と感じられる。

別の事例では、逆に、終了時間前に帰ってしまうことが続いた。試行錯誤の末、それが最も安定して続けることのできる形と考え、セラピストもそれでよいという姿勢をとった。この場合は、「終わられる」体験が見捨てられ感を強めるために、自分から終わることを繰り返していたように思われた。

なかなか帰れない子どもも、早く帰る子どもも、実は「見捨てられ不安」という同じ不安が働いていたのであって、一方はセラピストや治療の場にしがみつくことで対処し、他方はその不安を回避して出て行くことで対処していたと思われる(4)。

こうした場面でも前項と同じく、セラピストの不安が関わってくる。うまく終わらせることができないことからくる不安が強くなると、強引に終わらせようとして「見捨てられ感」を強めるかもしれないし、逆に子どもの不安に由来する自分の不安に圧倒されて時間を安易に延長してしまうかもしれない。いずれの場合も、まずはセラピストが自らの中の不安を「包容」することが先決であり、その上に現実的対応の選択がある。セラピストが不安に駆られて行う対応は、子ども自身が不安を回避しようとする動きを強めてしまい、先ほどの例ではさらに帰りにくくさせてしまうであろう。

養護施設の構造が治療時間の終了を難しくするかもしれないが、それは治療にとっての致命的欠陥ではなく、むしろそこに子どもの不安が映し出されていると理解して、不安から逃げずに腰を落ち着けて関わることを続けていると、子どもは次第に治療の枠の中での表現を深め、治療時間の中での包容を体験するようになる。そうなると、治療時間の終わりを、「見捨てられ体験」としてではなく、長期にわたって継続する安定した流れの単なる一区切りと感じるようになるだろう。

4 治療の包容

治療構造の問題が鮮明に現れる問題を二つあげて「包容」の役割を考えた。養護施設の治療構造は境界が曖昧になりやすいさまざまな要素をもっている。しかも、その不安定な構造の中で、深い不安を含む子どもの心を扱っていかねばならない。構造をめぐって起こる乱れに注意を払っておかないと、不安を回避するための行為に振り回され、消耗しながら治療としては進展しない状態に陥る。意味を理解できないまま消耗している状態は、包容の力をいっそう狭めるので、悪循環となってますます治療の枠を守りにくくなる。治療構造が乱れやすい事情があるとしても、そこで起こる子どもの行動は、通常の治療と同じく子どもの内的不安の投影である。したがって、ここで必要なのは、そこで働いている不安を理解していくという通常の治療の作業である。

しかし、包容の困難な心的内容を包容しようとするセラピストの営みは、セラピストに大きな負担を強いるものとなる。子どもの抱えるものをセラピストが受け取ることに由来する負担である。その過程全体を治療的に保つためには、セラピスト個人の営みだけではなく、セラピストと治療構造を支える養護施設全体の体制が必要である。簡単に言えば、セラピストを支える仕組みである。

さまざまのものがその構造に関わっている。他の養護施設職員との連携、児童相談所との連携、主任指導員や施設長との関係、プレイセラピーに関するスーパーヴィジョンなどがすぐ思いつく。それぞれに特殊な機能や役割を検討するゆとりはないが、全体として子どもの不安を包容する治療の場と治療関係を包容する働きがある。ここでの包容も、制度的なものよりも、治療というものの意義を理解し、関心をもって共有するような関係を築いていく心の作業を意味する。事例検討会などによって子どもの問題への理解を共有することは最も有効な包容の機会である。包容の働きは、子どもとセラピストの二者関係だけで保つことは難しく、幾重にも重なることで破綻せずに働き続けることができるものと思われる。

[文　献]（1）E・H・エリクソン『自我同一性――アイデンティティとライフ・サイクル』小此木啓吾訳編、誠信書房、一九七三
（2）M・バリント『治療論からみた退行――基底欠損の精神分析』中井久夫訳、金剛出版、一九七八
（3）前掲書（2）。特に第二五章を参照。
（4）バリントは、この二つの対処法を、一次対象からの分離に伴う不安への反応とし、前者をオクノフィリア、後者をフィロバティズムと呼んだ。M・バリント『スリルと退行』中井久夫、滝野功、森茂起訳、岩崎学術出版社、一九九一参照。

3 情緒障害児短期治療施設における被虐待児への心理的援助について
――「異なるもの」への関与を手がかりに

井上 真

筆者は情緒障害児短期治療施設（以下、情短）で勤務するセラピストである。大学院を修了後、二カ所の情短での勤務を経験した。情短とは、児童福祉施設の一つで、児童福祉法上は児童養護施設や児童自立支援施設と同じ並びにある入所型の施設である。昭和三〇年代の創設当時は主に年少非行児、その後は不登校児の治療を対象としてきたが、近年、児童虐待が問題化するに伴って、被虐待児の入所が入所児の多数を占めるようになった。名称に短期という言葉が含められているが、問題の重篤化が進み、実際には三、四年間を施設で過ごす子どもが多い。小学校低学年から高校生まで幅広い年齢層の子どもが入所している。情短の特徴として、医療、心理、生活指導、教育が一体となったチームケアを目指していることがあげられる。医療では、児童精神医学に明るい医師や看護師の配置が義務づけられており、身体的なケアも含め、医療的なかかわりを行っている。また教育では多くの施設に施設内分級や分校が併設され、子どもは自分の学力にあった教育を少人数制の中で受けることができる。

1 治療構造と被虐待児

入所施設における心理的援助については、これまでにも研究が重ねられてきている。児童養護施設では、被虐待児の入所の増加に伴い、平成一一年度から心理担当職員が配置されるようになった。これまでの心理療法は生活の場を離れて非日常の場を設定することが大前提としてあったが、髙橋悟は、[1]そういった心理療法の原則を踏襲しつつ、生活の場に近いところで、いかに治療構造を機能させるかについて検討している。また、情短からもセラピストが生活の場にいながら行われる心理的援助についての報告がいくつかなされている。慢性的な職員数の不足という福祉現場の事情も絡んで、生活の場に入ることになったセラピストが、逆にその立場を利用しながら行う心理的援助について、さまざまな工夫が述べられている。[2][3]しかし、このようなセラピスト側の工夫にかかわらず、被虐待児のケースにおいては、施設への適応が悪く、行動化を繰り返し、治療構造に乗りにくい子どもが多いと思われる。

これまでの報告では、治療構造というものが、まずセラピスト側に想定されており、治療構造に乗らない事態を行動化や治療抵抗として捉え、心理治療の限界設定を明確にしたり、逆に生活の事柄を積極的にセラピーで扱うことで、治療枠を広げようとする治療的態度が見受けられる。ウィニコット[4]は愛情剥奪児について「落ち着きがなく、遊ぶことができず、文化的分野の体験に対する能力が乏しい」と指摘し、「精神療法は二つの遊ぶこととの領域、つまり、患者の領域と治療者の領域が重なり合うことで、成立する。精神療法は一緒に遊んでいる二人に関係するものである。以上のことの当然の帰結として、遊ぶことが起こりえない場合に、治療者のなすべき作業は、患者を遊べない状態から遊べる状態へと導くように努力することである」と述べている。遊ぶことを治療構造の一種と考えた場合、治療構造に乗れない彼らとともに、治療構造を作っていく態度が大切であると考えられないだろうか。本稿では、治療構造に乗らないことの意味自体を考察するとともに、治療構造を作り出す過程について検討していきたい。

2 心理が施設に受け入れられること

最初に勤務した情短施設（以下B施設）は、その年に情短へ移行したため、はじめて心理職を採用することとなった。B施設における心理的援助の枠組み作りにあたっての筆者自身の体験をあげる。この体験は、被虐待児の心理的援助について考える際に、多くの示唆を与えてくれるものであった。

1 事例1

B施設の職員にとって「はつもの」の心理に対する反応はさまざまであった。心理に対する期待もあれば、難解な言葉を操り、自分のいいように仕事を進めるのではといった不安もあり、それらは職員からかけられる言葉の端々に感じ取られることがあった。まず、最初の一年間を生活指導員としてやっていくように言われたときにも「それでも私は、セラピーをするためにここに来ました」と力の入ったコメントをしてしまい、会議の場にただならぬ緊張感を走らせてしまったことを覚えている。

一年目の終わり頃、改めて施設内での心理の役割を考える時期にさしかかった。心理が生活の業務にも携わっているC施設（のちに筆者が勤めることになる施設であるが）からセラピストを招き、話し合いをもった。筆者の内心は、セラピーは大切なもので、ぜひB施設のセラピストにもきっちりとした面接時間を保証すべきだと話してもらえることを期待していた。しかし、実際には違った。「京大の人などは、非日常と日常を分けて、セラピーで非日常を扱うようなスタイルをとる。あの大学のような相談室に通うという外来の形があれば、セラピーも有効だが、生活の場から壁を一枚隔てただけのところに面接室があるような情短の構造の中では、（外来型の）セラピーはしないほうがいい」と断言された。特に京大出身の筆者にとっては、まるで自分にスポットライトが当てられたような恥ずかしさやら、悔しさやらで感情がひどく揺さぶられる体験であった。その発言を受けて、「ほー、そんなもんですか」と合いの手が入り、話の雲行きが怪しくなっていったのである。しかし、他のセラピストが「ここは学生寮のような雰囲気があって、みんなガヤガヤと集まって過ごしていて、なかなか落ち着いて過ごせる場がない。そんな状況ではどうか？」という質問したところ、C施設のセラピストは「ここなら、私は面接をします」と返答した。

今となっても、あの話し合いは生々しい感覚を伴って思い出される。あのときの打ちのめされたような感覚は、どこからやってきたのだろうか。それまでの筆者は、何とか日常に「負けない」セラピーの構造を作りたいと思っていた。いつの間にか、勝つか負けるかというパワーゲームを作り出し、それに参加することで、心理を護る、自分を護ることに躍起になっていた。だからこそ逆に、C施設のセラピストの発言が暴力性を帯びたものとして、筆者に跳ね返ってきたと考えられる。B施設に、心理的援助の枠組みが導入されるには、それによって醸し出される暴力性に気づき、原点である子どもの視点からセラピーの意味を問い直す必要があった。その点において、「落ち着くため」のセラピーという視点は一つのヒントを与えてくれる。

実際のセラピーでの例をあげてみよう。初回の面接で「困ってることある？」と投げかけても、あまりいい反応はない。ここで困ってることについて考えていこうというより、「いつもみんなの中であなたと関わっているので、このような落ち着いた場で一対一でお話ししたり、遊んだりしよう」と伝えるほうがしっくりくるようである。被虐待児の施設入所においては、特に家庭の事情が深く関与している。そのため、本人自ら自分の問題を解決する場として施設を選んだというケースは稀である。多くは家庭からの避難場所として、やむを得ず施設で生活することにしたというほうが実情に近い。ただ、必死に毎日を生きてきて、気づいたら、ここに来た……というような子どもには、主訴も、解決への期待もなく、セラピーに対しては、何だこれ⁉という違和感か、もしくは魔術的な期待しかないと言えば、言い過ぎだろうか。

セラピーは、セラピストの主義や主張のためではなく、子どもを支え、護るために行われるもの、こういった感覚が育まれ、それが周りに浸透してはじめて、施設の中に心理職がより受け入れやすいものとなっていく。

3……被虐待児と「異なるもの」

被虐待児の心理的援助については、その過程において多くのエネルギーと時間を費やすことが報告されているが、筆者の体験から言えば、施設で生活を始める時点から、その治療の困難性が浮き彫りになるケースが多いように思われる。虐待の事例の多くは、子どもが家庭から逃げるようにして児童相談所に移り、その後、施設に入所してくる。たとえ入所前に同意を取っていても、新たな生活の場は本人にとってなじめる場ではなく、「こんなとこ、嫌だ」「児相（児童相談所）の先生が行けと言ったから来た」と訴える。親にしてみれば「ただこの子は逃げているだけです。甘えさせないでください」と感じられ、職員は間に立たされるような苦しい立場へ追いやられてしまう。

端から見れば施設という場がその子がいた家庭よりもずっと安心できる場であるはずなのに、そこへなじめないのはなぜだろうか。そこにこそ、被虐待児の問題が現れているように思われる。筆者は被虐待児の問題の中心には、自分と異なるものの受け入れがたさを考える。「異なるのもの（世界）」は具体的に言えば、他者であったり、他者の言葉であったり、ルールであったり、新しいもの、経験、挑戦などである。これらは彼らにとって苦手なメニューのようにうんざりさせるものである。

発達的に言えば、子どもは生まれた直後から、さまざまな「異なるもの」にさらされている。母親の乳房の感触など、匂い、母親、父親という対象。そのような「異なるもの」を取り入れること、逆に、それと自らを区別することの繰り返しの中で子どもは成長していく。「異なるもの」に自分の怒りや怖れの感情を投影し、それがもっと受け入れやすいものに変化して返ってくるなら、「異なるもの」は、一種の「器」[5]として機能すると考えられる。

被虐待児の場合、このような「異なるもの」との出会いは、決して安心できるものではなかった。それは、自分の怒りを受け止めてくれる器ではなかった、それどころか怒りを増幅して返してくるものであったかもしれない。また、安心して取り入れられるものではなかった。「異なるもの」は自分を護ってくれるもの、理想的な目標にならず、自分を脅かすものとしてある。そこで、子どもは「異なるもの」に過度に同一化したり、ある時には、まったく拒否してしまったりという極端な関係をとり続けるのである。こういった拒否は、「異なるもの」に巻き込まれないための必死の努力であって、一部は受け入れて、一部は拒否するなどのような、能動性のある拒否ではない。自我の自由度はなく、そうせざるを得ない緊張感がある。

筆者が被虐待児の心理的援助において、念頭においているのは、彼らが「異なるもの（世界）」に関与していく過程を支えることである。そういった力をつけていくことが、援助の狙い所となる。時に、怖さもあるが、それに出会うことで、自分が変化していくことを発見したり、身を委ねることで、心地よさや安心感を得たり、ある時は、自分と区別することで、寂しさを感じたり。そういった経験をしながら、子どもは成長していく。

4 「異なるもの」と出会うこと

遊戯療法の事例をあげる。事例は、初期の一部分のみを取り上げるが、一つはプライバシーの保護のためである。もう一つは、被虐待児の事例において、セラピーの導入部分が「異なるもの」とのかかわりの、非常に大切なプロセスを明らかにしてくれると考えるからである。

1 事例2の概要（「」はD君、〈〉はセラピストの言葉）

■クライエント　D君、男子、小学校高学年。

■主訴　実母からの身体的、心理的虐待。

■問題歴およびセラピーへの経緯　入所から、問題行動を繰り返す。他児とのトラブルで興奮し、職員の制止に噛みついて抵抗する。就寝時間を過ぎても、他児と部屋を出てきて、職員室のドアに濡れたティッシュを投げ、職員を挑発する。日中は割り箸で作った刀を始終肌身離さず持ち歩いていた。ある時、割り箸で家を作りはじめる。セラピストにも手伝ってほしいと言う。学校場面でも、授業を抜け出したり、教室を水浸しにしたりということを連発。ケース会をもち、対応について話し合った。半年後、毎日いろいろなトラブルはあるが、担当の生活指導員と話をして、気持ちを収められるようになってきた。徐々に生活が落ち着いてきた半年後、セラピーを開始した。

2 面接の経過

【一回】

トカゲの入ったかごをプレイルームに持ち込む。時間や部屋の使い方などセラピーの説明には取り合わず。「いじめたる」とセラピストに飛びかかる。後ろから首を絞めたりするうちに、ポケットから懐中電灯を取り出し、セラピストの眼に当てる。〈まずは、身体検査やな〉。セラピストを「診断」した後に「かくれんぼしよう」と言う。始めるとすぐにプレイルームから出ていこうとする。〈ここで待ってるから〉。一分ほどして戻ってくる。「ここ（プレイルーム）やったら、狭くてかくれんぼできひん」と言うが、ソファの裏や箱庭の台の陰に隠れる。セラピストをプレイルームのドアの前に立たせて「こうやったら、オレ出られへんやろう」とうれしそうに言う。
一回の次の日、他の職員にプレイルームのおもちゃを見せたことで、おもちゃの持ち出しが発覚。

【二回】

誘いにいくと「もうやったから、せえへん」と。セラピストがプレイルームで待っているとやって来る。箱庭。「先生の世界を作る」と言って、飛行機や自動車を取り出し、セラピストの出す動物を次々と轢いていく。自分で小さい蛇を手に取り、セラピストには大きい蛇を渡し、「対決させる」。Dの蛇がセラピストを飲み込む。セラピストの蛇が餌を食べると、Dの蛇が「(餌を)食べたことになる。でも体を動かすのはこっちの(Dの)蛇な」。プレイルームのおもちゃを持ち出したことについて〈二人でここで思い切り遊べないように感じてしまうから〉と伝え、次回持ってくることを約束した。

【三回】

誘いに行くと「今日は行かへんかもしれん」。キャンセル。

【四回】

自室に迎えに行くと「今日は腹痛いし(セラピー)なし」「セラピー、腹立つ。E先生(他のセラピスト)やったらいいのに」と言って、自分で作った段ボールの基地に逃げ込む。「入ったらあかん、扉閉めて」と言う。以前閉める際に、天井の毛布を崩してしまってDの怒りに触れたことがあったが、今回は慎重に閉める。それを評価して「ちゃんとできたな」。「あのおもちゃ、この中にあるねん。一緒に探して」と中に招く。探してみると、持ち出されたヘリコプターが基地の内部にある棚にきちんと並べてある。その後、おもちゃを手に持ち、二人でプレイルームに入る。

Dにとって、施設での生活は、私たちが考えるような安全で守られた空間ではなく、自分を閉じこめたり、脅かしたりするような「異なるもの」として体験されてたのではないか。当初、割り箸を刀にして手に持ち、周りを警戒しながら廊下を歩く姿には、「異なるもの」に巻き込まれまいとするピリピリとした緊張感が漂っていた。施設の雰囲気や時間の流れ、目に映る人々に慣れていくことに、Dは多くのエネルギーを費やすことになった。そんななか、刀にしていた割り箸で、今度は家を作りはじめたり、部屋に基地を作りはじめる。生活に慣れていくなかで、少しずつ施設の中に根付いていこうとする様子がうかがわれた。割り箸の家や部屋の中の基地は、自分が作り、アレンジした家であり、時に手伝ってもらったり、中に招き入れたりと人の介入を許すものである。これは、「異なるもの」(施設という場)への関与のあり方として、Dなりの工夫があり、そこには遊びや想像力といった自由度が感じられる。

そのような過程を経て、個人セラピーが導入された。それは、プレイルームという「異なるもの」としての空間が、Dの前に立ちはだかる体験である。セラピストという存在も「異なるもの」の最たるものである。セラピストの眼を照らし、「異なるもの」の正体を突き止めようとする。Dは、プレイルームの外と内にあるおもちゃを出し入れしたり、「かくれんぼ」でプレイルームから出て行ったりと、プレイルームという空間の境界を曖昧なものにしていこうとする。一方でまた、セラピストをドアの前に立たせて自らを「出られへん」ようにした。この一瞬はDがプレイルームという「異なるもの」に自分を委ねるように思えた。一回で起こったプレイルームのおもちゃの持ち出し(これは遊びのように思われた)や「かくれんぼ」で外に出る行為、またこのプレイルームに身を委ねる遊びは、プレイルームという「異なるもの」に、その境界線上で戯れながら、関与していくプレイのように思えた。

箱庭での「蛇」についてはどうだろう。自分の蛇とセラピストの蛇を戦わせた後、セラピストの蛇を飲み込み、セラピストの蛇が食べたものだけをDの蛇が食べるというものである。これは、外界のもの(「異なるもの」）をセラピストが咀嚼してはじめて、それをDが取り入れられるという意味に感じられる。しかし、そこには飲み込むという完全な取り込みがあり、場合によっては、二人の間に著しい侵入感や死の危険さえ、感じられるものである。かくれんぼうやおもちゃの出し入れといったなかに感じられるほのぼのさはなく、生々しく、緊迫した表現のあり方である。もちろん、箱庭という空間が、護るものとして機能し、表現を促す側面もあるだろうが、この局面では、Dが箱庭という「異なるもの（世界）」に巻き込まれるなかで、思わず出てしまった表現のようにも感じられる。救いは「体を動かすのはこっちの（Dの）蛇な」と自分を残した点であろう。

またセラピストが本人をプレイルームに誘うという、毎回の始まりのあり方も、Dが、セラピーという場に必要以上に巻き込まれる要因になっていたのかもしれない。

溢れ出てしまった表現は、Dに負担になったのだろう。次回はキャンセルされている。

5　「異なるもの」をめぐって

筆者が心理職として勤めはじめる前から、B施設には子どもに対する援助のノウハウがあり、文化があった。ただ一方で、当時重症例が増える段階にあり、今までどおりではうまくいかないという予感から心理職の活用を求める流れもあった。心理を取り入れることで変わりたいけれど、変わることに抵抗がある。そのような葛藤を抱えていた。これは、まさしく施設が心理という「異なるもの」にどう関与していくかが問われる事態であった。こういった事態においては、心理というものが、一種暴力性を孕んだものとして存在することになる。心理の人間が、心理をただ「有益である」と唱えるばかりで、自らの暴力性に無自覚であるならば、心理職が施設という文化になじんでいくことは難しいであろう。

このような観点から被虐待児の事例を考えていくと、彼らが施設や心理という「異なるもの」に関与していく援助への示唆を得ることができる。彼らは、その生育史のなかで、「異なるもの」を、侵入してくるもの、巻き込まれてしまうもの、暴力性を帯びたものとして体験している。心理的援助は、その体験をなぞることのないように、控えめなところから始められる。まずは、施設の集団の生活に慣れることの援助である。生活の場では、一緒に歯磨きをしたり、入浴したり、テレビを観たり、まずは無理なくできることを意識して行うことがある。被虐待児のなかには、基本的な生活習慣が身に付いておらず、おぼつかない子どももがいる。そういった子どもと横並びになり、ありふれた生活のひとこまをともにすることに、侵入感は少ない。こういった地道な努力が、のちに行われるセラピーへのなだらかな道筋を作り出し、セラピーという「異なるもの」との出会いを有効にしていくのである。

徐々に生活になじみ、余裕がでてきたら、セラピーが導入される。子どものセラピーで用いられる遊戯療法は、表現の方法として、遊びという子どもにはなじみ深い文化を媒体としているため、抵抗感は少ない。しかし、そこにはセラピストという一人の他者が立ち会っており、空間や時間を区切るなどの独自の約束事がある。このように心理治療を護るための治療構造が、まずは「異なるもの」として子どもに体験される。この治療構造が、自分を脅かすものでなく、自分や自分の行為を護るものだと少しずつ感じられるようになることが、心理治療において非常に大切なプロセスである。こういった感覚が、子どもとセラピストの間に自然に育まれていくことが、治療構造を作っていく基礎となる。

どこの施設でも日常的に行われ、遊戯療法でもしばしば行われる卓球などを例にあげる。はじめは、相手にお構いなく自分勝手に無茶苦茶な球をセラピストに打ち返し、セラピストを打ちのめそうとしていた子どもが、しばらくするとラリーを意識しはじめ、何回ラリーが続くかという挑戦をする。これは、自分だけのルールから、卓球という独自の世界に身を委ね、そのなかで相手を見ながら自分の動きをコントロールし、相手もそれに応答してくれるという貴重な体験をしているのである。これは卓球という舞台（異なる世界）に乗り、セラピストという「異なるもの」と出会いを果たしていると言える。

「異なるもの」との関与のあり方として、その独自の世界（上記の場合、卓球）に身を委ね、没入することの一方で、ある時、それを否定することも大切なプロセスである。これまでの虐待環境が、彼らから拒否する力を奪ってきた経緯を考えると、セラピーで起こるキャンセルや、「やることがない」「他のセラピストのほうがよかった」などの言葉を、「異なるもの」に対して拒否をする力と捉える視点も大切である。

「異なるもの」に関与するということは、単にそれを取り入れるという作業を意味するのではない。ある時は、それに没入し、ある時は否定し、その繰り返しのなかで、形作られる力こそが、主体の成立に大きく関わっている。被虐待児の心理的援助を考える場合、トラウマを統合していくという視点だけでは不十分であり、虐待体験によって損なわれた「異なるもの」と関与する力を育むことが、重要な視点であると考える。

B施設の心理の導入にあたっては、「若い人がやろうと言ってることなら、やらせてあげよう」という職員の方々の大きな「器」によるものが大きかった。このような器の大きさや深さは、チーム治療においても、個々の治療においても、最終的な成否の決め手になるものであると感じている。また、心理が導入される過程は、筆者の「心理」が、施設や子どもという「異なるもの」と関与し、自分なりの「心理」を形作る過程でもあった。筆者の心理としてのアイデンティティは、こういった経験に支えられている。

付記　本稿の執筆時のみならず、前施設に勤務してた頃から、多くの助言と叱咤激励をいただいた横浜いずみ学園副園長髙田治氏に深く感謝申し上げます。

〔文　献〕
（1）髙橋悟「児童養護施設における心理臨床」京都大学大学院教育学研究科附属臨床教育実践研究センター紀要、7、二〇〇三
（2）増沢高「チーム治療の中で内なる〝バンパイア〟を克服した少年の事例」心理臨床学研究、15（6）、一九九八
（3）井出智博他「生活場面を活かしたセラピー――こどもL・E・Cセンターにおける三年間の実践」心理治療と治療教育（情緒障害児短期治療施設研究紀要）、15、二〇〇四
（4）Winnicott, D. W.（1971）*Playing and Reality*. London : Tavistock Publications.（『遊ぶことと現実』橋本雅雄訳、岩崎学術出版社、一九七九）
（5）Bion, W. R.（1962）*Leaning From Experience*. London : William Heinemann Medical Books.

4 配偶者間の暴力に晒されてきたF子とのプレイセラピー

棚瀬一代

はじめに

近年、子どもに直接に暴力をふるうことがなくても、子どもにとって大事な存在である大人に対する暴力を目撃することの子どもに与える心理・社会的な悪影響についての認識が高まってきている。[1] ブラサード（Brassard, M. R.）とハーディ（Hardy, D. R.）による心理的虐待定義の中には、脅迫行為の一種として「子どもの愛する人に対する暴力」が明記されている。[2] わが国でも、二〇〇四年一〇月に施行された「児童虐待の防止等に関する法律の一部を改正する法律」の中の心理的虐待の中には「児童が同居する家庭における配偶者に対する暴力」が明記された。

本事例のF子は、四歳頃に両親が別居するまで、両親間の暴力に晒されてきた。F子（小学一年生）が来談したときに示していた症状は、両親が別居したために父を失う体験をしたばかりではなくて、母をも生計を立てるための二重労働のために失うという「二重の喪失体験」が直接の原因であった。しかし七回のプレイセラピーのなかでF子が作った一一回の箱庭には、動物の家族を媒介に、家族の崩壊のテーマとともに暴力をふるう父のテーマも一貫して語られた。

F子の事例を通して、愛着対象である両親間の暴力の狭間に立たされ続けて生きていくことの子どもに与える深刻な心理的影響について、またそうしたトラウマティックな体験がプレイセラピーのなかでどのように表現され、プロセスされていったかを考察していきたい。

1 事例の概要

■クライエント F子、小学校一年生。

■主訴 母によるF子の示した問題行動は次のようなものだった。学校では、勝手に教室を抜け出て、学校中をウロウロしたり、友人に歯形が残るほど噛みついたりする。帰宅後は、道路の真ん中でウロウロしたり、見知らぬ人について行ったりする。家でも、母にうそをついたり、母が厳しく注意すると、ぼーっとしてしまい、時には反応しなくなり、自分の世界に入り込んでしまう。集中力がなく、常にイライラしている。夜間、母と祖母が留守の間に、夢遊歩行や公園で遊んでいたりといった行動も見られた。また飼っていたペットの小動物六匹を次々に手で握り殺したり、犬の目に除光液を入れるなどの攻撃的行動が見られた。

■家族構成 父（三〇代）別居中、母（二〇代）、F子（小学校一年生）、母方祖母（五〇代）。母とF子と祖母が同居。

■外見・印象 小柄でやせている。切れ長の目にカーリーヘアでかわいらしい印象を与えるが、表情はほとんど変わらない。プレイルームに入室後は、初対面とは思えないほどなれなれしい。

■見立て・目標 母とは五〇代の女性セラピストが毎週一回五〇分間の面接を、F子とは五〇代の筆者（以下、セラピスト）が毎週一回五〇分間の非指示的プレイセラピーを行った。F子との面接は、母との受理面接が行われた翌週から開始されたため、F子とはじめて出会った時点で私は、F子の両親が別居していること、母が別居後、生計を立てるために二重労働をしていること、同居の祖母も夜は働きに出ること、したがって夜間はF子が一人で留守番をしていること、また父とは年に数回しか会えていないこと、別居前に両親間に喧嘩が絶えず、F子が両親間の暴力を目撃してきたこと、怯えつつも、幼い両手を広げて母をかばい、慰めたということ、幸い父の暴力はF子には向かわなかったことなど、F子の置かれた守りの薄い、かつ圧倒するようなトラウマティックな環境についてかなりの情報を得ていた。したがって私は、F子との間に、まずは何よりも安全な空間を創り出し、そうした守りのある空間の中で、これまで解離させてきた可能性の高い不安や恐れ、悲しみや怒りなどのネガティブな感情を感じ、表現することを通してトラウマティックな体験をプロセスすることを目標とした。

2 面接経過（「 」はF子、〈 〉はセラピストの言葉）

1 面接経過

母は、F子の種々の問題行動に対する対応をカウンセラーの援助を得つつ真剣に考えた。その結果、まず夜間は祖母が家にいて、子守歌を歌ってF子を寝かしつけるようにした。これだけでもF子にとっては大きな違いをもたらしたと言える。さらに母自身も、意識的にF子を頻繁に抱きしめるようにしたり、将来的には資格を取って、夜間の仕事を減らす方向に生活設計するなどの環境調整がなされた。

こうした環境調整に加えて、七回のプレイセラピーのなかで、F子は動物の家族に託して、自らの不安や葛藤、傷つき体験、そして情緒的ニーズを象徴的に物語り、セラピストをもその語りのなかに巻き込んでいった。最終回には、その物語は見事な完結を見せ、セラピストを深く感動させた。こうしたプレイの世界の物語の展開と並行して、F子が現実世界で示していた種々の問題行動は消失していった。

2　各セッションで展開されたテーマ

【一回】

まず大ヘビを箱庭いっぱいに置きながら、前にヘビに出会ったときのことを想起しつつ「こわくて、こわくて……」と語る（箱庭①）。F子の抱える恐れと不安が伝わってきた。次に、ワニをしっぽだけかすかに見える形で砂に埋め、カンガルーがその上をピョン、ピョンと跳んでいくと、突如、ワニが姿を現し、首に噛みつき食べてしまうという恐ろしいシーンを演じる（箱庭②）。この飢えたワニは、情緒的に飢え、怒りに満ちた今のF子自身の姿のように思えた。

[写真1]

[写真2]

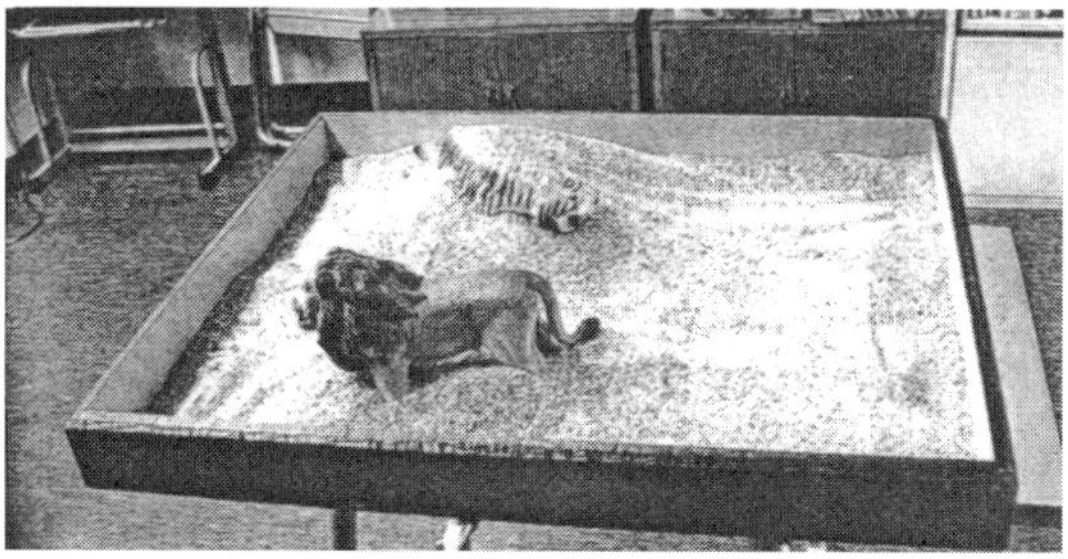

その後に、箱庭に大きなトラとライオンを横目でにらむ形で置く（箱庭③）[写真1]。別居前の一触即発の夫婦間の葛藤状況を連想した。その後に、ライオンの脚を何カ月も動けないようにと砂の中に埋め、トラの体もほとんど全部を砂に埋め、まず顔を包丁ですぱっと切り、続いて背中もすぱっと切る。やがて砂から抜け出したトラが砂の上を歩いていくが罠に落ち込んでしまう（箱庭④）[写真2]。別居前の夫婦間の動きのとれない行き詰まった状況と暴力の荒れ狂う攻撃的世界の恐さがひしひしと伝

わってきた。
その後、トラとライオンを片づけたかと思うと、牛を棚から全部出してきてと私に頼み、箱庭に持ち込まれた二〇匹ほどの牛の腹部を一匹ずつチェックしはじめる。「オチンチンのあるのは雄、乳房のあるのは雌」と言いつつ手早く分けていく。また仔牛は一カ所に集め、「ねえ、子どもたちがここにいるのはどうしてか知ってる?」〈どうしてなの?〉「いじめられるから……。それとお母さんがいなくて寂しいなって……」〈仔牛たち、お腹空いたって泣いてないかな?〉と尋ねると、別の所にいた雌牛を一匹ずつ仔牛の傍らに置いて乳を吸わせる。〈お父さんはいないの?〉と尋ねると、離れた所にいる雄牛を連れてくるが、すぐに元に戻す。〈どうして?〉と尋ねると、「いじめるから……」と答える。しかし一組だけ、「この雄は、いじめちゃダメと言うと、言うこと聞くから……」と父牛、母牛、仔牛を並べて置く（箱庭⑤）。暴力的な父を排除するテーマと同時に、暴力的な父のために、家族がバラバラになり寂しい思いをしている子どものテーマ、そして両親揃った家族への羨望のテーマも見事に表現されている。

【三回】

箱庭に、大きなシマウマと大ヘビを置き、大ヘビの口に、砂をギューギュー押し込む。〈砂は食べたくないよ!〉と言うと、「食べなさい!」と語気強く言いながら、さらにギューギューと砂を押し込む（箱庭⑥）。母は夜の仕事に出かける前に、夕食を早く食べさせようとするが、母が焦るほどF子はのろのろしてなかなか食べず、母が逆上して体罰になるとの話を思い出す。
その後に「前の続きやろう!」と言って箱庭を作る。今回は、雌牛と仔牛は最初から一緒にいるが、雄牛三匹は、群から排除する（箱庭⑦）［写真3］。〈雄牛も入れてください〉と言うと、この二匹の雄牛はいじめないからと仔牛を挟んで雌牛と雄牛の家族を二組作る。しかし一匹の雄牛の背中のとがった部分を見ながら「この雄牛は気がきつそうだからダメ！　子どもをいじめる！」と言って群から離す。〈一匹だけで寂しそう！〉と言っても、「ダメ！」と語気強く言う。そのうちに、「ああ、いいこと考えた」と言って、箱庭の隅に囲った場所を作り、その中にきつい雄牛を隔離する。雄牛は何度か柵に突進しては出ようと試みるが徒労に終わる。そこに仔牛がやって来て、中に忍び入り、柵を少しだけ開けて父牛を連れ出し、「謝ったので許してやる」と言いつつ、母牛のもとに帰り、母牛・仔牛・父牛が並んで食べるシーンを演じる。「隔離する所は、また誰かいじめる人がでたら入れるとこにしておく」と言って残しておく。暴力的父を罰して「隔離する」と同時に仔牛が父牛を「逃がしてやる」シーンに、F子の両親に対する忠誠葛藤がみてとれると同時に、和解幻想とともに暴力再発に対する不安も語られている。

〔写真3〕

【三回〜五回】

柵で隔離された場所もなく、牛、馬、ラクダ、キリン、そして犬の子どもが両親に挟まれて食事をする穏やかなシーンだけが創り出される（箱庭⑧）。〈柵はないの？〉と尋ねると、「忘れた」と答える。

箱庭の左上部を大きく柵で囲い、その中に牛、馬、ロバの子どもを全部集めて隔離する。「お母さんの中には、いじめるお母さんもいるから」と「いじめる母」のテーマが表現され、「ここは安全！」と宣言する。そのうちに、母牛を二匹だけ柵の中に入れ、「このお母さんは優しい。子どもたちがお腹空かせてるのでミルクを飲ませに来た」と言う。

次に雄牛三匹を箱庭に入れ、箱庭の木枠の上で、雄牛と雌牛が激しく闘うシーンが演じられる。追いかけてくる雄牛を雌牛がお尻で押し返し、雄牛は木枠から下に突き落とされる。すると二匹の雌牛が手を取り合って「やった！」「やっつけた！」と喜び合う。

【六回】

入室後に、セラピストが箱庭のふたを開けると、「今日は、牛と馬とロバ、犬四匹を全部出してきて！」と指示する。〈雄もいいの？〉と尋ねると、「いいよ」と明るく答える。「ここは三人家族。ここは四人家族」と言いつつ、父・母・子どもの揃った家族を二つ作る。そして「お父さんもお母さんも好き‼」と言いつつ、三人家族では、お父さんの背中に、四人家族では、両親それぞれの背中に子どもを乗せる。〈この牛のお父さん優しそうだね。Fちゃんのお父さんもFちゃんに優しい？〉と思いきって尋ねてみると、力強く「うん」との返事が戻ってきた。しかし、しばらくすると「囲いを出さなくちゃ、また悪いことするかもしれないし、囲い、作っておかなくちゃ、ほら、知ってるやろ！」とセラピストに言うので、〈うん、知ってる〉と答える。だが今日は、作られた囲いの中に一匹の雄牛が自分で迷い込み、雌牛によって助け出されるというシーンが演じられ、その後に、父牛は死に、母牛はどこかに行ったとの設定で、仔牛が一人で「寂しぃよ！」「寒いよ！」とヒーヒー泣くシーンが演じられる。すると見知らぬお兄さんやお姉さんが面倒をみてくれたり、犬が毛皮で暖め守ってくれたりする。私が、時間終了を告げた後に、再度仔牛がヒーヒー泣いているシーンを演じはじめ、私が、終了を再確認すると、太い声で「ほら、何とか言わんかいな！」と怒る。〈あらあら、仔牛ちゃん、一人で泣いてどうしたの？〉と尋ねると、「両親は死んでしまったので、お父さん、お母さんになってください」と言う（箱庭⑨）。「両親揃った家族」「両親への熱い思い」が表現されると同時に「暴力再発への不安」とともに「一人になる不安」も語られる。両親の別居・離婚は、幼い子どもにとっては無意識裡では、両親の死にも匹敵するような見捨てられ体験であることが伝わってきた。クライエントが引っ越すため、次回が最終回となる。

【七回（最終回）】

今日が最終回であることを知っての来談であった。まず、両親揃ったカンガルー親子五匹が仲良く遊んでいる（箱庭⑩）。すると場面が急展開して、子どもが死にかかり、父カンガルーがその子を布団まで運び、「父だから守る！」「父だから家族を守る！」と言いながら、じっとその子の上に覆い被さるシーンを演じる。両親揃った家族、そして子どもを守る父というファンタジーは、現実否認のファンタジーではあるが、過酷な現実からF子を守る働きをしているように思えた。あるいは「悪い父」と「良い父」がF子の心の中にスプリットして存在していることを示しているようにも思えた。

［写真4］

場面がさらに展開して、雌牛七匹が箱庭の一方に集まって草を食べている。二匹の雄牛が闘い、負けた雄牛が餌場から追いやられ放浪する。一匹の雌牛に出会い近寄ると、「無視して、無視して」と行ってしまう。この「無視」のテーマが七匹の雌牛を使って反復される。最後に仔牛に出会うが、仔牛もまた無視して行ってしまう。〈誰も相手にしてくれない〉とひがむと、「あれ作ろう」といつもの柵を持ち出してくるが、今回は、逃げられないようにと厚い柵を二重に囲って雄牛を隔離する（箱庭⑪）［写真4］。そこに一匹の雌牛がやって来て、囲いの中をのぞき見、中に入ったり出たりを繰り返す。そのうちに「子どもができちゃった」と仔牛を一匹連れてくる。その仔牛は、囲いの隅を少し開けて、中に滑り込み、雄牛を外に連れ出す。しかし雌牛は雄牛に近づくことなく離れて暮らす。「子どもは母と一緒にいる」と五匹の仔牛を母牛の体に沿わせ置くが、その後に三匹の仔牛を父牛の体にも沿わせて置く。

最終回では、暴力的雄を無視するテーマ、母牛の結婚に対する迷いの気持ちと最終的な離別の決意、そして仔牛の母牛と暮らす決意が表現された。だが同時に仔牛の父牛に対する忠誠心と愛情もまたはっきりと表現された。このことはF子にとっては大きな意味があったと思う。

3 考察

一一回作られた箱庭の世界に、F子が動物の家族に託して演じた物語は、一方では暴力への不安と恐怖、暴力的父を追い出したことへの安堵感、暴力的父を隔離し、無視するといった母と同一化し、母の思いを取り入れた悪い父のテーマであった。しかし他方では、隔離された父を赦し、逃がすテーマ、背中に子どもを乗せて一緒に遊ぶ父、死に瀕する子どもを守る父のテーマ、最後には父の体にも子どもを沿わせて置くなど、愛すべき父のテーマも表現された。

現実世界での学校や家庭での攻撃的行動は、別居後の環境変化による二重、三重の喪失体験からくると同時に、攻撃的父との同一化とも考えられる。F子が自分を包丁で攻撃してくるのではないかとの恐れを母が語っていることからも推測されるように、母に対しても、その攻撃性は向けられていたようである。

F子にとってのトラウマ体験とは、単に両親間の暴力に晒されたことだけではなくて、両親が別居して母と暮らす今、父は愛すべき存在ではありえず、排除すべき、隔離すべき、無視すべき悪い父でなければならないということ、愛すべき父像を抱き続けることは、母の怒りを買うことであり、母から見捨てられる危険をはらむことであるという状況に生きることでもあったのではなかろうか。F子は幼心にそのことを察知していたのであろう。別居後にF子が描いた家族画には、王冠をかぶった母と犬のみが描かれ、父が登場することはなかった。

日本では、両親が別居、離婚した後に子どもが非同居親と接触を続けることを保証する法律がない。ましてや離婚の原因が配偶者間の暴力であるような場合には、母に暴力をふるった父が子どもと接触を保つことは至難の技になる。子どもも生き残るために同居親である母の思いに同一化し、その思いを取り入れて、父への思いは押し殺してしまう。箱庭の世界に表現されたF子の思いは、両親揃った家族へのノスタルジー、守ってくれる父の存在、優しい母の存在、暴力のない、別れのない、穏やかな家族の存在への願望で満ちていた。しかし、同時に暴力再発への不安、飢えへの不安、見捨てられる不安、一人になる不安も表現されていた。一人の親がF子を見捨てて出て行った今、他方の親もまたF子を見捨てて出て行かないという保証がどこにあろうか。こうした深刻な見捨てられ不安をもF子は抱えていたと言えるが、F子は、他者に寂しさを癒し、冷え切った心と身体を温めることを、そして親代わりになることを求めた。これはF子の世界とつながる力の証左であり、希望である。

現実世界で母はF子に離婚の決意と同時にF子をしっかり守っていくことを告げている。この離婚の説明とその後の保証を与えることは痛手を乗り越えるうえで非常に大事である。

欧米では、たとえ配偶者間の暴力が離婚理由であった場合でも、子どもには両親との接触を一定の条件のもとに保証していくことが子どもの最善の利益にかなうと考えられている。本事例を通して、配偶者間の暴力に晒された子どもの思いは複雑かつ重層的であることがわかった。こうした思いをF子は、箱庭の中で動物の家族を媒介にして私に語り、またその過程を通して、自らのトラウマティックな体験をプロセスし、現実を受容していったと言えるのではなかろうか。

付記　最後になりましたが、本事例公表を快諾していただいたクライエントさんに深謝いたします。

［文　献］（１）棚瀬一代「育児困難と子どもの虐待」〔井上眞理子編〕『現代家族のアジェンダ――親子関係を考える』世界思想社、一五五～一六二頁、二〇〇四

（２）Brassard, M. R. & Hardy, D. R.（1997）Psychological Maltreatment. in Helfer, M. E., Kempe, R. S. & Krugman, R. D.（eds.）*The Battered Child.*（5th ed.）Chicago : The University of Chicago Press. p393-395.（ただし、棚瀬一代『虐待と離婚の心的外傷』朱鷺書房、二〇〇一、二〇〇三、一一～一三頁に邦訳して引用）

コラム

乳幼児期の子どもとその親を支援する保健センター

河野伸子

近年の育児環境は、少子化、核家族化、価値観の多様化など大きく変化している。こうしたなかで、密室状態での育児から、閉塞感や孤独感、育児不安などを抱える者も少なくない。また児童相談所に寄せられる虐待に関する相談は、年間二万四〇〇〇件（平成一四年度）に上り、被虐待児の保護・支援のみならず、虐待の予防や早期発見等の対策が求められている。

市町村保健センターは、予防接種や健診などのシステムが整備されており、乳幼児期の子どもとその親には身近な機関である。これまで、障害や疾病の早期発見・早期対応に大きな力を発揮してきたが、前記のような子育てをめぐる環境の変化を背景に、子育て支援の中核機関としての役割が高まっている。地域に密着した身近な保健センターは、問題が早期の段階で、発見・介入できる強みがある。そこで、保健センターによっては、保健師による訪問や乳幼児健診などの従来の活動に加えて、親子教室や個別の育児相談など、地域の子育て支援機関としてのさまざまな活動を行うところも徐々に増えてきている。このような保健センターの活動の拡がりの一翼を担うべく、筆者は保健センターの乳幼児相談の心理士として、子どもの障害の発見・対応や遊戯療法、親へのカウンセリングに携わってきた。

乳幼児期の子どもは、心身ともに発育・発達が著しい。そして、ウィニコット[1]が、乳幼児期の子どもを、子どもと母親が対となった一組として考えたように、この時期の子どもの発達は、親子の密な関係のなかで育まれる。筆者の経験した相談場面においても、このような親子関係を意識させられることが少なくない。その場合、親が子どもの養育環境として安定的に関わることができるように、親を守り支え、親の不安を受け止めることが、ひいては子どもの援助となる。そこでは、親子の緊張を孕んだ関係をどのように互恵的な関係につなげていくか、という視点が重要となる。

保健センターに関わる心理士は、保健師や保育士などの援助専門家や子育て支援機関と連携し、子どもの発達の知識や親子の関係性の視点を共有しながら、子どもを育む親の〝抱える環境（holding environment）〟とならなければならない、という思いを強くしている。

[文　献]（1） Winnicott, D. W.(1987) *Babies and Their Mothers,* Winnicott, C., Shepherd, R., Davis, M.(eds.). Reading : Addison-Wesley.（『ウィニコット著作集第1巻　赤ん坊と母親』成田善弘、根本真弓訳、岩崎学術出版社、一九九三）

コラム

「こわい話して」——児童養護施設の子どもたち

西村則昭

児童養護施設に併設された地域の相談機関で、私は非常勤カウンセラーとして働いている。面接のないときなどは、施設のほうに遊びに行かせてもらっている。幼児や小学生と遊ぶことが多い。あるとき戯れに、ある怖い話を披露したところ、これが受けて、以来よく、子どもたちに「こわい話して」とせがまれるようになった。

「お話」のよいところは、聞き手の反応をうかがいながら、聞き手の心に適うように、その場で話を作っていけるところにある。私は、「雪女」などの有名な怪談や、どこかで読んだか聞いたかした話を素にしたり、まったく創作したりして、物語った。幼児たちは、当然のように私の膝の上に乗ってきた。小学生たちは、眼を輝かせて、私に話の続きを促した。

時おり子どもたちとやりとりをしながら話をしていて、ふと、施設の子どもならではの寂しさが感じられることがあった。最初の頃、私は、主人公が親と暮らす一般家庭の子どもではよくなかろうと、よけいな気をつかって、主人公を施設の子どものようにしたり、その辺はぼかしたりしていた。あるときのこと、話の途中で、小学一年生の子が、「それでその子はお母さんに言いに行ったの」と訊いてきた。私はハッと思った。子どもにとって、怖い体験をしたら、「お母さん」に報告するのが、自然なことなのだ。「お母さん」というものは、現実感覚がしっかりしていて（そんな母親像が、山岸涼子の怪奇漫画『わたしの人形は良い人形』(1)に、的確に描かれている）、子どもの心のもやもやや不安を受け取ってくれる存在なのだ。それ以来、私の怖い話のなかには、そんな母親がよく登場するようになった。

大学の図書館から、江戸時代の妖怪図譜（復刻版）を借り出して、子どもたちと一緒に、眺めて楽しんだことがあった。五歳のG子ちゃんは、その図譜の中で特に「ぬれ女」というのが気に入ったようだった。長い髪の女の頭の下は蛇身のおどろおどろしい妖怪である。別のとき、私は「ぬれ女」の話を即興で作って、口演した。ぬれ女に狙われた少女が、母親の機転によって、助かるという話だった。G子ちゃんは、私の胡座《あぐら》の中に身を沈みこませ、仔猫のように体をまるめて、とろんとした目をして、聞いていた。それからしばらくたったある日のこと、G子ちゃんは、「ぬれ女」の絵を描いて見せてくれた。それは、長い髪を二つにくくって、その両方に赤いリボンをつけた、とてもかわいらしいぬれ女だった。

〔文　献〕（1）山岸涼子『わたしの人形は良い人形』角川書店（あすかコミック）、一九八七

コラム

児童相談所の心理療法

大島　剛

筆者が児童相談所（以下、児相）に心理判定員として赴任したとき、そこで行われている心理療法に対して憤りを感じた記憶がある。時間が遅れる、部屋が変わる、物を与える、治療契約がルーズであるなど、しっかりと心理療法が行われていないように思われてとても残念であった。

児相は全国に一八二カ所（二〇〇四年四月現在）、児童福祉法により都道府県・政令指定都市が設置している。児童福祉司、心理判定員、医師、保育士、児童指導員などの専門職がチームになり、あらゆる子どもの問題に対して相談援助活動を行う、本来は優れたシステムをもっている行政機関である。太平洋戦争後の孤児対策をルーツとして始まり、時代に先駆けて不登校（登校拒否）・非行・障害児などの問題に取り組んできた歴史をもっている。そして今や増大する児童虐待問題対策の中核として、よくも悪くも脚光を浴びるようになってきた。

実は、児相で心理療法を行うことは、助言指導、児童福祉司指導、児童福祉施設措置、里親委託、家庭裁判所送致など、子どもに対して行われるさまざまな処遇の中で、ほとんどが継続指導というひとつのジャンルに該当するにすぎない。心理判定員の業務においても、それは中心的なものになっていない。だから軽んじて扱われているのだろうか。それはまったく否である。公立であり自治体色が濃厚であるぶん、児相には個性が出やすく、そこにさまざまな「児相流心理療法」が生まれている。遊戯療法、カウンセリング、箱庭療法だけでなく、家族療法、ブリーフセラピー、行動療法をベースにしたもの、それを集団療法に広げたもの、その他多数をあげていくことができる。

また一方で児相の家庭内暴力のケースを筆者が調査したところ、両親がそろっている家庭が全体のわずか四割しかなかった。つまりルーツを考えてもわかるように児相で扱うケースは児童福祉的援助が必要なものが非常に多いのである。児相の心理療法は、まずつなげること、続けることに腐心し、いつ崩れるか、変化するかわからない子どもの環境状態に常に注意を向け、できるだけ柔軟に対応することが要求される。そしてこの点が硬いと専門職チームから孤立し、新たな処遇に支障がでる。これは、臨機応変な対応と円滑なチームプレイが要求される心理療法の応用バージョンであろう。

このような児童福祉最前線の心理療法は、枠が守れない二流ではなく、「児相流心理療法」として、もっと確立されてもいいのではないかと筆者は考えている。ただ昨今の虐待対応の嵐の中で、児相は心理療法に対する時間も資質向上の機会もなくなり、先細りしていかないことが肝要である。

第4章 病や障害をめぐって

1 聴力に障害のある両親をもつ子どもとのプレイセラピー
――二つの世界の出会い

古屋敬子

はじめに

わが国における聴覚障害をもつ人々への援助は、医療、教育、福祉といった社会的活動の領域を中心に続けられてきており、心理臨床的なかかわりについてはあまり関心が向けてこられなかった流れがある。そのため、聴覚障害がもたらす生きていく上でのさまざまな課題に対して、心理臨床的かかわりの潜在的な必要性はあるにもかかわらず、わが国での聴覚障害者の心理臨床はようやくその歩みを始めたばかりである。

筆者もまた「聴覚障害」に関してほとんど予備知識を持ち合わせない状態でAちゃんと出会った。彼女は両親ともに聴覚障害を抱える家庭に育った健聴の子どもである。近年、聴覚障害に関わる人々の間では「CODA（コーダ　Children of Deaf Adults）」という言葉がしばしば用いられるようになっている。これは、狭義の意味で「聞こえない親をもつ聞こえる子どもたち」を意味する言葉である。身体的には聞こえていながら、言語文化的には聞こえない親の影響を受けて育っていく彼らの内的世界について顧みられるようになったのも最近のことである。村瀬嘉代子は、[1]「聞こえない」親が「聞こえる」子どもを育てる家族に関わった自身の経験から、「その家族の自尊心や自律性を損なわずに、ほどよく援助する」ことの難しさと重要性を述べつつ、そのような援助のなかで親と子の各々が自分の拠り所を見出していった過程を描いている。聴覚障害をもつ親の世代が健聴の世界のなかで育ち、ろう文化と出会っていくのに対して、CODAたちは親とは違う独自のプロセスを歩んでいく。村瀬は「障害を受容することや目標を軽々しく設定し、当事者に要請するのではなく、障害をもつ人、一人一人のあり方の必然性を受け止めるように努めたい」と、聴覚障害者に関わる心理臨床において心理臨床の本質そのものが問われていることを指摘している。聴覚障害者へのかかわりを専門とするわけではない筆者ではあるが、Aちゃんがプレイルームの中で創造していった世界に寄り添い、一緒に歩ませてもらったその過程から学んだことは意義深いものであった。この出会いのなかで、彼女がどのような道を歩み、成長していったのか、その姿をここに振り返りたい。

1　事例の概要

■クライエント　Aちゃん、七歳、女児。

■主訴　昨年と今年の二回聴力が低下し、受診した耳鼻科では「心の問題ではないか」と言われる。現在は聴力は回復しているが、再発予防に努めたい。両親ともに聴覚障害（難聴）をもっており、子どもとのコミュニケーションが十分にできないことや、その影響も心配している。

■生育歴・現症歴　発育は普通で、初語、初歩ともに一歳前。一歳までは母親のもとで育てたが、それ以降は早く言葉を覚えられるようにと保育園に通わせる。クライエントは指文字を覚えはじめたところで、家庭では両親は主に口話でやりとりをし、細かなところは手話で補う方法を用いる。近所の情報はクライエントが井戸端会議を聞いてきてくれ、家の情報はクライエントから入ってきて、クライエントから出て行く状態である。

保育園は少し離れたところだったため、クライエントが近所の子どもと接する機会はなく、小学校入学後しばらくしてようやく近所の友達ができた。しかし、クライエントが近所の子どもにいじめられていたことが後になって判明した。当時、両親は友達が遊びの誘いに来ているのと思っていたのが、実は呼び出しに来ていたらしい。その後いじめはおさまったが、二学期になって「右耳が聞こえにくい」と訴え、耳鼻科で検査したところ、聴力が二五～四〇dbにまで落ちていた。一一月には「耳鳴り」の症状がでた。聴力は回復したものの、今年の四月になって再び「耳が痛い」と言い出し、病院に行ったところ、聴力は六〇dbまで落ちていた。そこで「難聴ではない。心の問題ではないか」と診断され、来談に至る。

■見立てと対応　「聴力低下」はヒステリー性のものではないかととらえ、その背景に両親ともに難聴であることをめぐる家族内の葛藤もあるのではないかと考えた。親子並行面接を提案し、九回までは週一回五〇分間の親子並行面接を行い、一〇回以降は二週に一回のペースで面接を行った。なお、親面接には仕事の都合などから父親、母親が交代で来室され、期間は約一年間（全二九回）である。

2　面接経過（「　」はクライエント、〈　〉はセラピストの言葉）

【第一期〔一回～三回〕X年五月～六月初旬】

〔一回〕プレイルームに入るとクライエントは「玩具《おもちゃ》いっぱいある」と部屋中を見回し、トランポリンに並んで腰掛けて部屋の玩具を見ている。「トランポリンしてもいい？」〈いいよ〉。よく履きなれた靴を脱いでトランポリンに上がり「わぁ！　おもしろい！」と歓声を上げながら生き生きとした表情で跳ぶ。

次に行った箱庭では、砂をすくっては「わぁ、さらさら」とその手触りを楽しみながら、池や山を創っていく。ゾウの玩具を持ってきて、「ゾウさんが池で水を飲んでます」と池に入れ、ゾウの鼻を使って池の水を箱庭中のいろんな場所へと移動させていく。山は「富士山」となり、頂上には火口が作られ「これは火山。噴火しています」と火口の上からサラサラと砂を降らせる。その後、火口は「山を登ってきた人だけが入れる温泉」となり、ゾウを温泉に入れる。

再びトランポリンに戻ると、無人の人形の家をトランポリンの上に置き、クライエントは「震度二」から少しずつ大きく飛び跳ねていく。「震度一〇！」で思いっきり跳ぶと家は倒れる。トランポリンの上に座ると「先生、跳んでみて」と言い、セラピストが跳ぶ振動を感じて「わぁ、地震や」と喜ぶ。「今度はAの番」と交代してクライエントの飛び跳ねる振動を、セラピストも身体全体で感じる。

時間になり終わりを告げる。〈来週また遊ぼうか？〉「来てもいいの？　遊びたい！」と笑顔で答える。

セラピストの印象としては、クライエントは人懐っこい感じで笑顔がとてもかわいく、すっと関係をつないでいく力のあることを感じる。また活動的ないでたちで、セラピストと一緒に走ったり跳んだり、身体全体・プレイルーム全体を使って遊び、クライエントのもつエネルギーの高さを感じる。

［二回〜三回］二回、三回では粉絵の具を溶かした色水を混ぜ合わせていく「色水屋さんごっこ」が行われる。まるで魔法の薬を調合するかのように真剣な面持ちでクライエントはどんどん色を混ぜていき、混沌とした世界を創り出しているように感じる。また三回から退室後、相談室の階段や廊下で〝だるまさんが転んだ〟や〝鬼ごっこ〟をして親面接の終了を待つことが続く。


【第二期［四回〜一五回］X年六月中旬〜一一月】

［四回］「お化け屋敷：暗闇ボール投げ女」の登場
クライエントからセラピストの誕生日を聞かれ、二人の誕生日が同じであることがわかる。そして「いいもの見せてあげる」と家から持ってきたシール帳を見せてくれ、セラピストにその中の一ページをくれる。
またこの回にクライエントは「お化け屋敷ごっこ」を思いつく。まず、部屋の電気を全部消して真っ暗闇にし、〝お客さん〟がお化け屋敷を訪ねていき、〝お化け〟を見つけたら捕まえて、入り口まで連れて行き〝お化け〟が外の光を浴びたら交代するというルールができる。セラピストが客役で「お化け屋敷」を訪ねていくと、「私は暗闇ボール投げ女だ。ワッハッハ」と低い声で（クライエントが）名乗りをあげたかと思うと、ボールを転がしてくる。何度も何度も激しくボールを転がしてきて、普段とは別人のような迫力を感じる。セラピストはクライエント（お化け役）を捕まえて入り口まで引っ張って行こうとするが、クライエントも必死で抵抗する。セラピストはクライエントが痛がるので思わず手を緩めてしまうと、さっと逃げ出して「おまえは私に甘いな」と笑う。

退室後、クライエントは〝在・不在〟のプレートを再び〝在〟にして「お化けが中にいる」と言って帰っていく。

［五回〜一〇回］ 五回〜一〇回では毎回電気を消して「お化け屋敷」を行う。五回では、客役のセラピストは〝ガタガタ、ガタガタ〟とクライエント（お化け役）の出す音をたよりに手探りで少しずつ進んでいくが、クライエントは「誰か泳いでる人がいる」と暗闇の中でのセラピストの動きをよく見ている。ようやくクライエントを捕まえるが、なかなかそこから動かず、引っ張り合いになる。クライエントは一度力を抜いてセラピストが油断したところをサッと逃げ出すなど微妙な力加減のやりとりが続く。六回、七回の「お化け屋敷」ごっこでも、暗闇の中、お化け役からフィジオボールを転がしてきたり、部屋の真ん中くらいで両者が激しく引っ張り合いになることが続く。

八回では、客役のクライエントから「こっちの世界はいいところ。王様みたいになれる」とお化けを向こうの世界へ誘う言葉が出てくる。また九回では、〈向こうのほうが明るいよ〉と明るい世界へ誘うが、お化け役のクライエントは「明るいところに行ったら溶けてしまう」と断り、一〇回でもお客役のセラピストが〈こっち（明るい世界）へ来れば一輪車に乗れるよ〉と誘うが、「こっちの世界（暗闇の世界）

でも乗れるよ。勉強不足だな」と断られる。こうして徐々に〝お化け〟と〝お客さん〟の間に会話が生まれてきて、互いの世界の様子が言葉で表現されはじめる。

【親面接】 この時期の親面接からの情報では、六月頃には母親が耳鳴りがすると言っていたら、クライエントも耳鳴りがすると言いはじめ、病院では異常なしと言われるが気になったことが報告される。また一学期の終わり頃には、特定の子というわけではないがクライエントが近所の子と遊ぶようになり、年上か年下の子と遊んでいることなどが報告され、少し家の外の世界でクライエントの動きが出てくる様子が感じられた。夏休みの間は、クライエントは年上の子とばかり遊びまわって帰りが遅くなり、宿題をせずに寝てしまう日々を過ごす。クライエントにはコントロールが利かずにガーッと行ってしまうところと、極端に怖がるところがあるという父親からみた印象が語られる。

［一一回］夏休み明けの一一回では、お医者さんごっこをする。クライエントが医者役で、セラピストが患者役。患者の背中に虫がいて「小さな病院では無理なので、遠くの大きな病院に行ってください」と紹介される。一カ月待ってようやく大きな病院で診てもらい「虫がいる」と診断される。クライエントは粉絵の具を水に混ぜて薬を調合してくれる。「この薬はなかなか飲む人がいない薬。ちゃんと飲んでください」〈はい。本当に飲むの?〉。クライエントの迫力にセラピストは思わず演技を離れて聞いてしまう。「ちゃんと飲まないと治りませんよ」〈ごめん、これは飲めないわ〉とこぼしながら飲む真似をすると、クライエントは水道の水を一口飲み「わぁ、飲んじゃった」と言う。セラピストはクライエントの表現してくる世界の迫力に圧倒される感じを覚える。

［一二回］お化け役のセラピストにクライエント（客役）が語りかける。「こっちへおいで。こっちには好きなものがいっぱいあるよ。何がほしい?」〈うーん、お菓子かな〉「お菓子も一〇〇〇個あるよ。彼氏もいるし、こっちの世界は楽しいよ」と誘いながらお化けを引っ張ってドアの所まで行き、光を浴び

て交代する。クライエントがお化け役になると、クライエントはタンバリンを鳴らしたり、ボールを転がしてくる。〈こっちへおいで〉「嫌だ」〈どうして？　明るい世界はいいよ〉「そっちにはいいことが一〇〇個で、つらいことが一〇〇〇個あるから嫌だ」〈楽しいこともあるよ〉「楽しいことはない。〇％。だからこっちにいる」とセラピストをカーテンでぐるぐる巻きにしてしまう。

また一二回の砂場では「懐かしい。砂場で遊ぶの好きだった」と生き生きと砂を掘っていき、掘った穴に水をいれて池を創り、山にはトンネルを通す。まるで一回の箱庭が再現されたかのような光景である。

［一三回～一四回］　一三回、一四回も砂場での遊びが続き、一三回ではクライエントが砂場の表層にある白くてサラサラな砂を、セラピストは少し掘った下のほうの黒くってしめっぽい砂をふるっていき、黒砂と白砂が交互に重なった三段重ねの「ケーキ」を作る。一四回では「これ（箱庭の砂）を水に溶かすとどうなるやろう？」とクライエントは洗面器に箱庭の砂を一掬い入れ、「お米研ぐように」と砂を洗う。研いだ砂をふるいに入れて水を流すと、ふるいの上には白い粒が残るのを発見する。セラピストは砂金探しを連想しながら見守り、これらの砂場での作業は、彼女の心の中の深みを掘り起こし、何かを見つけ出していくプロセスのように感じる。

九回～一二回は退出時に、セラピストを部屋に閉じ込めようとすることが続いたが、一三回～一四回ではすんなり退室し、親面接の修了を待っている間はソファーに座ってお話をする。

［一五回］「久しぶりにお化け屋敷しよう」とクライエントからお化け屋敷を始める。暗闇の中でチャンバラのような攻防が繰り広げられ、一段落ついたところでセラピストから話しかける。〈お化けさん、暗闇の世界から出ましょう〉「嫌だ」〈ここは淋しいでしょ？〉「たくさん仲間はいるぞ。おまえには見えないのか？」〈どこ？〉「ほら、ウサギやクマさんが赤い目をしてじっと睨んでる。振り向いてくれない

って寂しそうだよ」。セラピストが箱庭の棚のほうを見ると、「そう、そこら辺。ちょっと見てくれた」。そこには暗闇の中ウサギたちが静かに並んでいる。〈どうやったら向こうの世界に行くの？〉「そうだな。ここにある玩具一個ずつを二四時間ずっと見るんだな。ここに一〇〇個玩具があったら、一〇〇日ずっと見るの」〈一〇〇日か……〉。クライエントの言葉の重みに返す言葉が見つからずにいると、クライエントから「私は向こうの世界に行くよ。その代わりに私の大好きなスケボーも一緒に持っていくよ」。セラピストはスケボーに乗った「暗闇ボール投げ女」の手を引いてドアの前まで行くが、直前で「まだ行かないよ」と暗闇に留まる。

この回以降、退室後、待合室ではクライエントはセラピストの横にピタッと並んで座り、一緒に本を読みながら待つことが多い。

【親面接】 親面接では一五回の直前に、クライエントが近所の兄弟（上の子：B、下の子：C）と一緒に公園で遊んでいて、クライエントから「Cをおいて隠れよう」と誘ってBと二人で隠れ、一人残されたCは泣いて家に帰るという事件が起こったことが語られる。事情を聞くとクライエントは「Bと遊びたかったから」と泣いて白状し、父親と一緒に謝りに行く。事件の頃は父親の仕事が一番忙しいときで、よりによってこんな時期にと思ったと語られる。

【第三期〔一六回～二三回〕X年一一月下旬～X＋一年三月】

〔一六回～二〇回〕トランプやバレーボールなどをしながら、いろんなお話をしてくれる。バレーボールでは、二人の間を行きかうボールが少し山なりになっていき、何とか一、二往復はできるようになる。トランプでは、ババ抜きやダウトをしながら、お互いの表情やトランプを探す時間などから相手の手を読んでいき、すごく微妙なシグナルを互いに感じ取りながらゲームを進めていく。

また話の内容も家で飼いはじめたハムスターの話題や、年明けには参観日に友達と一緒に歌う替え歌の話や、塾での友達の話題がよく出てくるようになり、日常生活で感じた楽しいことや嫌だったことなどが語られていく。また、家の近所の地図を描いていき、近所に住む「優しいおばさん」や「怖い人」などの話もしてくれる。セラピストはクライエントの生活している世界が広がっていく様子を感じながら話を聞いている。

またこの時期（X＋一年二月）に、セラピストはクライエントに関する夢を見ている。

［**セラピストの夢**］不良のうろつく危険な町をクライエントと一緒に歩いている。この町でこれ以上クライエントを守りきれないと思ったセラピストは、橋を渡ったところでクライエントに〈両親のもとに帰るように〉と言って別れる。クライエントは走って両親のもとに帰る途中で石段を踏み外して、石の角に頭をぶつけて死んでしまう。〈こんなことなら帰すんじゃなかった……〉とセラピストは泣いている。

［二二回］その後の二二回では、暗闇で光るシールを互いに目印として持ってお化け屋敷を始めるが、途中でどっちがお化けかわからなくなる。また、お化け役のクライエントは「ボール投げ女の娘」として登場し、向こうの世界へ誘うセラピストに「僕は一人でいい」と暗闇の世界にとどまる。

［二三回］二三回のバレーボールでは、以前よりだいぶパスが続くようになっていて、長く続くと互いに顔を見合わせて喜ぶ。一区切りついたところで、春休みを挟んで次回が一カ月後になることを話すと、クライエントはままごとの目玉焼きを取り出し「これAの目。裏に涙がたまってる」と目に当てる。クライエントの心は泣いているんだなぁと思いながら、セラピストは言葉にできずにそばにいる。

【第四期［二四回～二九回］X＋一年四月～六月】

［二四回］クラス替えで仲のよい友達とクラスが離れて寂しい気持ちが語られる。

その後「お化け屋敷」では、「暗闇ボール投げ女」が久しぶりに現れる。〈ボール投げ女さん。向こうの世界に行きませんか？〉「向こうの世界に一度行ってきたが、向こうの世界はまぶしくて嫌だ」〈でも楽しいことがいっぱいあるよ〉「人間ばかりだから行きたくない」とボールやフリスビーを投げて、逃げる。

交代してセラピストは怖がりなお化けの子どもを演じる。「向こうの世界に行きましょう。向こうはもっと暗くて楽しいよ」〈あなたは誰？〉「……私は人間だよ」〈向こうに行くのは嫌。知らない世界は恐いし、友達がいないから嫌〉「そんなことないよ。人間の世界も楽しいよ」〈ボール投げ女さんがまぶしいって言ってた〉「人間の世界にも暗いところはいっぱいあるし、お化けもたくさんいるよ」〈本当？〉「本当だよ。あなたが来たら、ちょうど七二七人目。向こうに行ったら友達もたくさんできるよ。年をとっていったらもっとできる。ブーちゃんも連れて行ったらいいから。さぁ行こう」と誘われて一緒に向こうの世界へと赴く。

［二二五回］　ボーリングをやりながら、「Aの行くボーリング場、上にカメラがあって投げているところがスローモーションで流れる」とクライエントは並べられたピンの向こう側に回り、スコップの柄に空いている穴からセラピストを覗く。クライエントはセラピストの投げるフォームを真似て投げるふりをする。クライエントが投げるときは、セラピストがクライエントの真似をして、お互いのフォームを真似っこしあう。

［二二六回］　シール帳の整理をしながら、幼い頃母親が入院していた間の寂しかった思い出が語られる。

【親面接】　この時期の親面接からの情報では、『最近、耳のことは言わなくなり、学校の聴力検査では何も言われなかった。遊びから五時過ぎには帰ってくるようになり、家でも決まった時間になったら自分から宿題をすませて、明日の準備をする。（クライエントは）たくさん友達ができ、家を行き来してよく遊んでいる』という様子が語られる。

また、面接開始から一年経過したところで、検診でも異常がなく、耳に関わる問題は起こらなくなり、主訴がひとまず解消したことと、経済的な理由などから『ひと区切りつけたい』との申し出があり、六月いっぱいで終結することになる。

[二八回] キャッチボールをしながら、クライエントと終結について話をする。〈ここのことは何か聞いてる？〉「聞いた。来る途中に次で終わりって。Aは『最悪』って言った」〈最悪やなぁ〉「次で終わりでしょ」〈そうみたいやなぁ……〉と静かにキャッチボールが続いていく。「今度は、かごに受けよう」とセラピストが投げたボールをクライエントがバケツでキャッチする。セラピストの投げたボールはおもしろいようにクライエントのバケツに入っていく。

[最終回（二九回）] 「シール交換しよう」と互いにシール帳を交換して、欲しいシールを選んでいく。選びながら、クライエントは「お母さんに『〈誕生日が一緒の先生と〉血液型も一緒だったら、性格も似てるかも』と言われた」と言い、セラピストの血液型を聞くが、二人の血液型は違うことがわかる。

かくれんぼをする。セラピストが鬼で、部屋の中でいつも隠れる場所をすべて探してもクライエントは見つからない。ふと視線を上げて部屋全体を見渡すとクライエントが高さが二mはある玩具棚と天井の間に隠れているのが目に入る。〈!!　どこから上ったの!?〉「ここから」と、とてもうれしそうに机を伝って降りてくる。セラピストは、まだこんなに隠れられる場所があったんだとつくづく思う。

終わりの時間が近づき、並んでトランポリンに座ると、セラピスト用にくれたシール帳を一緒に眺める。「シールいっぱいある」〈いっぱいあるね〉となんとも言いがたい時間が静かに流れる。「そうだ。シール帳ごと交換してもいい？」とクライエントの新しいシール帳と、セラピストの持っているシール帳を交換し、クライエントはスッと自分のファイルにシール帳を閉じて退室する。まるでここで今までやってきたセラピストとのやりとりをすべて持って帰るかのようである。

廊下では「さようなら。ありがとうございました」と笑顔で挨拶し、お母さんにじゃれつくように仲良く帰っていく姿をセラピストは見送った。

3 考察

1 症状について

クライエントが聴力の低下を起こした時期は、それまで慣れ親しんだ親元の世界から、保育園からの友達もいない小学校という新たな世界へと飛び込んでいく時期でもあった。主たる生活の場面が家の中から外の世界へと移行していくこの時期に、「いじめ」が引き金となって、新たな世界へ飛び込む際にクライエントが体験したさまざまな不安や心細さなどの心理的な困難が、「聴力低下」という症状となって現れたと考えられる。河崎佳子が[2]、「親への同一化」という観点から「聴こえ」の異なる親をもつ子どもたちにとって『自分は親とは違うのだ』ということを知り、音声言語を自由に使いこなせることを『難聴の親の世界から遠ざかること』と体験したなら、深刻な葛藤を味わうことになりうる」可能性を指摘しているように、クライエントにとって親もとから学校という世界へ移行していく過程は、「健聴」の世界との本格的な出会いでもあり、さまざまな葛藤を伴う体験であったと考えられる。このような時期に現れた「聴力低下」という症状は、クライエントが両親へ心の葛藤を伝えようとするメッセージであると同時に、難聴である親と同一化し、親もとの世界へと戻ってエネルギーを取り戻そうとする心の動きでもあったと考えられる。

クライエントはこのように多様な意味をもつであろう「聴力低下」という症状をきっかけに相談室を訪れ、セラピストとともに大切な心の作業を行っていったと考えられる。

以下、面接の経過に沿ってその様子を検討していきたい。

2 経過の考察

まず、初回で表現された箱庭から、セラピストは地球規模の大きなエネルギーの流れを感じた。地上ではゾウという大きな動物が懸命に池を移動させ、世界を創り出している。この箱庭をクライエントの心の世界と見ると、クライエントはまだ未分化で本能的な大きなエネルギーをもっている様子がうかがえる。そのエネルギーの大きさもさることながら、さらに「噴火」という心の深奥から破壊的とも感じられるエネルギーの流れがやってくる。やがてその地下からのエネルギーの流れは地表で温泉という形に変換されて、「山を登る」という大きな仕事を行ってきたものたちだけがその身体を休め、癒される様子が表現される。そこからは、これまでとは違う層からの大きなエネルギーの流れが、「温泉」に象徴されるような温かく身を包み、癒してくれるものへと変容していくというテーマが読み取れる。

また、トランポリンで表現された地震のテーマからも、セラピストはクライエントのもつ潜在的なエネルギーの大きさを感じ、大地の奥深くに眠るエネルギーがまさに活動を始めようとしているように感じられた。その動きをセラピストはトランポリンを介して身体全体で感じ、受け止めるところからこのケースは始まったように思う。

四回から始まる暗闇の中での「お化け屋敷」で、クライエントの演じる「暗闇ボール投げ女」はそれまでのクライエントとは別人かと思うほど真に迫る迫力をもって現れる。「暗闇ボール投げ女」の感覚は暗闇の中でも鋭く、こちらの態度や様子はすぐに見透かされてしまうように感じられ（四回）、この遊びを通じてセラピストは森の奥で〝魔女〟と出会っているような連想を抱いた。〝お客さん〟と〝暗闇ボール投げ女〟という異なる世界の住人が出会う場として「お化け屋敷」が存在し、そこで繰り広げられる二人の物語は、クライエントの内的世界の奥深くに存在するものとの出会いを表現しているものであったと考える。こうして真っ暗闇のプレイルームで始まった「お化け屋敷」という場では、ひたすらクライエントの内的世界へと眼差しが注がれていき、面接の中でも中心的な流れを示していたように感じられた。

初期の「お化け屋敷」では「暗闇ボール投げ女」からのメッセージは、どこから飛んでくるかわからないボールという形で「お客さん」に投げかけられていき、また「お客さん」は手探りでその発信源を追いかけ、力づくで「暗闇ボール投げ女」を入り口（別の世界）まで連れて行こうとした。その過程では、言葉はほとんど介在せず、微妙な力加減であったり、かすかな物音などを感じ取りながら、全身を通して相手の様子を感じ合うというやりとりが続いた。この時期は早期の母子の関わり合いにも似た言語以前の交流によって、セラピストとクライエントの関係が創られていった時期であったと考えられる。

その後、八回頃から「お客さん」と「暗闇ボール投げ女」の間で、「明るい世界」のいい所を伝えていく言葉や、「暗闇の世界」について語っていく言葉が少しずつ生じていき、このような対話を通して、「暗闇の世界」や「明るい世界」が徐々に表現されていった。ここでは一二回に見られるように、セラピストとクライエントが役割を交代しながらも、相手の展開を引き継ぎ、自分なりの持ち味を生かした新たな展開を重ねて世界を創り出していったように思う。それはちょうど一三回で作られた白砂と黒砂を重ねて創り出す「ケーキ」のようでもあった。その中で「そっち（明るいの世界）にはいいことが一〇〇個で、つらいことが一〇〇〇個あるから嫌だ」という「暗闇ボール投げ女」の言葉には、新しい世界へ飛び込んでいく前にクライエントが感じていた心細さや恐れがまさに表現されているようであった。

そして一五回では暗闇に住むものたちの「振り向いてほしい」という激しい気持ちが語られる。この回の対話によってセラピストは「お客さん」の側から見て、それまで暗くて寂しい場所であった「暗闇の世界」にもたくさんの「仲間」がいることを教えられ、「暗闇の世界」へのイメージが大きく転換した。それはまたセラピストにとってクライエントの内的世界の豊かさに改めて気がつかされ、プレイルーム全体に彼女の内的世界が展開していることを思い知らされた体験でもあった。しかし、それだけ豊かなクライエントの内的世界は確かに存在するけれども、日常の視点（「お客さん」）からはこれまであまり振り返られてこなかった存在であったと考えられる。〈どうやったら向こうの世界に行くの？〉という問いかけへのクライエントからの答えである「玩具一個ずつを二四時間ずっと見るんだな。ここに一〇〇個玩具があったら、一〇〇日ずっと見るの」という言葉の重みに、セラピストは返す言葉を失うほどであった。この場面は、今まで本当の意味で振り向いてもらえず、受け止められることのなかったクライエントの〝暗闇（内的世界）〟からの「言葉（表現）」が、真にセラピストと出会った場面であったと考えられる。こうして「暗闇ボール投げ女」に代表されるようなクライエントの中に存在しながらも振り向いてこられなかった世界は、その〝言葉（表現）〟を真に受け止める他者に出会うことによって、その存在を確かなものにしていった。このプロセスを経て、面接のなかでは普段の生活で感じるクライエントの気持ちが語られるようになっていった。

その後、セラピストはクライエントが親もとへと帰る途中に死ぬという夢を見る。「死」もまた変容の象徴の一つであることからも、クライエントはセラピストとともに異界を歩いた後、新たなあり方へと変容していくことを夢は物語っていたように思う。その後の二二回では「ボール投げ女の娘」が登場し、セラピストはクライエントの中に新たな可能性の萌芽を感じる。また親面接の情報から、現実場面でもクライエントは自分の行動をコントロールできるようになっていき、家の外での友達と遊ぶ機会も増えていったことが報告され、クライエントの確かな変化を物語っていたと考える。

二四回では、新しいクラスになって友達と離れた寂しさがクライエントの口から語られるとともに、再び「暗闇ボール投げ女」が登場する。そのときのクライエントが演じる「暗闇ボール投げ女」は「人間の世界」に赴いたときの体験を語り、また「客」役の時には、普段生きている「人間の世界」のなかにも「暗さ」や

「お化け」が存在し、向こうの世界でも友達がたくさんできることを教えてくれる。そして「人間の世界」を怖がっていた「お化け（セラピスト）」にお守りとも移行対象とも思える「ブーちゃん」というぬいぐるみを連れていくことを提案する。このやりとりから、クライエントの内的世界では少しずつ内と外の世界と交流が始まっている様子を感じ、クライエントの中にある「暗闇」の世界と、現実生活が重なりあいながら存在しはじめたことを物語っているようにも思えた。

　その後の面接では、クライエントは家の近くの地図を描いたり、ボーリングのフォームをカメラで撮影して再生することを模した遊びを展開する。そこからは、クライエントがより広い視野で世界を見つめる視点を獲得していった様子が読み取れる。高石恭子[3]は、一〇歳前後の風景構成法において、はるか高いところにある一つの視点から見ることによって風景を構成しようとする試みが見られることを報告し、視点を内的世界でも自由に空間・時間移動させ、自分の決めたところに固定して、さまざまな角度から自己を見つめ返せるようになる「自我の対象的把握」が可能になる自我発達上の転換期が、この移行と対応しているのではないかと述べている。プレイルーム内でのこのようなクライエントの視点の変化も、より客観的に自分自身や周囲の状況を見ることの試みのようにも感じられた。それと並行して、学校での話や過去の「最悪」な思い出が面接内で語られるようになり、それまで、プレイルーム内ではお互いの誕生日の話など、二人の間に起こることに集約されていたクライエントの視点が、二人の関係を離れてより広い視点で現実を見つめ語られる方向へと移行していった。これはクライエントが現実世界を生きていく上でも、より広い視点から物事を見つめる力を得た兆しであったと考える。

　最終回で、クライエントは遊びのなかでセラピストと交換してきたシールを全部持ち帰ることによって、セラピストとともにプレイルームの中で行ってきたことすべてを持ち帰って行った。また、かくれんぼでセラピストの視野を超えたところに隠れる場所を見出していく姿からは、少々危なっかしさも感じるものの、しっかりと自分で世界を広げていくだけの力を感じた。最後にお母さんにじゃれつくように仲良く帰っていく後ろ姿は、家族の中にある温かな交流を感じる旅立ちの場面としてセラピストの心に残るものであった。

3 コミュニケーションという観点から

ここで、改めてクライエントの家族が抱えるコミュニケーションの困難さについても考えてみたい。クライエントの両親は口話で生活しておられ、クライエントに対しても音声言語で話しかけることができた。しかし、河﨑が指摘するように、幼い子どもが親に伝えたいことは、口話では伝えきれないことが多く、複雑な内容は口話だけでは伝わりにくいものである。そのため、子どもとの会話は一方的なものになりがちであったと考えられる。

今回、面接過程をまとめるという作業を通して、筆者は親担当者から交互に入ってくる両親からの情報を統合していくことに困難を感じたし、またクライエントの情緒面についてはあまり報告されてこなかったことに気がつく。この体験は、クライエントが実際の生活のなかで体験してきたことと重なっているように感じた。このような観点から見ると、「聴力低下」という症状や、一五回の直前に起こった出来事も彼女の感じた不安や寂しさを両親へ伝えていくための表現の一つだったと考えられる。

この面接過程で、セラピストとクライエントが行ってきたことの一つとして、遊びを通してクライエントが表現していった、彼女の中に存在するの寂しさや怖さ、不安などのさまざまな情緒をともに感じつつ、そばにいてくれるセラピストの存在が〝器〟となって、クライエントが自らの情緒を存分に表現し、徐々にそれらの情緒が言葉になっていったことが考えられる。面接の過程では、バレーボールやキャッチボールでクライエントから送られてくるボールも次第に山形へと変化していき、セラピストにとっても受け止め、返しやすいものとなっていった。この変化からは、クライエントが他者とのコミュニケーションにおいて、より相手が受け止めやすい形で表現していく力を身につけていった様子が読み取れる。また最初は「暗闇ボール投げ女」の言葉として表現されてきた気持ちも、後半では現実生活のなかで感じるクライエントの気持ちとして表現されるようになっていった。そんなところからも、クライエントが他者に向けて自分を表現していく力を身につけ、他者とのコミュニケーションを豊かなものにしていった姿が感じられた。

また後日、事例執筆の承諾をいただく過程で、クライエントの父親から次のようなコメントをいただいた。

心因性難聴の要因はいくつかあったと思いますが、両親が難聴ゆえ、娘は親に同化したいと欲したのか、聞こえてはおかしい家外の音を実際は聞こえているけど、聞こえてはいけないと思い、必死に抑圧していた時期があったのは間違いありません。これは娘と祖母との会話のなかからでてきた話ですが、祖母が家の外の鳥のさえずりを聞いて、（祖母）『あっ、鳥が鳴いている』（A）「えっ!? 鳥の声が聞こえるの？」。たぶん、娘は聞こえてはいけない音が聞こえてしまうことが不安だったのでしょう。祖母との会話でこの葛藤を乗り越えてくれたんじゃないかと推測しています。

「鳥のさえずり」のエピソードは本面接が継続していた頃、Aちゃん一家とは別の場所に住む祖母との間で起こったエピソードであった。父親のコメントにあるように、両親には聞こえない「聞こえてはおかしい音が聞こえてしまう」ということへの葛藤も、クライエントの難聴という症状の背景にあったと考えられる。このエピソードは、健聴者である祖母とのコミュニケーションのなかで、さまざまな外の音を聞こえてもいいんだという安心感を育んでいった過程を象徴的に物語る場面であったと考えられる。同じようにセラピストとの関係のなかでも、ピタッとセラピストの横に並んで座り、一緒に本を読んだりお話ししたりするプレイルームの内外での何気ないコミュニケーションが、クライエントにとって聞こえることへの安心感を育ん

でいったプロセスでもあったと考えられる。この葛藤を乗り越え「聞こえる」ことへの安心感を育んでいくことは、クライエントが家の外の「健聴」の世界を生きていくための基盤を創っていくためにも重要なものだったのではなかろうか。

おわりに――「聞こえ」の異なる二つの世界

プレストン[4]（Preston, P.）は「聞こえない親をもつ聞こえる子どもたち」が大人になってから、自らのアイデンティティを語る際の特徴の一つとして、場面に合わせて柔軟に役割をとりながら「聞こえない人と聞こえる人を隔てている溝に橋をかける」という役割を思い起こさせる比喩を用いたことを述べている。筆者もまた面接前後の受付や廊下でのやりとりのなかで、クライエントが担当者と両親の間に入って仲介してくれ、その存在の大きさを感じさせられる場面がしばしばあった。また普段の生活でも、家の内外の情報はクライエントを通して伝達されていく状況がうかがわれ、現実生活でもクライエントは家の「内」と「外」の間に立ち、つなぐ役割を果たしていたと考えられる。このような役割は、周りの意思を敏感に感じ取り調整していくという能力をもたらすものであるが、一方で、他者の間を橋渡しする役割のために一個の主体として自分の意志や欲望を表現していく機会を妨げられることにもなりうる。面接のなかでクライエントが表現してくれた世界は、単に楽しいだけのものではなく、時に過酷とも思える世界が表現され、セラピストは返す言葉が見出せない場面もしばしばあった。そこではセラピストはただただその世界を受け止めることに力を注いでいたのではあるが、そうやって自分の世界を受け止めてくれる他者の存在によって、クライエントは自らの内的世界を存分に表現していったと考えられる。

筆者にとってクライエントとの出会いは、今まで見過ごしてきたプレイルームや玩具のもつ可能性に開かれていった体験であると同時に、自らのもつ暗闇の世界へも開かれていった過程であったように思う。クライエントにとってもまた、今まで振り向いてもらえなかった心の世界を見つめ、より豊かな内的世界を創り出していった過程であったのではないだろうか。これまでも幼い頃から保育園に通うなかで健聴の世界には触れてきたクライエントではあるが、学校という外の世界に本格的に乗り出していくこの時期に、より豊かに生きていくために、あらためて自らの内的世界を見つめなおし、新たな心のベースを創り出すという作業をセラピストとともに行っていったと考えられる。二つの世界をしっかりと見つめ、より主体的に自らの人生を歩んでいくための力を身につけていったクライエントの成長を感じる面接経過であった。

最後に、筆者にとっても印象深いAちゃんとの出会いに感謝するとともに、この事例の掲載を許可してくださったAちゃんとご両親に深く感謝したいと思います。

[文　献]（1）村瀬嘉代子「聴覚障害者の心理臨床から問われること——この一著を編んで」〔村瀬嘉代子編〕『聴覚障害者の心理臨床』日本評論社、一九九九
（2）河崎佳子「古屋論文へのコメント」京都大学大学院教育学研究科心理教育相談室紀要、29、二〇〇二
（3）高石恭子「風景構成法における構成型の検討」〔山中康裕編〕『風景構成法その後の発展』岩崎学術出版社、一九九六
（4）Preston, P. (1994) *Mother Father Deaf : Living Between Sounds and Silence.* Boston : Harvard University Press.（『聞こえない親をもつ聞こえる子どもたち——ろう文化と聴文化の間に生きる人々』澁谷智子、井上朝日訳、現代書館、二〇〇三）

[参考文献]＊C・G・ユング『変容の象徴——精神分裂病の前駆症状』野村美紀子訳、筑摩書房、一九八五
＊河合隼雄『昔話の深層』福音館書店、一九七七
＊河崎佳子「聴こえる親と聴こえない子——聴覚障害青年との心理面接から」〔村瀬嘉代子編〕『聴覚障害者の心理臨床』日本評論社、一九九九

2 交通事故をきっかけとして始まったと考えられる吃音児の遊戯療法

守屋英子

はじめに

吃音を主訴に来談したD君との遊戯療法で、吃音が始まる前にD君が遭った交通事故が再現され、交通事故とその後の入院治療が心的外傷体験となり、吃音の発症に深く関連していたであろうことを筆者は実感した。遊戯療法の過程で、D君がどのように外傷体験を表現し、展開していったかを報告したい。

1　事例の概要

■クライエント　D君、来談時五歳四カ月。

■主訴　吃音。

■家族構成　父、母、姉（一歳上）、父方祖父母。

■生育歴および来談経緯　一九〇〇gの未熟児で保育器に三〇日間入っていた（在胎月数など詳細は不明）。その後も体が小さくて弱く、歩きはじめ、言葉の言いはじめは少しずつ遅かった。体も大きく利発な姉に比べると動作がのろく、頼りないところがあり、母親は気になって心配し、過保護にしてきた。

四歳五カ月のときに交通事故に遭った。一人で近くへ出かけたときに路地から出てきた車にぶつかった。

気を失ったD君はすぐ近くの外科医院に運ばれた。大腿部を骨折していたが手術の必要はないと言われ、一度は接合したがまた離れてしまい、結局手術が必要となり六カ月近く入院した。退院する少し前から吃音が出現しずっと続いている。他の言葉も発音がはっきりとしていないし、動作も同年齢の子どもと比較すると幼いように思えると、母親が心配になり保健所で相談。それまでの発達全般や構音機能の状態に大きな問題はなく、心理的な要因からではないかと判断され、当時筆者が勤務していた公的機関の教育相談室を紹介され来室した。事故の直後と退院前に受けた脳波検査には異常はなかった。

■治療構造・期間　母子並行面接。一回四〇分。無料。X年二月に初回面接（他のセラピストが担当）。X年三月より筆者がD君の遊戯療法を担当し、X年一〇月まで週一回で二〇回の面接を行った。フォローアップとしてその後X年一一月、X＋一年一月・六月に面接した。母親面接は他のセラピストが担当した。

2　面接経過

（「　」はD君、〈　〉はセラピストの言葉。D君の発言はほとんど全部で単語の頭音がそれぞれ何度も繰り返されるという吃音が出ていた。ここでは吃音部分は省略して表記する。）

【一回〜三回】　前に怪我をしたところが痛む

初回は次々と棚の玩具に手を触れてやってみた。少し縮こまった感じで、自分のすること一つひとつにセラピストの承認が欲しいようであった。プラレールの電車を見つけてからは時間の終わりまでプラレールをした。レールはつながったが、どことなくガタピシとしていてスムーズに電車が走らなかった。

二回は前回よりもずっと元気がよく、玩具を自由に手に取っていった。電車を床の上に走りっぱなしにしておいて、パンチボールを「ムテキンパーンチ」など言いながら格好をつけてバンバンと叩いた。

刀を手にしてパンチボールに打ちかかっていく。突如として走らせてあった電車を足で蹴ってばらばらにしてしまった。そのあとバットを取り出して打つ構えをするので、セラピストがボールを投げた。バットの振り方が不器用で、打とうと力むとよけいに変な力が入り、うまく打てなかった。ボールを転がして打つことにした。

三回ではピストル・ライフルなど取り出してやってみるが長くは続けずにやめ、力をこめてパンチボールを打つことをしばらく続けた。パンチボールを天井まで飛ばそうとしたり、馬乗りになったりした。そのあとバットを取り出して野球となった。活発に声も出して元気よく楽しんでいたが、転がったボールを取ろうと走っていったD君がドアのストッパーにつまずいて倒れてしまった。体をくの字にまげて「痛い、痛い」と言う。セラピストが心配して足や背中をさすっていると、「前に怪我したとこにあたったから」と言う。〈それじゃよけいに痛かったねえ。大丈夫？　少し休もうか〉と言うと、起きあがって少し片足をひきながら椅子まで行って腰かけた。しかしすぐに「時間がなくなるから」とD君が野球を再開。足はひかずに元気に走っていた。

【四回～六回】 動きの広がりと攻撃（その1）

母親の希望で時間が変更となり前より広いプレイ室に変わった。そのためか四回、五回は転々と玩具を物色していった感じがあった。床の上に次々とゲームを引っ張り出して広げるだけ広げた結果は壮観だった。前のプレイ室にはなかった乗り物がいくつかあり、D君は次々と試しては部屋中をぐるぐると乗り回した。

五回後半に刀を取り出し、つなげて長くしてセラピストに斬りつけてきた。セラピストが衝立の後ろに隠れると、上から刀を出したり、横に回ったり、下の隙間をねらったりと工夫する。途中でセラピストは十手を見つけたが長さが違うので切り結べない。セラピストが逃げ回り、D君が楽しそうに追ってくる。〈やられたー〉とセラピストがひっくり返るとD君が大きく見え、D君はここぞとセラピストに斬りかかった。六回でもD君が刀を二本持ってセラピストにかかってきた。勢いよく刀で叩かれるとかなり痛い。セラピストが畳の上に転がるとお腹や背中にぎりぎりと刀を押しつけてきた。一方的にD君がセラピストに斬りつけることを繰り返してからセラピストに刀の一本を差し出し、チャンバラとなるがあまり続かずにD君がやめてしまった。

六回は刀遊びの前に野球をした。ボールを床に転がして打とうというセラピストの提案は拒否し、投げられたボールを打とうと頑張った。打てないことも多いが、真剣に集中し、「当たるようになったよ」とうれしげだった。

【七回】 傷跡を見せてくれる

アイウエオのスタンプを見つけ、D君が自分の名前のスタンプを紙に押していった。そのうちに自分の手にスタンプのインクをつけて手形を押しはじめた。はじめは手が汚れることを気にしながら押していたが次第に夢中になり、「足もやっちゃおうか」と靴下を脱いで足形も押す。楽しそうに何回も手形・足形を何枚ものわら半紙に押していった。終了近くなったときにセラピストはバケツにお湯を汲んできて手足を洗いインクを落としてからプレイ室を出ようと提案した。D君は手を洗いはじめたが、汚れが落ちないことをとても気にした。〈お母さんに怒られちゃう?〉と聞くと「うん、お母さんこわいから」と言う。〈頑張ってきれいにして何してたか内緒にしとこう〉と言うとD君はにっこり笑っていた。セラピストがD君の足のインクを落としている間、D君は石けんを付けて温かい湯で手を洗うのを楽しんでいる様子だった。〈お風呂入ってるみたいやろ〉というとD君は頷いた。「サポーターしてる」と言って半ズボンの裾をめくって太股にしているサポーターをセラピストに見せた。〈怪我したところ? 大変だったのね。もう痛まない?〉と聞くと、D君はズボンを降ろしてサポーターも下げ、傷跡を見せてくれた。手の指くらいの太さで一五㎝くらいの長さの赤い傷跡だった。D君の色の白い細い足にいかにも傷が大きく見えて痛々しかった。傷跡を見せてくれたD君に対して何と言えばいいのだろうとセラピストは言葉に詰まった。〈大きな怪我だったんだねえ。本当に大変だったのね〉と言ってみた。D君は何も言わず淡々とした表情でサポーターとズボンを戻し、手と足を洗い続けた。手足をきちんとふいて靴下もはいてから退室した。

【八回】 自由に動くこと・休むこと

主にミニカーで遊んだ。ブルドーザー、レッカー車、パトカーなどの特殊車両に興味をみせ、箱庭の砂箱に持って行って動かした。どの車も「もぐっていける」「空を飛ぶこともできるんだよ」と言いながら動かすのが印象的だった。砂の中にもぐらせていることのほうが多かった。パーキングタワーを取ってきてミニカーを入れたり出したりした。「休んでいる」「筋肉を休めている」と言いながら車を入れていた。「雪が降ってる」と言いながら何度も何度も砂をかけていた。

【九回】 交通事故の再現（その1）

スポーツカーに乗ってプレイ室をぐるぐると回っていたD君がにやりと笑うとセラピストに向かってやってきて車で轢いていった。D君は車をバックさせて戻ってきて、またセラピストを轢いていった。セラピストは床に倒れて〈痛い、痛い〉と足を押さえているが、そういうセラピストをD君は何度も何度も轢きに来た。セラピストがとうとう〈救急車！　誰か救急車を呼んでください〉と言うと、D君が「ピーポーピーポー」と言いながら車でやって来た。セラピストがほっとしていると、D君は「ピーポー」と言いながら横を素通りして行ってしまった。セラピストは〈タイム〉と言って人形をセラピストの代わりに置き、電話（プレイ室の二カ所に玩具の電話が設置してあった）のところへ行って一一九番をまわしてベルを鳴らした。D君がもうひとつの電話器を取ったので、〈交通事故です。怪我人がいます。早く来てください〉と言うと「はい」とD君が答えて電話を切った。D君がピストルを片手に持って振り回しながら「ピーポー」と車でやって来て、倒れていた人形を乗せて行った。人形を畳に寝かせ、「お注射がきらいだから」と言いながらピストルを人形の腕や足に押しつけた。「もう大丈夫です」とD君が言うのでセラピストは人形をプレイ室の他の一角に連れて帰った。すぐにD君が電話をかけてきて「怪我人はどこですか？」と聞くので、〈さっき怪我をした人は家で休んでますけど〉と答えると「怪我人がいるんです。どこですか？」とさらに聞いてきた。〈ちょっと待ってください。外を見てきます〉とセラピストは電話から離れ〈どうして怪我したことにしよう？〉とD君に聞くと「二階から飛び降りた」という答えが返ってきた。そこでセラピストが他の人形を床へ落としてから電話に戻り〈あ、やはり怪我人がいました。二階から落ちたんです。早く来てください〉と告げた。D君は車に乗ってやって来て人形を病院の場所に連れて行き、人形の服を脱がせてピストルで口、目、胸、手と順に銃口を押しつけて撃っていった。「この人はだめです。治りません。死にますよ」とD君。〈どうしてもだめなんですか？〉とセラピストが聞くと、「頭の中も見てみましょう」と人形の頭をさぐる。「あ、脳みそがありませんよ」とD君。セラピストがびっくりして〈え？　脳みそがないんですか？〉と聞くと「ありません」とD君が繰り返し答えるので、〈そうですか。それじゃあ、やっぱりだめでしょうね〉とセラピストが諦めると「脳みそ、売ってますよ」とD君が言った。セラピストが呆気にとられている間にD君は「脳みそ、買ってきましょう」と言って車で出かけて脳みそを買ってきて、人形の頭をあける真似をして脳みそを入れた。「もう大丈夫ですよ。歩く練習をさせてください」と言いながらD君が人形を支えて歩く練習をさせた。「連れて帰って寝かせてください」とD君に言われてセラピストが人形を連れて帰って寝かせているとまたD君から電話がかかってきた。「さっきの人、死にますよ」と言うので〈え？　どうしてですか？〉と聞くと「注射しないと死にます」とD君。〈すぐに病院に連れて行きます〉とセラピストが答えると「そっちへ行きますよ」とD君が車ですぐにやって来た。ピストルで人形に注射をしかけて、ピストルではうまくできないからとライフル銃を取ってきて「注射」と言って人形の手足を撃った。

【一〇回・一一回】攻撃（その2）

一〇回では、D君はブロックを使って飛行機や戦車をうまく工夫して作っていった。セラピストは戦車に攻められても大丈夫な砦を作ることにした。するとD君はセラピストの作っていた砦のブロックを足でバラバラに壊し、そのまま空手の格好でセラピストにかかってきて叩いたり蹴ったりした。砦が壊されブロックが散乱した様子を見てセラピストが〈さんざんやられたなあ〉と言うとD君は「怪獣が来たんだ」と答えた。〈そうか、怪獣にやられたんだ。こんなときウルトラマンが助けに来てくれないかなあ〉とセラピストが言うと、「ウルトラマンタロウや」とD君は変身の格好をして「怪獣はどこにいる？」と聞いてきた。セラピストが棚から怪獣を出すと、D君は怪獣を投げ飛ばしたり蹴ったりし、車に乗って何度も怪獣を轢いた。

一一回はピストルでの撃ち合いになった。互いに衝立や机などの陰から相手をねらった。撃ち尽くした弾を拾うときに、「タンペ」とD君のほうからタイムを取ることを始めた。D君が衝立を的にしてねらおうと提案。衝立を敵に見立てて二人で攻撃をした。

【一二回・一三回】交通事故の再現（その2）と変化

一二回でD君が電話へ行きセラピストにもう一つの電話を取るように合図。セラピストが電話をかけると「消防署です」とD君が出た。〈消防署ですか？　怪我人がいるんです。救急車をまわしてください〉とセラピストが言うと「壊れてます」とD君。〈え？　救急車壊れてるんですか？〉と聞くと「壊れてます」と再度答えが返ってきた。〈困ったなあ〉とセラピストが首をひねっているといつの間にかD君が車に乗って「ピーポー」と言いながらやってきた。〈ここです。ここです〉とセラピストが合図をするがD君はそっぽを向いて通り過ぎてしまった。セラピストがもう一度電話をすると、今度は車でやってきて止まったが、用意しておいた人形をちらっと手に取っただけで「治ってますよ」と言ってD君は行ってしまった。「ピーポー」と言いながらD君は車を運転していって、壁にぶつけてぐったりとそのまま動かなくなった。セラピストが別の乗り物で「ピーポー」と助けに行くと、D君はさっと起きあがって車を動かして行ってしまった。そのあと車をセラピストの車にぶつけたり、部屋のあちこちにぶつけてはすぐに走り去るということを何回か繰り返した。D君はいたずらっぽい顔をして楽しんでいる感じだった。

一三回では、ハサミを使って切り紙をするという落ち着いた遊びにかなり時間を使ったあと、乗り物で部屋中を乗りまわした。「電話」と言ってD君が電話をかけてきた。「ラーメン屋さんですか?」と聞いてくるので〈はい、そうですよ〉と答えると「ラーメン一つください」と言う。セラピストがままごと道具を出してラーメンを作っていると、D君が車でやって来てラーメンを注文して食べていった。「今度は僕がラーメン屋」と言ってD君がラーメンを作り、セラピストが客になって食べた。

【一四回】 自由に動く電車

一四回は時間いっぱいプラレールの電車を動かして遊んだ。電池の入る汽車や電車を何台も工夫してつなぎ、レールはひかずに床の上で動かした。どれにも電池が入っているので力が強く、どこかに突き当たっても不思議としばらくすると横にそれて方向を変えて動き始めるのがとてもおもしろく、D君はあちこちで走らせてみた。D君が自由に電車をコントロールして楽しんでいるようだった。

母親面接では吃音がだいぶ減ってきている、保育園での工作など他児と同じようにやれるようになった、数字などに興味が出てきたなどの変化が話されていた。

【一五回～一九回】

七月から九月にかけて、相談室の行事やD君側の都合などで続けて来室できなかった。プレイの内容は各回で異なっていたが、ゲームや乗り物での競争・対抗やルールを決めてのやりとりなどが出てきた感じだった。

【二〇回】プレイ室からの卒業

ウルトラマンの人形を取って「スーパーマーン」と言いながら飛び回る様子をさせた後、箱庭の棚へ行ってウルトラマンの足で動物・怪獣などの棚をなぎ払うようにして床へ落としていった。唐突でセラピストはこの攻撃にびっくりしたが、瀬戸物で割れてしまうものだけは救い出し、他はなぎ倒すに任せた。ウルトラマンの胸の星形の青色が黄色になったらウルトラマンが死ぬんだとセラピストに説明しながら、ウルトラマンを箱庭の砂の中に埋める。丁寧に砂をかけては手で押さえて完全に埋めた。そうしながら、ウルトラの父と母がいてそこからウルトラマンの頭にピーっと何かが来て生き返るんだ、と説明してくれた。砂の中からウルトラマンを生き返らせ、箱庭の棚に残っていた玩具を全部床へと落としてしまった。あと一〇分と伝えると、プラレールの電車の中で電池の入るものをありったけ出して動かし、次々と部屋の間仕切りの下の隙間から隣の部屋へと動かしてしまった。ピストルでちょっとセラピストを撃ってから退室した。

終了後に母親面接者から、今日で最後にしたいと母親より申し出があり、D君にもその旨伝えられていたことを知った。

【その後のフォロー】

二〇回の一カ月後と三カ月後に会ったときには吃音はあまり目立たず、遊びの不器用さも見られなかった。小学校に入学後の六月に来室したときにはまったく吃音はなくおしゃべりをしていった。学校でも元気で、吃音はまったくみられず、ごく普通にやれているそうであった。

3 考察

祖父母と同居している両親、一つ違いの姉という、長男であるD君をとりまく家族の中に存在したであろう問題は、いろいろなところでD君のあり方に影響を与えていたと思われる。しかし今回の吃音という問題の大きなきっかけとなったのは、交通事故とその後の入院生活ではないかと考えた。紙幅の都合もあるので、ここでは交通事故という外傷体験が遊戯療法のなかでどのように表現され、癒されていったのかに焦点をあてて考察したい。

九回でD君が再現した交通事故のプレイは、D君が内的に味わったものを表現していると考えられる。何度もセラピストを轢くプレイや、救急車に助けてもらえると思ったのに通り過ぎてしまわれるプレイからは、D君が何度も痛めつけられたり、痛みを抱えたまま不安な状態に置き去りにされた体験を再現しているように感じた。怪我は注射という治療で治るプレイでは終わらず、脳みそを入れるという大変な手術が必要となる展開となった。D君の大腿部の怪我も、一度は接合したのに結局入院をし大きな傷跡を残す手術を必要とした。ピストルで注射をする表現からは、医療行為がD君にとっては怖くて痛い侵襲的なものであったことが推察される。たぶん全身麻酔での手術であったと思われるが、D君にとってはピストルで撃たれて限りなく死に近づくような体験だったのかもしれない。D君は、手術も終わり歩く練習もして退院した人形が家へ帰った後も「そのままでは死にます」とさらに不安な状態を作り出し、今度はライフル銃での注射という治療をした。D君自身も退院してからの生活のなかで大きな不安や痛い思い、無力感を体験したのではないかと感じられた。

低体重に生まれて発達がゆっくりだったというD君ではあるが、事故にあった四歳半という時期は自分がいろいろなことができると自信をもち、積極的に行動を楽しみはじめた頃ではなかったのだろうか。気持ちが大きくふくらみはじめた矢先の事故・入院で一気に無力感へと突き落とされたような感じがあったと考えられる。一人で出かけて事故にあってしまったことへの罪悪感も感じたであろう。交通事故と怪我に伴う入院・治療がD君にとって心的外傷体験となっていたと考えられる。その外傷体験がうまく癒されていない状態で退院・日常世界への復帰を目の前にした不安はとても大きかったと思われる。そうした不安が、言葉を自分の中から外へとうまく出せない吃音として出たのではないかと考えた。

D君は遊戯療法という守られた空間の中で、外傷体験にまつわる感情体験を表現することにより無能感・無力感から回復し、不安に立ち向かい、再び自信を取り戻していくことができたと考えられる。D君の感情体験とその変化過程は、九回のような事故を再現した遊びや直接怪我に関連した表現の他に、『動くこと・動かすこと』や『攻撃』に関連したプレイのなかによく現れていたように思われる。以下に面接過程を追って考察を加えたい。

はじめはガタピシとうまく動かないプラレール、うまく打てない野球などに『うまく動くことができない』状態にいるD君の姿が見られた。ピストル・刀などで長くは遊べず、直接的な『攻撃』を出すのには不安があるようで、パンチキックを使って自分の中に攻撃できるだけの力・強さを蓄えようとしているかのようであった。三回の終わり近くで怪我をしたところをぶつけて痛いと訴え、それをセラピストがケアするという出来事が起こった。その後の四回〜六回では乗り物を乗り回したり、ボールを打とうと頑張るなど『よりスムーズに動こう』とリハビリに励んでいるかのようなD君が見られた。そのなかでセラピストにハンディをつけてD君が『一方的に有利な状態で攻撃してやっつける』プレイが出現した。D君は反撃されるという不安をもつことなく攻めて勝つ有能感、満足感を味わったようであり、セラピストは一方的にやられる無力感

（事故・治療などの理不尽な攻撃に対してD君が感じていたであろう）を味わわされることになった。その次に手形・足形を押す遊び、お湯で手足を洗うという退行的な状況のなかで、怪我の手術の痕をセラピストに見せてくれた。事故に遭い怪我した体（ボディ）を事実として受け入れ、見せているかのように思えた。セラピストにも事故の重さがしみじみと伝わってくる行為だった。この後で登場したD君のミニカーは『万能的に動くこと』のできるものだった。パーキングタワーを使ってのプレイには入院して動けなかった体験と、その体験はまた動けるようになるためのものだった、と納得する意味もあったのではないかと思えた。

その後の九回に前述した交通事故を再現したプレイ内容が見られた。D君は轢く車の運転手、救急車の運転手、お医者さんでありプレイ室中を自由に動き回っていた。セラピストと人形が事故に遭って痛みと不安のなかに置き去りにされる無力感や、治療を受けるなかで感じる痛み、病状や受ける治療への不安・恐れなどを体験させられる役であった。ここで交通事故の体験を再現したことで、D君の中で交通事故への感じ方に変化が起こったのではないだろうか。一二回で再び交通事故に関するプレイがあるが、このときには怪我人がいるのに救急車が来なくてセラピストの気をもませたあげく、怪我人はもう治っているという展開にしている。D君自身が交通事故を装うが、セラピストが駆けつけると起きあがって走り去ってしまう。事故は起きたけれどももう大丈夫、とその体験が心の中に収まっていったのではないかと考えられる。一三回には同じ場所と電話を使って「ラーメン屋」とエネルギーを取り入れるプレイへと変化していた。

九回の後の二回は『攻撃』が主題となった。一〇回で、ついD君に対抗して砦を作ってしまったセラピストに対して、D君は『怒りを攻撃としてぶつけ破壊すること』ができるようになっていた。次にはD君自身がウルトラマンとなり、『正義の味方として悪を攻撃する』側にまわった。次の一一回には、ピストルで互いにねらい合うという『対等な攻撃』になり、『仮想の敵を共同して攻撃する』遊びへと変化した。一方的、圧倒的な攻撃ではなく、遊びとしての枠に収まる攻撃へと変化しはじめた感じがあった。一四回では何台も連結してパワー溢れる電車がどこに突き当たっても進んでいくという、『力強く自由に動くことができる』遊びとなっていた。

プレイの回が重なるにつれて外傷体験で味わった無力感・恐怖・不安・怒りを表現してもよいという安心感を得ていき、交通事故の再現や攻撃の中にその感情体験を現すことができ、動けなかった状態から自信をもって思うままに動くことができるように変化していった過程が見られた。交通事故・入院という外傷体験が癒されていくことで、吃音という当初の問題も解決していったと考えられる。

おわりに

本事例は筆者が臨床を始めてしばらくした頃に出会ったケースで、まだＰＴＳＤ（心的外傷後ストレス障害）も話題に上らない頃であった。未熟な筆者のまずい対応もいろいろとあったに違いないのに、交通事故とその後の入院治療がＤ君にとってどのような内的体験であったのかを表現し、教えてくれた治療過程だった。この遊戯療法の体験がその後のＤ君の成長にとって役立っていることを願っている。

3 知的障害を伴う脳性麻痺児との遊戯療法過程
——やすらぎの体験の心理治療的意味

中鹿 彰

はじめに

知的障害児への遊戯療法の取り組みは、その障害を伴うゆえ、遊戯療法を必要としている子どもはたくさんいるにもかかわらず、真の意味での治療的かかわりは少ないのが現状である。現在の子どもの置かれた状況から見ても、彼らは言葉で自己を表現することは難しくて、二重の意味でしんどい状況にあるにもかかわらず、十分にその心理治療的かかわりの重要性が理解されてこなかった。このように理解の得られなかった一因として、弘中正美[1]は「遊戯療法が最も効果を発揮するのは、いうまでもなく心因性の事例に対してである。発達障害を伴う事例については、心因性の事例と比べると一定の限界性をもたざるをえない。また、遊戯療法の基本ルールを修正しつつ子どもに関わる必要が生じてくる」と、遊戯療法を行うときの限界について述べている。また、東山[2]は「心や魂が知的障害と関係しない」としており、さらに、中沢たえ子[3]も知的障害児についての理解、援助のためには「知能の遅れということだけでなく、心、情緒、パーソナリティ（人格）の発達を視点に入れる」と、知的発達だけでなくて、心の発達を促すかかわりの重要性を指摘している。すなわち、知的障害そのものと、それに付随する心理的問題とを区別して関わり、知的障害を伴うことからくる二次的な心理的要因に基づく問題行動に対する行動変容を目標とすることになる。むしろ、知的障害を伴うゆえの心理的負担を解消するためには、遊戯療法的アプローチは有効な方法かと思われる。

ここで報告するケースは、脳性麻痺による軽度の知的障害児の事例である。主訴は学校の帰りに、誰かれとなく出会った人に話しかけるとの訴えであるが、その背後には自分を認めてもらいたいとの気持ちをもちながらも、うまく言葉で伝えられずに、行動でそのことを表現していることが推測された。本来、遊戯療法とは言語によっては十分に表現の至らない子どもに対して、遊びを通じて関わる技法であるが、知的障害児においては言語的表現がより未熟であるため、遊び、体、行動を通じてのアプローチがより重要であり、本事例においても言葉を用いるよりも、身体レベル、行動レベルでのかかわりを目標に行ってきた。ここでは遊戯療法における限界性を念頭において、技法の修正および知的障害児に遊戯療法を適用することの意味について見ていきたい。

1　事例の概要

■クライエント　E子、一〇歳（小学校二年生女児）。

■診断名　脳性麻痺、軽度知的障害。

■主訴　学校からの帰り、道で出会う人に話しかけては、家になかなか帰ってこないために困っている。

■家族とその状況　父（四〇代、会社員）、母（三〇代、主婦）、兄、姉、E子の五人家族。

父親は仕事で出張のため家をよくあけるが、父母とも子ども好きで、休日には子どもたちを車に乗せてドライブに連れて行ったり、年に一回は家族でキャンプに行く。兄、姉もE子の面倒をよく見ており、E子も兄、姉と買い物に出かけることを楽しみにしている。

■生育歴　脳性麻痺のため幼児期からボイタ訓練を受ける。言葉の遅れを伴っており児童相談所を紹介され、軽度の知的障害を伴うと診断される。小学校入学時に育成学級にとの話もあったが、母親の判断で普通学級に進む。

2 面接経過

全面接過程は一二回。月一回のペース、学校の長期休暇のときは休みとする。部屋は児童相談所内の面接室とプレイルームを使う。一回のセッション五〇分の内、前半二〇分は面接室でフロステック技法と学校の宿題を中心とする勉強を行って、後半三〇分はプレイルームでの自由遊びとする。その後再び面接室に戻り、E子同席で母親との一〇分程度の面接の時間をとる。現実的なかかわりも必要と判断して、フロステック技法は脳性麻痺からくる手先のぎこちなさを補うため、また、勉強は普通学級に在籍しており、学業の遅れを少しでも取り戻すために行った。母親との面接はE子同席であるため、日常生活での様子についての具体的な報告に限られた。『 』内は母親からの報告である。

【一回（一〇月）】

約束どおり、面接室で勉強とフロステック技法から始める。勉強は一桁の足し算を行うが、間違えることも多く、あまり喜ばなかった。縦横の線を引くフロステック技法は楽しそうに行っており、これらは短時間でやり終える。後半はプレイルームに移り、部屋に入るとすぐに滑り台に行き、一人で上り滑ろうとする。足元は脳性麻痺のため不安定でもあり、E子をセラピストが支えながら滑ることになる。思うようにならないためかすぐに滑り台はやめる。次にビニールトンネルを見つけると、中に入りうれしそうにしている。このビニールトンネルは一度入ると、なかなか出てこず、中で寝そべっている。さらに、セラピストが外からビニールトンネルを揺さぶると、E子もトンネル内で体を回転させたり、揺すって楽しんでいる。この回はほとんどビニールトンネルで遊ぶ。
『明日は運動会である。運動会の種目にある両足とびがうまく飛べず、E子は嫌がっている。E子にとって運動会はかなりの負担となっている』

【三回（一一月）】

学校の宿題は持ってこず。面接室は「寒い」と言って、最初からプレイルームに行って、フロスティック技法を行う。うまく線を枠に沿って引けるとおもしろがって行っている。自由遊びは最初、オセロを見つけて、白黒の駒を盤の上に並べている。セラピストとゲームを行おうとするが、オセロのルールもよくわからず、おもしろくなかったようで短時間で終える。次に前回行ったビニールトンネルを持ち出す。これは気に入ったようで喜んで行っており、この回はビニールトンネルを二本つなげて長くして中を通り抜けたり、ビニールトンネルを二本平行に並べて交互に行き来して遊ぶ。また、セラピストが追いかけて、トンネルの出口で待っていると、E子は見つかったと驚いたふりをして楽しんでおり、前回よりビニールトンネルを使った遊びは複雑となる。その後、前回と同様にセラピストが外からトンネルを揺さぶると、E子は寝ころんだまま揺すぶられることを楽しむ。終わり際に、セラピストに支えられて滑り台を何度かすべり、その後少しだけ、バスケットボールゲームを行って終了となる。
『運動会は嫌がっていたが、思った以上にうまくやれてよかった。今度は学芸会で、台詞をいくつか言わねばならず、E子はうまく言えるか心配している。クラスでは給食当番となり喜んで行っている』（一二月は冬休み）

【三回（一月）】

E子のほうから「勉強する」と言って、宿題をプレイルームに持って行って行う。担任がE子にと特別に作ってくれた学業の進度に合わせた宿題であり、E子もよくわかる内容であり、すぐにやり終える。

自由遊びは、まず元気よく滑り台に上ろうとする。上り時はセラピストが支え、滑るのは一人で滑る。次にビニールトンネルを持ち出す。この回はセラピストにビニールトンネルの入り口をふさぐように伝えてくる。セラピストがビニールトンネルの両端を下に押さえてふさぐとE子は中で寛ぐようにして寝そべっている。ほぼ、これだけで終了の時間まで使っている。

『少し相談したいため、次回は長めに面接の時間を取ってほしい』

【四回（二月）】

面接室にて持ってきた宿題を行う。掛け算の宿題であるが、E子にとっては難しくて、ほとんど解けないため、すぐにやめようとする。セラピストがほとんど行うことになる。宿題を終えてから、面接室でセラピストと積木をどちらが高く積めるか競う。E子は少しでも高く積もうと集中して行っている。この回は時間をほとんど積み木を積むことに使って、プレイルームへは結局行かず。手先の麻痺も伴っているが、二㎝程度の大きさの積木を一〇個積めるようになってきており、高く積めると喜んでいる。

『現在、普通学級に在籍しているが、育成学級に行くことを学校から勧められている。実際に見学にも行って、育成学級に移ろうかと思っている。これまで普通学級でやってきたこともあり、可能な限り体育、音楽は育成学級に移っても普通学級との交流を続けることを希望してきた。普通学級で他児とのかかわりのなかでここまで伸びてきたと思うが、これ以上普通学級に在籍することは、E子に負担になるかと思う』〔三月は春休み〕

【五回（四月）】

学校で友人と遊んでいたと、少し遅れて来所する。面接室において宿題と日記をセラピストが見ることになる。E子はクラスも変わり張り切っており、新しく買ってもらったと鉛筆をセラピストに見せてくる。手先はうまく使えないながらも、鉛筆の先を工夫して削っている。宿題は育成学級の担任が作ってくれたE子に合った内容でもあり楽しく取り組んでおり、ほぼ一人でやり終える。その後、プレイルームに移り自由遊びとなる。E子は車を持ち出してきて車を手で押して走らせている。セラピストには何かして遊ぶようにと言うので、セラピストはパチンコゲームを行って、E子とセラピストは別々なことを並行して遊ぶ。しばらくすると、E子からセラピストの行っているパチンコゲームに入ってきて、遊びを交換するようにと伝える。そのため、E子がパチンコゲーム、セラピストが車を押して動かす遊びと後半は交換して行う。この回はビニールトンネルは持ち出さず。

『小学校三年生より育成学級に移る。クラスは六名で、E子は喜んで学校に通っている』

【六回（五月）】

宿題を持ってくるが、まったくやろうとせずに、プレイルームに行きたがる。そのため、この回は面接室は使わず、最初からプレイルームへ行く。部屋に入るとセラピストが支え滑り台へ上り、上から元気よく一人で滑ってくる。次にホワイトボードを見つけ、ひらがなをセラピストと交代で書くが、これらの遊びは長続きせずに、次々と変えている。結局、ビニールトンネルを持ち出してきて、中に入り体を揺すったり、トンネルから出たり入ったりを何度も行う。さらに、以前行ったようにセラピストがトンネルの両端をふさぎ、E子は中で横になり、何をするわけでもなく、寛いで過ごしている。次にこの回はじめて電話を見つけ、電話ごっこを行う。セラピストが電話をかけると、E子は友人の名前をあげて「〜さん、家に遊びに行っていいですか」と話しかけてくる。最初は友人との電話であったが、後半にはセラピストを母親に見立てて、「〜してください」とE子から、電話を通じて話しかけてくる。電話での遊びを終了まで行う。

『言語訓練に週に一回通うことになった。現在は訓練の担当者との関係づけの段階で、まだ言葉の訓練には入っておらず』

【七回（六月）】

この回も面接室は使わずに、最初からプレイルームへ行く。この回、はじめて棚から動物の人形を持ち出してきて、セラピストとお客さんごっこを行う。犬をセラピストに、母親は象に、E子をうさぎに見たてる。特にE子は母親の役割を取り、セラピストにE子のうさぎの役割を取らせて、「〜してください」と話しかけてくる。前回の電話ごっこを行った頃から遊びの内容に変化が見られ、母親が登場するようになる。その後、これまで行ったパチンコゲーム、滑り台、ビニールトンネルと順に行う。ビニールトンネルはセラピストが外から揺することもなくて、二個つないで長くして、終了まで中で寝そべって寛いでいる。

『E子は母親に対して何かわだかまりをもっているかと思う。最近また、学校から帰ってくるのが遅くなってきた。帰りにタクシーに乗ることもある。母親に学校まで迎えに来てもらいたくて、甘えたい気持ちをもっているのか』

【八回（七月）】

この回は曜日の変更のため、プレイルームが使えなくなり、面接室のみを使うことになり、ここでフロステック技法を行う。しばらく行っていなかったこともあり、最初は枠に合わせて線を引く課題におもしろがって取り組んでいるが、すぐにあきてセラピストにフロステック技法を行うように伝えてくる。そのため、E子とセラピストで交代でフロステック技法を行うことになる。それでも、E子はおもしろくない様子で、積木をセラピストとE子とでどちらが高く積めるか競って、その後、紙飛行機を作ってどこまで飛ぶか競争する。紙飛行機はE子一人ではうまく折れないためセラピストも手伝って折る。この回は、やや不満足であったのか、終了の時刻となってもやめようとせずにいる。

『下校のときに何度か家に帰る途中でタクシーに一人で乗って帰ってくる。タクシーに乗らないときは、

家になかなか帰ってこず。どうすればまっすぐ帰れるのか』〔八月は夏休み〕

【九回（九月）】

児童相談所の近くまで来たからと、予定の時刻より早めに、母親、兄とともに来所する。兄と来るのははじめてである。この回も宿題を持ってきていないため、面接室は使わずに最初からプレイルームに行く。プレイルームに入ると、足で踏むと音の出るキーボードを見つけて、足で踏んでは音を鳴らして楽しんでいる。しばらく、キーボードで遊んでから、ボタンを押すと走るバスとパトカーを持ち出してくる。セラピストとE子は向かい合って、交互にバスとパトカーを走らせる。次に野球盤を見つける。これははじめてであり、E子は操作の方法がわからないため、セラピストがレバーを引いてボールを投げて見せ、教える。レバーを引くとボールが出ることがわかると、E子はいっぱいまでレバーを引き速く投げてくる。玉が速すぎてセラピストの打つバットに当たらないとE子は大喜びしている。野球のゲームをするわけではなくて、玉を投げてセラピストが打てないことを楽しんでいる。これまでは体を使った遊びが中心であったが、この回は机上のゲームも楽しめており、遊びの内容も多彩となってきている。

『家族でキャンプに行った。地域、ボランティアグループの行事にもたくさん参加して楽しく過ごしている』

【一〇回（一〇月）】

この回も最初からプレイルームを使う。プレイルームへ行くとき、はじめて母親から離れることを嫌がり、プレイルームの入り口まで母親についてきてもらう。入り口まで来ると母親にもプレイルームの中に入るようにとE子は要求するが、母親は結局入らずにロビーで待つ。滑り台に行くが、最初はぬいぐるみを上から滑らせており、ぬいぐるみについてE子が滑ってくる。何度かこれを繰り返して、次に電動のパチンコゲームを持ち出してくる。この遊びもはじめてであるため、セラピストから遊び方を伝え、手をレバーに置いておくだけで玉が飛び出すことがわかるとE子は大喜びして何度も行っている。さらに、E子一人で行うのでなくて、ぬいぐるみを持ち出してきて、ぬいぐるみの手をパチンコのレバーにかけて行って楽しんでいる。しばらく電動パチンコで遊んでから、以前に行った電話ごっこを行う。最初にセラピストが母親役になりE子からの電話を受ける。その後、セラピストがE子の役をとり、E子は友人の役で「家で何していますか」と話しかけてくる。

『学校からまっすぐに帰ってくるか確認のために、E子が家に着けば先生に電話することになっていたが、最近になりE子に負担になるかと思って電話することをやめた。そうすれば、以前より早く家に帰ってくるようになった』

【一一回（一一月）】

来所するなり、プレイルームに入りたがる。学校の鞄も持ってきているが、連絡帳のみで宿題を持ってきておらず、面接室での勉強はせずに、この回も最初からプレイルームに行く。プレイルームに入ると、手で押すと動くバスを見つけて、セラピストと向かい合って交互に走らせる。次にジグゾーパズルを持ち出してくる。E子は興味を示して取り組んでいるが、複雑な形となるとE子一人では組み合わせられずに、セラピストが手伝いながら行う。セラピストと二人で、ジグゾーパズルを分担して行うが、難しい部分をうまく組み合わせられるとE子は大喜びしている。次に、ダーツを見つけるが、これは手先の麻痺のため、うまく的に当てられずにおもしろくなくて、すぐにやめてしまう。この回はビニールトンネルを持ち出さずに、ゲームを中心に行う。

『最近、バスに一人で乗る練習を始めた。以前によく見られた学校からタクシーに乗ることは、最近減ってきている』〔一二月は冬休み〕

【一二回（一月）】

この回も面接室へは入らずに、母親にプレイルームへ入ることを要求して、E子はプレイルームの入り口で母親に中に入るようにと何度も引っ張っている。母親からセラピストに「入ってよいか」と聞いてくるため、セラピストから「入ってもらってよい」と伝えて、この回は母親も一緒にプレイルームへ入る。E子は部屋に入ると、棚からカラオケを持ち出してきて、母親に歌うようにと要求する。脳性麻痺のため発音は不明瞭であるが、カラオケでは大きな声を出してE子は母親と楽しそうに歌っている。母親と一緒に歌を歌いながらも、セラピストとはオセロゲームを持ち出してきて、盤上に白黒の駒を並べて遊ぶ。終了まで、E子は母親とセラピストと並行して、同時に二人と遊ぶことになる。

『学校の帰りにタクシーに乗ることは見られなくなった。家に帰ってくる時間を決めて、母親が学校と連絡をとると、脳性麻痺の影響でゆっくりでないと歩けず、少しでも早く家に着くためにタクシーに乗っていたようである。母親としては、帰ってくるのが少しくらい遅くなってもかまわないと思う』

3 考察

本事例においては、自由遊びに入る前に勉強の時間を設けて、学校の宿題を一緒に行うなど普通学級に在籍していたE子の現実的な負担を少しでも減らすかかわりを行った。E子が育成学級に移った時点で、すなわち、学校での負担も減りそのようなことをする必要もなくなった時点で、二〇分の勉強をやめて、五〇分の自由遊びに切り替えてもよかったかと思う。技法の修正については、村瀬[4]も器質的問題が中核にある場合は、「治療の開始時から過程の進展につれて、問題の性質や状態像は推移していくので、治療的アプローチはその必要性応じて当然変化されるべきものである」と述べており、導入期においては発達や子どもの置かれた状況に応じて技法の修正は必要であるが、セラピストはその修正の意味をよく理解して、そのことにいつまでもこだわることなく、その後の遊戯療法の経過のなかで、さらに修正を加えることが、より重要となってくる。本事例では、セラピストからの明確な枠の変更もなく、曖昧なまま、E子からの要求で最初の面接室での二〇分は省かれることが多くなり、プレイセラピーの場を自由遊び中心へと変更してきて、セラピストとしては指示的な立場から非指示的な立場への比重が大きくなり、現実的な問題から出発して徐々に内的な課題に触れていくことになった。

セラピストにとっては、ビニールトンネルを使った遊びは特に印象的であった。E子は脳性麻痺を伴っており、手先を使うより体全体を使って遊ぶことを喜び、トンネル内で寝ころび寛いでは、身体的な運動感覚を楽しんでいた。この遊びは、E子にとっては最初は感覚刺激そのものを楽しむことであったが、そのうち守られた空間内において、安心して過ごせる居場所となったことのほうに重きが置かれるようになった。もちろん、E子にとっては、運動感覚を楽しむことと居場所で安らぐことが別々なものと意識されているわけでなくて、同時並行的に行われているが、徐々に後者の比重が大きくなってきたようである。

弘中[5]は心の作業として、意義をもっている遊びとして、「かくれんぼ」を取り上げている。「かくれんぼは、自分を隠し、見つけてもらうことによって、子どもは自分という存在を身体的レベルで認識する意味を持つ遊びであろう」として、また、治療的に意味あるものとしては「自分は存在してよいのだという自己肯定感にほかならない。（中略）子どもはセラピストとのよい人間関係に支えられながら、人と関わることに自信や面白さを感じるようになり、さらには相手との適切な距離のとり方を会得するのである」と述べている。E子はビニールトンネル内において、身体感覚レベルでまさに体全体を使って自己の存在の確認を行っており、自己の居場所を見つけることで、自己という存在に気づき、その存在に自信がもてるようになってきたかと思われる。「かくれんぼ」は他者に自分を見つけてもらうことで自己の存在を認識するわけであり、遊戯療法場面においても遊具をセラピストとのかかわりの材料として、セラピストという他者の存在を通じて自己を確認することになる。E子の場合も、それまでは自己の存在に対する自信のなさから、多数の他者に対して必要以上に話しかけることで、自己確認の行動を行っていたが、自己の存在を遊びのなかで確認すると、それからはそのような過度に自己の存在を確認するための行動をしなくてもよくなったかと思われる。

しかし、これらの解釈については、言語的洞察が行われたのでなくて、あくまでもE子の行動から推測したものである。弘中[1]は「前意識的水準の心的活動は、本人の何らかの言語的な説明が伴わないかぎり、推測や解釈の域を脱しないものである」と述べているように、特に知的障害児の場合は言語的洞察を伴わないことが多いため、解釈のみを先行させることなく、遊戯療法の場での体験と行動変容とのつながりについては、今後さらに検討すべき課題であろう。

さて、このようにE子はトンネルの中に休息の場、やすらぎの場を見つけたわけであるが、近年、ヨーロッパを中心に感覚刺激空間を用いて知的障害児に最適なリラクセーションを提供する場として「スヌーズレン」が広がってきている。「スヌーズレン」とは太田篤志[6]によれば、その理念として「療法、教育法とは、利用者の機能改善や発達促進など治療教育的効果を期待して行われる実践であるが、(中略)そのような効果を期待しない楽しみや安らぎの体験である」と述べている。これまでの教育的治療的かかわりが勉強の時間であれば、スヌーズレン的かかわりは休息の時間である。E子はビニールトンネル内で体を揺すり寝ころぶことで、感覚刺激そのものを楽しみ、やすらぎの場を見つけた。それまでわき目もふらず、周りの期待に添って休むことなく明るく生きてきたE子にとって、遊戯療法の場面で見つけた休息は大切なことのようであった。

スヌーズレンの理念とは、このように効果を期待しないかかわりであり、楽しみの体験に徹するところにある。ここに遊戯療法における二律背反性が問題となる。クライエントは心理治療を求めて来所するわけであり、セラピストも変化を期待するわけであるが、現実的な効果を追い求めすぎると、やすらぎの場としての位置づけを忘れがちとなる。遊戯療法、心理療法における二律背反性については、河合隼雄[7]も「臨床心理学は多くの二律背反性をもつ。それゆえに、実に多様で多面的な思索を必要とするものである」としており、村瀬[4]も「空想と現実とをいかに統合的に生ききれるかが、プレイセラピストに問われる中心課題であろう」と述べているように、まさに、遊戯療法をやすらぎの場に徹することと、現実場面での行動変容を期待することは、二律背反する立場を統合するという課題を課せられた、セラピストにとっては大きなテーマであるかと思われる。

おわりに

これまで知的障害児へのアプローチとしては療育をはじめとして、発達を促進するプログラムが中心であり、彼らの心に焦点を当てたかかわりの重要性については十分認識されてこなかった。すなわち、知的発達の側面のみから見られ、その子どもの心の成長まで目が届かない状況であった。知的障害児である以前に、一人の心をもつ人であり、心への援助の必要な人である。誰しも子どもの視点に立つことなく、大人の視点からのかかわりが中心であった。今回、このような知的障害児に対する遊戯療法を見直す視点として、「やすらぎ」の意味を取り上げた。指導者、利用者の枠を越えた楽しみ、やすらぎの共有を求めるスヌーズレンの理念は、この視点を変える契機となるかと思う。

最後に、紙幅の都合で取り上げられなかったことについて、少しだけ触れておきたい。一点目として、母親とE子との関係も重要なポイントであった。面接時にはE子も同席であり、母親の洞察を求めるような突っ込んだ話はなされなかったが、回を追うにつれて母親のE子に対する姿勢にも変化が見られ、特に育成学級に移ることを母親が決断した頃から親子の関係は大きく変わり、E子も母親をプレイルームに誘って一緒にカラオケを楽しむようにまでなってきた。二点目としてはE子は脳性麻痺のため手先の操作の必要なことは苦手としていたが、これを補償するかのように、野球盤での遊びではレバーをいっぱいまで引いて玉を早く投げてはセラピストを困らせたり、電動パチンコのレバーに動物の手を添えて、次々と玉の出るのを楽しんでいた。これらの遊びは、E子にとっては魔法の手を得たようで夢のようなことであった。彼らにとって、河合も述べているように[8]「夢を現実のように、現実を夢のように」遊び、生きていくことは大切なことかと思われる。

〔文献〕
（1）弘中正美『遊戯療法と子どもの心的世界』金剛出版、二〇〇一
（2）東山紘久『心理療法と臨床心理行為』創元社、二〇〇二
（3）中沢たえ子『障害児の心の臨床――知的・情緒的障害児とその親の心』岩崎学術出版社、二〇〇二
（4）村瀬嘉代子「遊戯療法」〔前田重治編〕『臨床心理学大系第8巻　心理療法2』金子書房、一九九〇
（5）弘中正美「遊びの治療的機能について」〔日本遊戯療法研究会編〕『遊戯療法の研究』誠信書房、二〇〇〇
（6）太田篤志「スヌーズレン」月間福祉、全国社会福祉協議会、87（9）、八四～八七頁、二〇〇四
（7）河合隼雄『臨床心理学ノート』金剛出版、二〇〇三
（8）河合隼雄『イメージの心理学』青土社、一九九一

コラム

前思春期にある知的障害児の「生」と「性」

森石泰生

F君は小学六年生。軽度の知的障害とともに、脳性麻痺により四肢を自由に動かすことができず居間で寝ころがって生活をしている。「年の離れた姉は父母の不在を見計らっては彼氏を家に連れてきてセックスをし、自分は部屋から漏れる声を聞いてマスターベーションをしているのだ」と担任教師にこっそりと話すようになった。F君の母親の話では、父母がF君を自宅に置いて留守にすることはあってもわずか数十分で、F君の語る状況はこれまでない。F君はプレイセラピーの中でこの話を語らない。セラピストをかばい、いたわりながら、彼を襲う見えない敵に、何度も立ち向かう遊びを展開していく。

G君もF君と同じく小学六年生。彼も軽度の知的障害がある。彼は、休憩時間に教室の窓から運動場で遊ぶ子どもたちに向かって卑猥な言葉を大声で叫ぶ。それを聞いて顔を真っ赤にする友人や、注意するために血相を変えて飛んでくる教師の顔を見ては、大笑いをして楽しんでいるのである。しかし、彼もプレイセラピーの場面では、性的なことはほとんど話さない。儀式的なプレイを展開しては、亡くした母親を悼み続ける。

前思春期になれば、個人差はあるものの、性の目覚めが訪れる。障害の有無にかかわらず、その衝動は非常に強く、統制が難しい。理性によって抑えることが困難で行動化してしまいがちな知的障害児は、時おり、生々しくさえ感じる「性」を日常にさらす。それが知的障害に対する偏見を生んでしまっている。しかし、プレイセラピーの場面で出会う前思春期にある知的障害児たちは、日常場面で見せる、表面的で露骨である性的な表現とは異なり、自らの心を極めて繊細に描写する。「性」という字は「りっしんべん」に「生」と書く。プレイルームは、まさに「心が生きる」あるいは「心を生かす」ことができる場所であり、彼らの生の欲動を強く表現できる空間なのである。F君もG君も、自分の心をより生き生きと息づかせるために、懸命に戦い、懸命に祈り続けた。その回を重ねるごとに、日常場面での性的な表現は、ほとんど見られなくなっていった。彼らとの出会いから、「性」とは何かを改めて考えさせられる。性の目覚めは、心が生きることの目覚めである。心は表面的に満たされることを欲しているのではなく、奥深くから自分を突き動かし、成長させようとするものに真摯に関わることを欲している。

大江健三郎の『静かな生活』（講談社、一九九〇）の中に、近所に出没した幼児を襲う変質者を、知的障害をもつ兄ではないかと疑う話が描かれている。主人公は、兄が普段の行動とは異なり他家の生け垣に体を埋めていた現場を目撃したことから不安が一挙に増大する。結局犯人は別人だとわかり、また兄は生け垣の中で、その家から流れるピアノに耳を傾けていたこともわかり、主人公は安堵する。兄と深い絆で結ばれた主人公にも、知的障害への偏見は圧倒的な力で襲ってくるのである。

コラム

地域療育における遊戯療法

大谷祥子

各地方自治体で行われている地域療育は、それぞれの地域ごとに、その整備状況や形態などに差はあるが、乳幼児健診とのつながりも密であり、特に就学前の子どもたちとその親にとって、何らかの支援を受けられる貴重な機会であると言えるだろう。保健師、保育士、言語聴覚士など、さまざまな職種の専門家が関わっており、そのなかで、臨床心理士をはじめとする心理職が果たしている役割も大きい。しかしながら、もともと「療育」というものが発展してきた背景には、切り離せないものとして何らかの「障害」や「遅れ」ということがあり、その部分に直接的に働きかけようとする訓練的なアプローチに対して、「遊戯療法」は、なかなかその意義が認められにくいのが現状のように思う。

遊戯療法のセラピストは、客観的な「プラス／マイナス」の視点を離れ、その子どもの体験する主観的な世界に、歩幅を合わせて共にいようとする。またその子どもの抱える困難のなかに一緒に入っていこうとする態度をもつ。訓練的アプローチにおいても、個々の実践のなかにはこのような態度が含まれているものと思うが、遊戯療法では、それが徹底されるから守られ育まれるものがある。遊戯療法の場で、どのような課題にどんなふうに取り組むかは、それぞれの子どもによるが、その子ども自身が自らの「育つ力」をよりよく発揮できるようになっていく、という根本的な部分は共通であると言えるだろう。筆者の少ない経験のなかで、ではあるが、療育の場で出会う子どもの多くは、この世界に着地し根付くための手がかりを何とか見つけようとし、ぎりぎりのところで踏ん張っている、という印象で初回のセッションにやって来る。そうした子どもが自らの力を開花させはじめたときに見せる切実さは、裏返せば、その子どもがいかに自分自身のやり方でこの世界とつながる手がかりを探し続けていたか、ということを示しているように感じられる。人生の早期だからこそ、自ら生きていこうとする思いがくじけてしまわないこと、自らの「育つ力」を発揮していけるということは、何よりも大切と言えないだろうか。またそれが客観的な力の伸びなどに与える影響も大きいように思われる。

地域療育を訪れる子どもたちが抱えるものは多様であり、さまざまな職種が連携し、個々の子どもに合った支援を行うのが望ましい。そのなかで「遊戯療法」の果たせる役割も、もっと見直されてよいのではないかと思うのである。

第5章……発達障害をめぐって

1 自閉性障害の三歳男児とのプレイセラピー

橋本尚子

1 事例の概要（「 」はAちゃん、〈 〉はセラピストの言葉）

■クライエント　Aちゃん、三歳、男児。

■主訴　言葉が遅れている、落ち着きがない、何事も長続きしない、という主訴で来談。

■生育歴および問題歴　三九週、二八二八gで母親に筋腫があったため帝王切開で出生。歩きはじめ一歳。一歳ではワンワンなどの言葉があったが、一歳半すぎから消えていき、動きが激しくなった。動きが激しく何をするかわからない、二階から物を投げる、裸のまま外へ飛び出していき、迷子になり警察に保護されたこともあった。

■家族　父、母、祖母、本児の四人家族。

■インテークの見立て・方針　入室を嫌がるので、だっこして入室。部屋を円を描くように走る。ボールをバットで転がす。セラピストがそのボールを返すとうれしいようではあるが、やりとりにはならない。時計の秒針が動くのに合わせ「う」〈う〉「う」〈う〉というやりとりはしばらく続く。走る合間に時計を部屋の中央に置く。おもちゃのとんかちでセラピストの頭を叩きに来たり、床を叩いたり、太鼓も叩く。残り一五分で退室要求。だっこをやめると泣き出す。だっこして一緒に鏡に映るとうれしいよう。しかしまた泣き、泣いてはだっこをする。このときセラピストにははじめて本児と関われた感触があった。

■外見・印象　背はすらっとしている。視線はまったく合わず、言葉は皆無である。かかわりの難しさゆえであろうと思われるが、野生児のような印象。時計のやりとりが印象的であった。

■見立て　過度のこだわりなどはみられず、知的な障害も考えられたが、視線の合わなさ、愛着の成立していないこと、激しい多動性などから、自閉性障害と考えた。

■対応　週に一回のプレイセラピー。母親は別室で、別のセラピストとの面接。

2……………面接経過

二年九カ月（計八二回）の面接の経過を九期に分けて報告する。

【第一期〔二回〜一〇回〕】セラピーの始まり

［二回］時計の秒針に合わせて交互に「う」〈う〉という遊びの後、だっこで一緒に時計を見る。その下の鏡で、セラピストにだっこされたまま、鏡に映る自分とセラピストをうれしそうに見ている。しばらくそのまま遊ぶが、突然、激しく泣き出す。鏡の中に突然何かが見えたような感じで、非常に激しく、ひきつけを起こすのではないかと心配になるほどの泣き方。少し泣きやみかけてもまた激しく泣き、だっこをしたりおろしたりの繰り返し。おろしても、セラピストのひざに顔を突っ伏して泣く。セラピストはAちゃんの頭をなでたり、背中をとんとんしながら、Aちゃんの名前を何度も呼ぶ。

初回でも一緒に鏡を見る遊びはあったが、二回に鏡を見てAちゃんが激しく泣いたとき、セラピストには、Aちゃんの世界に今までにはない何か恐ろしい亀裂が入ったように感じられ、ただ必死でAちゃんと一緒にいた。ラカンの「鏡像段階」では、自己意識の成立過程において、鏡の果たす役割が言われているが、このときAちゃんはその第一段階にも至らない、ほんの萌芽であるようなものに、一瞬触れたという感じだったのではないか。セラピストはAちゃんと一緒にいながら、「Aちゃんはここにいるんだよ」と祈るような気持ちでAちゃんの名前を呼んだ。それは、Aちゃんが自閉的な世界を出て、この現実に触れていく大変さ、それでもそれを生きなければいけないことや、Aちゃんが今感じている世界の混沌の恐ろしさのようなものを強く感じたからである。

［三回］泣きつつもだっこされ、腕をセラピストの首にまわし、顔を胸につけ、泣きながらだっこを味わってもいるよう。この回以降泣いてだっこで過ごす時間もあるが、徐々にプレイルームで遊びはじめる。この時期、セラピストはAちゃんのかすかな感じから、何がうれしいのか、何が好きなのかを、たぐるようにして感じ取ることをしている。Aちゃんの目線をたどり、換気扇をつけたり、Aちゃんの押すピヨピヨコンサートに合わせセラピストが歌う。すると、おもちゃのボタンをセラピストに押させたり、セラピストにおもちゃを渡してくれたり、遊びの範囲が少し広がる。

［九回］絵をかきつつ、「あー」というAちゃんの声を聞く。少し目が合うことも増えたものの、直接的な関係は嫌なよう。しかし、この時期、来るごとに、野生児から、〝かまわれている子〟になっている感じ。そんななか関係に変化が生まれてくる。

【第二期［一一回〜一七回］】セラピストを発見するAちゃん

［一一回］Aちゃんは、揺れる感触を楽しむように何度も水の入っていないビニールプールのふちにポーンと座る。セラピストが少し疲れてプールの中で休むと、ブーピーカーに乗ったAちゃんはいつになくセラピストをしっかりと見て近づいてくる。そして、セラピストの入ったプールをボーンと持ち上げひっくり返そうとする。〈きゃー落ちるー〉とセラピストは一瞬どうなるかと思う。しかし、プールはうまく戻って、Aちゃんもセラピストも同時にげらげら笑う。こんなに一緒に笑うのははじめて。その

後もAちゃんは何度もプールを持ち上げ、セラピスト〈きゃあ、こわいー〉。二人でげらげら。五回くらいして、Aちゃんは人形を取り出す。自分の腕に人形を寝かせて目がぱちぱちするのをじっと見る。そしてそれをプールへ。もう一つの赤ちゃん人形も、とても大事そうに持ち、プールへ。ぬいぐるみも。そしてプールをまた持ち上げる。〈きゃあー〉。この回以降、一緒に手をつないで入室するようになる。

この回、今まで、あまり周りの物や風景と区別されていなかったセラピストが、はじめてAちゃんにぼんやりとではあるが、感じられたのではないだろうか。セラピストとの遊びのあと、人形やぬいぐるみなどにも同じことをしているが、セラピストや人に近いもの（人形）が、特別なものとして彼の目の前に現れつつあったのが、この回ではないかと思う。それはまだぼんやりとしたものであり、セラピストが一人の人であるというよりも、人形とも同じようなあるいは違うようなという感じだったのではないだろうか。

この回以後、セラピストをじーっと見たり、反応を待ったり、また、こちらの反応がAちゃんに入ったり、Aちゃんからの要求も増えはじめ、交互にする遊びも出てくる。それに伴い発声が非常に増えてきた時期であった。じょうろからいろんな器に水を注ぐことを何度も繰り返す。Aちゃんが押すピヨピヨコンサートに合わせて、セラピストが歌って手拍子をするのをじっと見て自分でも手拍子をしてみる。画用紙を破っては、破りやすいよう支えているセラピストに破片を見せてくれる。セラピストにも「はい」とはさみをくれる。遊びのなかでセラピストがかける声と同じような音程で何かを言う。電話の遊びでも、音程でのやりとりになる。壊れた電話のダイヤルを見て「あーあ」とセラピストに直すように求める。ほかの遊びでもうまくいったときには拍手を求め、セラピストが拍手をすると、それを何度も求める。うまくいかないときは「あーあ」など言う。うれしいときは、手を叩く仕草や、うれしそうな表情。吹くとぷーっと音の鳴る風船を、何度か交互に吹く。ほかに、電池をはんこにして折り紙に押す。

Aちゃんが手にもインクをつけ、その手形を二人でとる。セラピストと交互に電池はんこを押し、正面からじっとセラピストを見る。手を叩くことを求めるので叩くと、手をじーっと見るので、セラピストが両手を広げて差し出すと、セラピストの手のひらにはんこを押す。遊びに集中力が出てきて、声がすごくよく出るようになっている。少し関係がついてきている感じ。この後両者の都合で三週間開く。

【母親面接より】

よく声を出すようになっている。テレビを見ていても「わんわん」と言うが、犬でも猫でもライオンでもわんわん。甲高い声でけらけらよく笑う。口に物を入れたがる。

【第三期〔一八回～二六回〕】 セラピストの模倣、情緒的かかわりの芽生え

セラピストと同じことをしようと、じっとセラピストを見ることが増える。セラピストがAちゃんに〈どうぞ〉とボールを渡すと、その後ふとした遊びの最中に「どうぞ」と言う。腕人形をAちゃんが自分ではめたがすぐにはずしたので、セラピストが、自分の手にはめ〈Aちゃん〉と話しかけると、Aちゃんも急いで別の腕人形を手にはめ、セラピストの人形の口に、Aちゃんの人形の口をぱくぱくする。また、入室のとき、セラピストが脱いだスリッパをじっと見て、自分の脱いだあともじっと見る。シャボン玉では、セラピストにストローを渡し、自分のストローでも吹き、セラピストのストローでも吹く。二つのストローを交互にAちゃんは吹き、シャボン玉を目で追う。セラピストにもっとシャボン液をつけるように要求したり、じーっとセラピストの顔を見たり、目がしっかり合う。セラピストが〈Aちゃん〉と言うと振り向く。Aちゃんのシャボン玉がすぐこわれるので、〈ゆっくり吹くのよ〉と言うとゆっくり吹く。情緒的に関われる瞬間ができてきている。四月から幼稚園へ行きはじめる。

〔二二、二三回〕プレイ中におしっこをもらしてしまうことが続く。ピヨピヨコンサートでは一つひとつ

Aちゃんがボタンを押し、セラピストがAちゃんの身体をとんとんと、歌に合わせて叩いたりしながら、Aちゃんの求めに応じ、二〇分から三〇分、ずっと歌うことも。Aちゃんはとても集中し、自分もちょっと口を動かす。そのとき一瞬ぱっとセラピストのほうを見る。

【第四期［二七回〜三一回］】 エネルギーがまとまり、眼差し、遊びに相互性が生まれる

Aちゃんのエネルギーがまとまりを増す。Aちゃんは風邪だが来談。テニスラケットでボールを転がすやりとりでは、遠くへボールが行っても注意がそれてしまわず、Aちゃんは追いかける。帰りにはセラピストが〈バイバイ〉と言うと、はじめて「バイバイバイバイ」と言う。シャボン玉では、液をセラピストのもつけて渡してくれる。そしてセラピストが吹くのをじーっと見ている。セラピストが吹いて、できたシャボン玉をAちゃんは大事そうにこわさないように、そっと手で触れる。プールでセラピストから離れたり、近づいたりしてぴょんぴょん。シーソーのように二人で揺れを楽しむ。二人でプールのへりや中に寝転ぶとAちゃんは寝転んだまま、じーっとセラピストを見つめる。その後、Aちゃんはたーっと走り、ボールを手に持ち、セラピストに向かって投げてくる。セラピストもそれを受けてAちゃんに投げ返す。こんなにきっちりと相手に向かってボールを投げあった感触ははじめて。おままごとでは、切った野菜をきれいにお皿に並べ、お箸を持ってそれを食べる。はじめてのことで、セラピストは驚く。二人でいろいろ食べる。Aちゃんは、セラピストが食べるところをじっと見ている。セラピストがAちゃんににんじんを渡すと、Aちゃんは「まんまんまん」と言いつつ食べる。帰りは、母親が靴をはくのを、Aちゃんがはじめて待っている。母親面接者にも自分から「バイバイ」と言う。子どもらしく、かわいくなってきている。

［三一回］セラピストの髪型が変わったせいもあり、入室をためらい、セラピストの顔をじーっと見、

頬に触れ、髪を触ってくる。ぴたっとセラピストの横に寄り添ってくる。それから入室。今までになく、一つひとつの器にじょうろで丁寧に水を入れていく。今までは勢いが強すぎて水がたまらなかったが、どの器にも水がたっぷり入る。おもちゃのピアノを出して、順番に一つずつ上から音を出していく。一つひとつの音が響く。発声が増えたこととも重なり、言葉の前の、音の言葉、音のかたまりではなく一つひとつが意味ある音として、Aちゃんに感じられはじめているようであった。積み木では二人で一緒に声を出し、セラピストに「こおこおー」と〈ころころ〉言うことを要求。クーラーの風に当たるとき〈冷たいなー〉と言うと同じトーンで「〇〇〇なー」と。

【第五期 〔三二回〜三七回〕】 セラピストが安全基地に

Aちゃんはますますまとまりを増す。二人で一つのことをする感じ。身体接触も増える。しかし、入室へのためらいや、退室要求などもある。

シャボン玉ではAちゃんが吹いたシャボン玉をセラピストが受けて吹き返し、またAちゃんが受けることを何度も二人で大事にやる。Aちゃんはうれしそう。Aちゃんに今までどおり、セラピストのシャボン玉器を渡すと「ううん」と意思をはっきり表す。セラピストはセラピストの、AちゃんはAちゃんのシャボン玉器で一つのシャボン玉を大切に交互に受け渡す。優しく、慎重で静かなやりとりであった。セラピストには、この遊びは魂や言葉というイメージにもつながるものであった。いくつかの器に水を少しためて、Aちゃんは筆で自分の足に薄い色水をぬりはじめる。何度もぬっている。セラピストが器の水をAちゃんの足にかけるとうれしいよう。たくさん器をならべて、そこにじょうろで水をためるのをセラピストも手伝い、その水を一つずつAちゃんの足にかけていく。Aちゃんは筆を使って、その水で自分の足を洗うようにぬる。そこにまたセラピストが水をかける。厳粛な感じがするとても印象的な遊びであった。

［三三回、三四回］一カ月の期間が開くがそれを感じさせない。セラピストに触れてくることが増え、遊んでいる間もAちゃんの身体のどこかがセラピストに触れている。また、離れて遊んでいても、確認するようにそばによってきて、セラピストの顔を見て、また遊びにいく。追いかけっこをしたり、水鉄砲でセラピストを撃ち、倒れるのを喜ぶ。セラピストが来るのをプレイルームの前で待つようにもなる。この時期セラピストは、自分がしっかりAちゃんの目に入っており、存在を認められている感じがしている。Aちゃんの表情はとても豊か。終了後、母親に、何かを語りかけるように顔を近づけ声を出す。家でも母親がAちゃんの身体のどこかに触れていると静かだとのことであった。

この頃は、Aちゃんの成長が本当にうれしく思え、Aちゃんの中でセラピストや母親がはっきりとした像を結びはじめていることがセラピストに実感されていた。しかし、退室要求が増えていたことにも現れるように、そのときのAちゃんの不安をセラピストは見逃していたように思う。Aちゃんの世界の変化のよい面だけをセラピストは見ていたのではないかと反省させられる出来事があった。次の三八回でのことである。

【第六期　［三八回〜四七回］】セラピストの傷つき、外側と内側

［三八回］母親に「バイバイ」してプレイルームへ行きかけるが、思わず泣きそうになり、母親のところへ戻る。時計を示して説明するとプレイルームに行くが、また母親のところへ。Aちゃんの強い意志のようなものを感じ、そのままにすると、Aちゃんは親面接の部屋に入る。セラピストも少し入るが、何となく入りにくく、外へ出る。Aちゃんはそのまま親面接の部屋に母親らと入ったまま鍵をかけてし

まう。セラピストは一人で時間まで外で待っている。Aちゃんはセラピストが入ってこないか鍵のそばで様子をうかがっていたそうである。

この体験はセラピストにとってつらいものだった。しかし同時にそのときさまざまなことを考えさせられた。セラピストが体験している寂しさや悲しさはAちゃんもどこかで体験しているものなのではないか。Aちゃんの中で、セラピストや母親の像が鮮明になり、母親への甘えも生まれはじめたことはセラピストにとって喜ばしいことであったが、Aちゃんにとっては、自閉的世界の守りが揺らぐ不安もあったのではないか。はっきり母親（またはセラピスト）を認識すること、誰かをしっかり認識し、関係ができるということは、誰かがいないことを認識することでもあること。セラピストと一緒にいるということは、その間母親とは一緒にいないということ。誰かの存在が意識されるとともに、不在も意識されるようになるという、関係を生きはじめることの痛み。また、言葉を話すことは、こぼれ落ちるものを抱えて生きることであり、対象が分化することもまた排除されるものを自ずともつことであること。セラピストは、Aちゃんが母親に愛着を示しはじめ、セラピーでも関係がよりしっかりしたものになりつつあることに気をとられ、Aちゃんにとって関係を生きるということがどういうことなのかに思いをはせてはいなかった。これらはすべて当たり前のことなのかもしれないが、身にしみて感じつつその時間を過ごした。

[三九回]心配したが、はじめてシルバニアファミリーの家で遊びだす。窓やドアの開閉をおもしろがり、外から手を入れたり、自分が入ろうとして窓から足をつっこむが、入らず、「いやー」と怒る。しかしすぐケーキやパンなどを窓から入れる。「ぱんー」などとても大きい声で、意味のある言葉が出はじめる。赤ちゃんをベッドに寝かせ、布団と枕も置く。遊びの質が変化したことを感じる。以後、言葉は不明瞭ながらも、何かを話しながら遊ぶ。「ころころー」と言ったり「ボール」とも。しかし、時間中に切実

な退室要求がある。セラピストが時間を示し、〈もう少しね〉と言うと、また遊び続ける。

［四四回］それまで、裏向きだった「バイバイ」の手が、普通の向きに変わる。おままごとではお皿に「入れるー」「できたー」などはっきり聞き取れる言葉も混ざりはじめる。

【保育園の先生より】

最近遊べるようになった。積み木でそれらしい遊びをしたり、他人に関心が出てきて、人のいるところが好きになってきた。周りに人がいることをわかってきている。相手になるとにっこり笑う。言葉も「くつ」など。発表会でも大きな声で自分の名を「Aです」と言えた。時間排泄も失敗なし。前は大変だったが全体的にしっとりと静かになってきた。

【第七期　［四八回〜五五回］】　赤ちゃんとお母さん

目をしっかり見て笑うようになり、顔のかわいさが増す。遊んでいる間も身体の一部がセラピストに触れている。セラピストにペンを渡し、絵を描くことを求める。まず、Aちゃんの顔を描く。次に時計を描く。Aちゃんが指で針をかくところを指すので、そこに針を描く。二人で一緒にペンを持って時計を描いたり、Aちゃんが一人で時計らしきものを描くことも。シルバニアファミリーの母親と赤ちゃんを向かい合わせて座らせ、「赤ちゃん、ねんね」。ほかにも「おかあさん、きた」など二語文が増えてきている。

【第八期　［五六回〜六六回］】　他者の視線の始まり

「かおーかおー」「とけー」と言ってセラピストに顔や時計を描くことを要求。二人で息を合わせて〝せーの〟で積み木を投げたり、踏み切り、信号に興味を示す。「これなにー」と聞いてきたり、目に入るものの名前を言ったりすることが増える。自分のやったことをセラピストに真似させ、また自分がやり、と何度も二人で交互にする。自分がさわったものを同じようにセラピストにさわらせたり言わせたりを交互にする。以前の交互の遊びとはまた違い、セラピストに同じことをさせることで、Aちゃん自身のやったことをAちゃん自身が見るという感じである。Aちゃんがおもちゃのご飯をセラピストに食べさせることもある。水鉄砲で撃ち、セラピストが逃げるのを追いかけてくる。セラピストが隠れたり、それを見つけて撃ったりするのが非常に楽しい様子。絵の具をぐちゃぐちゃにし、画用紙で手形をとったりも。非常に生き生きしたものがAちゃんに生まれてきている。しかし、分離不安も強くなり、プレイ中の退室要求も増えている。

［六五回］最初元気がなかったが、母親に聞くと、前日に園で、三歳児とぶつかって怪我をさせてしまい、お昼寝でも、帰ってからもしくしく泣いていたと。最近、よく泣くとのことであった。この後一カ月開く。

【第九期 ［六七回〜八二回］】「おかあさん、だいじょうぶ」。セラピーの終了

また背が高くなったようで、顔がとてもすっきりしている。いろいろな要求を言葉でセラピストにすることが増えてくる。先に入室しようか、という母親の問いに「入らない」とはっきり言ったり、「Aちゃん、あおで」「せんせ、しろで」と白をくれるので、それで描いていると、「かけない」と違う色をくれることもあった。ずっと描いていた時計は、本物を横に持ってきて、それを見ながら描くことがあった。また機関車のトーマスを行ったり来たりさせ、信号に合わせて動かしたり、止まったり。

［七五回］赤なのに行ったり、青なのに止まったりの信号無視を、すごくうれしそうにする。しかし、母親と離れがたいようで、さっとは入室できない。退室をめぐっての「おかあさん、行こう」〈お母さん、

大丈夫、待っててくれるから〉というセラピストとのやりとりが、何度かあった。帰るときに親面接室で、Aちゃんが四人分のお茶（お湯）を入れて、みんなで「かんぱーい」をすることが、七九回から最終回まで続いた。それは終了を告げた頃と重なっていた。Aちゃんなりに終わりを感じていたのだろうか。

〔**最終回**〕今までのさまざまな遊びがなされた。また、退室したい気持ちを自ら支えるように「おかあさん、だいじょうぶ」とつぶやきつつ、遊びを続けることがあった。彼の心の中のお母さんが、少しずつできてきているように思われた。

【母親面接より】

家でもすごく変化してきている。言うことがすんなり入る。しかし、こだわりもきつくなってきている。

セラピストとのプレイは、セラピストの都合でここで終了となり、別のセラピストへ引き継がれた。その後小学校入学まで、一年間セラピーは継続され、終了となった。小学校は、障害児学級へ入学することになった。目の離せなさはやや残っているものの、会話は成立するようになっているとのことであった。

3 考察

野生児のようだったAちゃんはどんどんかわいさを増し、野生児の面影はすっかり消えていった。関係性を生きはじめ、エネルギーがまとまりをもちはじめたためであろう。ここで全過程を振り返ってみたい。

初期では、二回目で、セラピーへの覚悟はできたものの、あるかなきかの関係性のなかで、この時期セラピストはＡちゃんの遊びを見守るという感触はまだもちえず、見ているという感じに近かった。しかし、次の変化を生み出すための基盤になる時期であった。

第二期一一回は大きな転機となる。伊藤[1]は見ることは主体的な行為であり、さらに他者のまなざしを受け入れることは他者の主体性を受け入れることであると述べている。はじめてセラピストを発見したＡちゃんは、このプロセスの第一歩を踏みだしたといえる。この後、Ａちゃんとの関係は少しずつ鮮明なものになっていく。しかし、第二期のＡちゃんからセラピストへのまなざしは、セラピストの発見後、セラピストが反応することも発見し、それを確認するという感じであった。時に動作や声のトーンの模倣も出はじめている。

続く第三期では、セラピストと同じことをしようとすることが増える。セラピストとの一体化、同一化の兆しのようにも思えた。セラピストにもシャボン玉器を渡してくれるのだが、Ａちゃんが自分とセラピストのシャボン玉器の両方を自分で吹くことは、Ａちゃんが自分であり同時にセラピストでもある感じであった。

第四期に入ると、セラピストが、対象としてかなりはっきりしてくる。エネルギーの方向にまとまりが生まれる。この時期Ａちゃんとプールでじっと見つめ合った後のボールのやりとりに、セラピストは今までにないお互いの存在感を感じる。まなざしの相互性とともに、遊びにも相互性が出てきたと言える。

第五期にはそれぞれ別のシャボン玉器で一つのシャボン玉をやりとりすることがあったが、二人の存在が分化したようにも思われた。セラピストの顔を確認して遊ぶことが増え、セラピストが安全基地になりはじめる。そのようにセラピストがＡちゃんにはっきり認識されはじめることとともに、Ａちゃんが筆で洗うように自分の足の輪郭をなでるというＡちゃん自身の身体の確認とでもいうような遊びが出てきた。またこれをセラピストと共有できたことも大切であったと思われる。

第六期の三八回ではセラピストは非常に傷ついた。関係が生まれる、愛着が成立する、言葉が生まれるということは、発達やセラピーの一つの指針である。しかしそれは、あくまで理論としての指針であり、それに気をとられていると、実際に子どもが体験している世界を置き去りにすることになってしまうことがある。Aちゃんはそんなセラピストに対し、強烈なNOを投げてきたのかもしれない。また、流れとしてみると、この三八回を機に遊びの質が変化している。はじめて遊びに家や赤ちゃんが登場する。セラピストを締め出したことで、自己を支えるものとしての内面が生まれたのかもしれない。ドアや戸への興味からうち（内面）と外ができてきていること、開くことと閉ざすことなどは、意味のある言葉が出てくることや、身体感覚のまとまり、こころのイメージにもつながるものに感じられた。四四回ではバイバイの時の手のひらの向きが普通になり、単なる模倣の成功ではなく、主体としての身体感覚のまとまりを感じさせた。この時期におしっこの失敗がほぼなくなっている。

第七期は対象関係を思わせる、赤ちゃんとお母さんのセットが登場し、家庭での場面のような遊びがみられた。

第八期はAちゃん自身や、セラピストの存在が鮮明になり、周りもよく見えるようになってきた時期であった。セラピストのすることを見る意味にも、自分のしたことと同じことをセラピストにさせて、それを見る、というように、伊藤[1]の言う他者の視線で自分を見るというものが含まれつつあった。かくれんぼ的な追いかけっこなどは、主体的に存在を発見する楽しさに加え、目に見えなくても存在し続けるという対象の恒常性やイメージの連続性にもつながる遊びであった。

第九期では第八期に引き続き、現実が見えはじめたAちゃんにとって不安が増す時期であった。本物の時計を横に置いて絵を描くことは、イメージと現実の照らし合わせにも思え、電車や人が赤信号を無視して進む遊びを喜ぶことにも、現実のルールがAちゃんに入ってきたことを思わせた。こだわりがきつくなっていることも、不安からの守りの意味があったのだろう。この頃、セラピストは、Aちゃんに今までの興奮のようなものが減り、何かが入る隙間のようなものができてきたと感じていた。これは、第八期で人に怪我をさせ、しくしく泣くというエピソードがあったが、自閉性という防衛が減ってきたことで、怪我に等しいような、心がさらされるような現実がAちゃんに入ってきたことをセラピストはそう感じたのかもしれない。しかし、「おかあさん、だいじょうぶ」の言葉のように、自分を支えるイメージもまた心にもちはじめていたと言える。

セラピーはこの後、別のセラピストに引き継がれた。関係性を生きはじめること、他者の存在への気づきがセラピストとともになされた仕事であった。新たな治療関係のなかで、今後さらにこれらの仕事が深まり、現実での体験などから生じるさまざまなことに対して心の器を作っていく仕事がなされていくであろうと思われた。

おわりに

Aちゃんとの面接のプロセスは、ゆったりした時間と場所に守られていた。即効性が期待されるなかでは、このような関係は生み出されなかったであろう。関係性以前の子どもは、茫漠とした孤独のなかにおり、それゆえ、自閉的な守りのなかで生きていると言える。関係性が芽生え、この世への着地とも言える愛着が成立していくことは、人間としての痛みを生きはじめることでもある。そのことを見落とさず、こころに寄り添っていくことが大事なことであると、Aちゃんは教えてくれたように思う。

［文　献］（1）　伊藤良子『心理治療と転移――発話者としての〈私〉の生成の場』誠信書房、二〇〇一

2 高機能自閉症

——一歳一一カ月からの母子心理療法

吉岡恒生

はじめに

カナー（Kanner, L.）が自閉症を世に紹介してすでに六〇年が過ぎた。その間、自閉症の本質をめぐる説はめまぐるしく変遷し、いまだ定説と言えるものはない。[1] 筆者が一二年前に障害児治療教育センターに赴任した頃は、ホブソン（Hobson, R. P.）の「感情認知障害説」、バロン＝コーエン（Baron-Cohen, S.）の「心の理論障害説」といった自閉症児の心に目を向けた学説が紹介されはじめたものの、七〇年代を席巻したラター（Rutter, M.）の「言語認知障害説」の呪縛から開放されていない時代であった。つまり、行動療法はいざ知らず、母子心理療法（あるいはプレイセラピー）を口にし、実践するには肩身の狭い時代であった。養育環境に病因を求めた六〇年代の環境論的見解が否定された余波を受けて、ともすると家族とりわけ母親に責めを負わせるかのようなイメージがつきまとう心理療法的アプローチの強調は、前世代の遺物であるかのようにみなされることもあった。脳の病気なのにどうして対人関係や情緒発達に焦点を当てるのか、言語認知障害説の立場からは、治療論としての説明がつきにくい。しかし、自閉症児は自ら対人関係を形作っていく志向性が弱い状態で生まれついたため、治療あるいは療育としてその弱点を補う働きかけが必要となる、と考えるとどうであろうか。乳幼児期早期の場合、対人関係のなかでも、母子関係は格別重要である。それゆえ、子ども側の人を志向する力が弱いために母親が子に情緒的に接触しにくくなるという悪循環を、より早い時期に緩和させていく働きかけこそが、自閉症児への乳幼児母子心理療法の眼目なのである。

実際、臨床経験を重ねるにつれ、集団母子療育との並行という前提つきではあるが、自閉症児をより早期にインテークし母子心理療法に導入した場合、顕著な効果が得られることを確信するようになった。カウンセラーとして、母親の心の揺れに寄り添って育児不安を和らげ、母子の情緒的絆のつなぎ役として機能しつつ、障害児臨床の専門家としてのアドバイスも交えて子どもの成長を見守ることによって、子どもの成長が促されるのである。最近の論文でも、超早期に発見された自閉症児一〇名に対して、個別および集団療育を並行して行い、その結果良好な発達を示していることが明らかにされている[2]。筆者自身、ここ数年、一歳代あるいは二歳代前半にインテークし、母子心理療法の導入によって良好な発達経過をたどっている自閉症ケースをいくつか経験している。その経過の特徴は、自閉症自体が治癒されるわけではないが、親の最初期の障害受容の進行のもと、高機能あるいはアスペルガー型の経過を示していくことである。

自閉症の本質および治療論については、筆者は主に滝川一廣の考えに依拠している[1]。滝川は、精神発達を、①まわりの世界をより深くより広く知ってゆくこと（認識の発達）、②まわりの世界とより深くより広く関わってゆくこと（関係の発達）の二軸からとらえ、②の軸に沿って遅れが前面に出たのが「自閉症（広汎性発達障害）」であると考える。つまり、自閉症児は、まわりの人と能動的にかかわりをもって人との関係をより深く、より広く伸ばしてゆくところに大きな遅れ（力不足）をもっている。それが放置されると、人とのかかわりの積み重ねを通してはじめて発達可能なその他のこころのはたらきにおいても遅れを招き寄せることになる。それを少しでも防ぐためには、人との交流をできるだけ伸ばすようなはたらきかけができるだけ早期からなされなければならない[3]。

本稿では、一歳一一カ月時にインテークし、約二年間の母子心理療法（週一回）を経て、母子分離し週一回のプレイセラピー（大学院生担当）と月一回の母親面接（筆者担当）に移行したケースを、母子分離する以前の母親面接の内容を中心に紹介する。言葉がほとんどない時期にインテークするが、二歳代で言葉が着実に伸び、自閉症特有の奇妙なこだわりはあるものの対人関係も伸びていった。本児の成長には、心理治療とほぼ同時にまず週一回、二歳一〇カ月時からは週三回通った、集団母子療育の影響が大きいものと思われる。年少からは保育園で加配の先生をつけない状況で受け入れてもらい、先生からは「そんなに手はかかりません」と言われ、本人は園で楽しそうに過ごしているとのことである。

1　事例の概要

■クライエント　母親Bさんと自閉症男児Cくん（インテーク時一歳一一カ月）。

■来談経緯　子どもが自閉症だと確信し、療育を受けたいと思ったとき、インターネットで大学の障害児治療教育センターのことを知った。

■家族　会社員の父親と三人家族。両親ともに県外出身で祖父母は近くにいない。

■生育歴　在胎三九週。出生時体重三四〇〇g。くびのすわりは四カ月で、他の子に比べ遅いと思った。乳児期、夜泣きはあったもののおとなしかった。母乳で育てたが、授乳中、母親の顔を見ることはなかった。はいはいはじめは九カ月、歩きはじめは一五カ月。人見知りは遅かった（一八カ月）。初語は、一歳二カ月のとき「(照明が）ついた」という言葉だったが、それ以後一歳九カ月までまったく増えなかった。一歳半健診のときは、積木課題くらいしかできず、指差しはできなかった。それ以前から奇妙な行動が多かったので、心のどこかに自閉症を疑う気持ちがあったが、一歳九カ月のとき自閉症をキーワードにインターネットを調べて確信した。その頃、インフルエンザで四〇度の高熱が一週間続いた（一日中ほとんどずっとだっこして看病していた）後、急におかあさん子になり、スーパーなどで自分の視界からいなくなるだけで不安を示した。

それを機に再び言葉が増えはじめたが、主に語尾・語頭で物を表す言葉だった（例、［いち］ご、ば［なな］、［でん］しゃ）。音に対して敏感で、月一回の育児サークルでリズム体操の音楽が始まると、必ず火がついたように泣きはじめた。両親以外に抱かれるのを極端に嫌がった。歩き方はつま先走りでよくこける。数種類の食物に対しアレルギー反応があり、アトピーがひどい。

■臨床像　車などを並べて遊ぶのが好き。セラピストが母親と話をしていると、時おり母親のほうを振り向いて、玩具を指し示す。そんなときは、セラピストとも目が合う。

■発達検査の結果　二歳〇カ月時に乳幼児精神発達検査（津守式）を施行したところ、発達指数（DQ）は七五であり、「理解・言語」の遅れが目立っていた。

■治療形態　週一回の母子同席面接（プレイルーム）。五〇分のうち前半はBさんの話を聞き、後半はBさんとともにCくんに関わることにする。毎週母親はA４一枚の「今週の気づき」という自由記述アンケートを記入し、それをもとに話を聞いていく。アンケート項目は、「困った出来事」「母子（父子）交流〜接するなかでのおかあさんのお気持ち」「お子さんの成長・行動の変化」「その他日常で感じたこと」「治療者へのご意見・ご質問」である。

2　面接経過（「　」はCくん、〈　〉はセラピスト、『　』はBさん、その他の人の言葉）

ここでは、「今週の気づき」を引用しつつ、治療構造の変化から、保育園に入園するまでを二期に分け、治療経過を記述していく。

【第一期［一回〜二三回］一歳一一カ月〜二歳五カ月】　母親の揺れる気持ちを肯定的に聴きつつ、母子のより安定した関係作りを促していくこの時期、言語が飛躍的に伸び、一音節の言葉のみであった（一回）のが、二音節の言葉（「こーき」「飛行機」）（一〇回）、要求の言葉（「おちゃ」）（一三回）が発せられるようになった。「かあさん」「とうさん」（一六回）も言えるようになり、「にゃんこ、ねんね」（一七回）などの二語文も出てきた。「かあさん、あし、いたい、いたい」（一九回）と言ってなでてくれる、といったエピソードも報告されるようになった。二歳三カ月時点、児童相談所（以下、児相）で療育手帳C（軽度知的障害）の判定を受ける（DQ七五）。

面接は、〝今週の気づき〟をセラピストが読み、Bさんがそれに自由連想していく形で進んでいった。さまざまな気持ちが記入され、さまざまな連想がなされた。Bさんの気持ちの流れをたどるために、少々長いが、以下にそれらの抜粋と、セラピストの応答を記す。

子育てへの心理的援助という点で最も重要な項目は〝母子交流における気持ち〟である。さまざまな気持ちが記入され、

『早期療育という言葉はよく耳にするが具体的なことがよくわからないし、何をすればよいかわからず焦っている。今できることは、どんなに大変なことでもやってあげたいと思うのに、それがわからない』〈Bさんの焦る気持ちはわかるが、今はCくんとの間の楽しい交流を通して、母子関係を密にしていくことが一番大切だと思う〉（四回）。『以前はとにかく発語してほしい、とそればかり考えて焦っていたが、最近は（発語はなくても）思ったよりこちらの言うことを理解していることがわかってきたので、あまり〝発語〟にこだわらず、〝理解〟を増やすようにしようと思うようになった』（五回）。『いつも先のことばかり考えて不安になってしまう』（就学、就職など）（六回）。『大変なことも多いが、それ以上にとてもかわいく思える瞬間のほうが多いので、（他の子と比べなければ）育児は楽しい。成長しなくてもいいから、ずっと二歳のままならいいのに……と（主人も私も）思う』（八回）。『できることなら一日中、一緒に遊んで相手をしてあげたいと思う。でも、それができないから申しわけない気持ちになる。遊ぶときに〝交流している〟と感じるよりも、私は〝補助する人〟と感じることがある』（九回）。『自分に余裕

のあるときは、少しくらい反抗されても、ゆったりと構えることができるとわかった。そんなときは反抗期も成長の一過程と思うことができる』(一一回)。『同じ月齢の子が二語文を話しているのを聞くと落ち込んでしまう。以前は子どもの年が近いママのお友達がおおぜいいて、仲良くしていたが、最近は距離を置くようになってしまい、ほとんどの人と疎遠になってしまった。自閉症のことは話す気になれない。〝言葉が遅いだけよ〟とか〝気にしすぎよ〟などと、以前のママ友達から言われるのがつらい』(涙)。〈無理して発達の進んだ子の母親とつきあう必要はないと思う。これからいろいろなおかあさんと知り合うだろうから、話せるママ友達をBさんのペースで作っていけばいい〉(一二回)。『キャンプで同じ境遇のおかあさんたちと話し合えてとても気持ちがすっきりした。Cがとても成長したし、反抗期のような感じがなくなり、私の気持ちがとても楽になった。気持ちに余裕ができれば、人に会うのがいやじゃなくなった』(一三回)。『よくまわり(療育の先生など)から、私のことを〝強い〟とか〝積極的〟と言われるがほめ言葉に聞こえない。私も悩んでいるし、投げ出したくなるときもあるけど、子どもがかわいいので、〝親として当然のこと〟をしているだけで、〝強く〟なんてないと思う』(一四回)。『今は毎日Cのために生きている感じがする。いつか親離れするのかなーと思うと寂しくなる(今は充実している)』(一五回)。『自閉症を否定するよりも認めてしまったほうが、子育てはずっと楽になった。不安に思っているよりも診断してもらって療育を早く始めて本当に良かったと思っている』(一六回)。『おもちゃがあると、私はCに対して〝こうやって遊んでほしい〟という親の希望があるが、実際は希望どおりではない。本人が楽しければそれでいいのに、私の思うように遊んでくれないとがっかりする』(一八回)。『言葉で少しでもコミュニケーションがとれると非常にうれしい。つらいことが多い分、ほんのささいなことでもうれしく思うことができる』(一九回)。『Cが成長するのはうれしいが、その分障害がわかりにくくなってくるので、療育の場でも気を遣ってしまう。でも公園など健常児のいるところへ行くと落ち込むので行きたくない』（二〇回）。『平日の昼、家で二人で過ごすのが楽しくなってきた。一緒に遊んでいるとすぐに時間がたってしまう』（二一回）。『言葉はどんどん増えているが、単にしゃべっているだけで、本当のコミュニケーションはなかなか取れていない。でも、ここ数日は一日に一回くらい本当に会話のように話せるときがあり、本当にうれしい。大変だったことも過ぎ去ってしまえば忘れていくんだなーと思う』（二三回）。

後半の母子遊びの時間では、遊びの肯定的な意味を伝え、母子交流が円滑に進むよう促した。たとえば、Cくんがままごとセットを出したとき、セラピストが二人の遊びに介入したエピソードである（八回）。Cくんがやかんからコップに水を入れ（る真似をし）、そのコップをセラピストに差し出すと、セラピストはそれをごくごく飲む真似をして〈あー、おいしかった〉とCくんにコップを返す。Cくんはそれをとても喜び、セラピストに何度もやらせる。繰り返しに不安を覚えたBさんが他の遊びにCくんを誘おうとすると、セラピストは〈繰り返し遊びは、自閉症児だけじゃない、誰もがたどる大切な遊びですよ〉と伝え、セラピストが飲んだあとにBさんにコップを渡したり、〈あー、おなかいっぱいになっちゃった〉などと言ったりして、遊びに変化をつける。このように、自閉症児の母親の場合、健常児が乳幼児期に普通にたどる行動をも自閉的と見なして否定的な気持ちになり、それが母子交流を阻害することがある。母子関係本来のお互いに戯れ合う快感的な体験の軌道に誘っていくのもセラピストの役目である。対人的感覚過敏の激しかったCくんであるが、セラピストへのラポールが徐々に形成されたためか、棚の上方のおもちゃを取りたいときに何の抵抗もなくセラピストに抱かれる（一九回）ようになった。

【第二期〔二四回〜七三回〕二歳六カ月〜三歳一〇カ月】 着実に成長していくものの、高機能ゆえの悩みを母親

が感じていく時期

　Cくんが成長し遊びも高度になっていくにつれ、Cくん専属で関わるセラピストが必要と考え、二三回からCくんには学生セラピストをつけ、プレイルームで四人でセッションを行うことにした。この時期、二歳五カ月でひらがなを覚えはじめ、二歳六カ月で数字（1~10）を、二歳七カ月でいく種類ものアルファベットのロゴマークを覚えるなど、高機能の片鱗を見せはじめた。二歳一一カ月時には、Bさんが家事をしていると九割以上がアルファベット遊びで占められると報告され、セッション中もおもちゃのマイクに東芝のロゴマークを見つけ、嬉々として〝TOSHIBA〟と自由画帳に書いていた。同じ頃、デパートのエスカレーターの正面に〝SALE〟と書かれてあるのを見て「これ何？」と聞くが、Bさんは何を聞いているのかわからず『エスカレーターの上だよ』と言ったら、〝SALE〟を〝エスカレーターの上〟とそのまま覚えてしまったというエピソードもある。こうしたエピソードから、Cくんは写真的に記憶する視覚的記銘力に優れているものの、学習の際に融通がきかず、柔軟な思考に難があることがわかる。『自然に学んでいくというのが苦手なんだということが最近よくわかってきた。教えたことは言えるけど応用がきかなかったり、場面のちぐはぐなところで使ったりする。今は〝すべて一から教えなくちゃ〟と思っています。外国人に日本語を教えるように教えていこうと思う』（二歳八カ月時の〝気づき〟より）。また、高機能自閉症に特徴的な扱いにくさも随所に見られ、車の初心者マークを異様に怖がる（三歳四カ月）など、『普段は、同じことをしつこく何度も聞いてくるのがうるさいくらいで特に問題もないのだが、勘違いや妙なこだわりが出てくると、急に変身して問題児（かんしゃく、大泣き、あばれる）になる』（三歳八カ月）といった悩みが訴えられた。また、告知していないためクライエントの障害の性質を理解していない祖父母宅で、Cくんが要望したことを祖母が適当に承諾してしまったが結局実行されず、見通しをはずされたCくんが大泣きしたことについて、『今、毎日大きな混乱もなく平穏に過ごせるのは、私たちがCの障害の特性を理解し、それに応じた対応をしているからだとわかった』と記している。

新版K式発達検査の結果は、二歳七カ月時点でDQ八四（運動六四、認知八四、言語・社会九〇）であり、二歳一一カ月時点ではDQ九一（運動八〇、認知八二、言語・社会一一一）に上がっている。三歳三カ月時点で児相で療育手帳の再判定（田中ビネー・精神年齢三歳八カ月）を受け、手帳を返却することになった。

この時期のBさんの最大の外的課題は、三歳児就園に向けて、障害児保育か統合保育かの選択である。二歳一〇カ月から障害児通園施設を週三回に増やすが、『園では優等生だし、スイミングなどの健常児のなかでは浮いているし、ものすごく中途半端』（二歳一〇カ月）とBさんは感じている。通園施設の方針に共鳴し、『園に温かさを感じ』、三歳児も引き続き通園施設に通う方向で考えが固まりかけたこともあった。『言語、社会性などがめざましく成長している。これは一歳一〇カ月から療育を始めて、今やっとその成果が徐々に現れてきているような気がする。早期療育の大切さを改めて感じる。また、療育というのは特別なことではなく、毎日の当たり前の生活のなかにあるんだな、と思う』（三歳二カ月時の〝気づき〟より）。自閉性は顕著なものの、Cくんの成長は著しく、考えを固めるには時機的に早すぎるのではと感じたセラピストは、障害児保育、統合保育のメリット、デメリットを伝え、Bさんの意思を尊重しつつやんわりと再考を促した。夏休みに健常児と触れ合う機会があり、以前より友達の輪に入る機会も増えたCくんを見て、Bさんは意中の私立幼稚園を視野に入れ動きはじめる。しかし、事前相談会で正直に自閉症のことを伝えた結果、その幼稚園に断られ、再び通園施設の継続を決意する。『児相では〝手帳の対象外だ〟と言われ、一方幼稚園では障害のために断られる。都合のいいとき、悪いときで障害を利用されるようで腹が立つ』（三歳三カ月時の〝気づき〟より）。しかし、講演などを聴き信頼感を強めていた児童精神科医のもとに初受診し、『四月からでも健常児集団に入れてもよい』（三歳七カ月）

と太鼓判を押され、気持ちが動きはじめる。中・重度の知的障害児中心の通園施設の母親たちとの話に時おりギャップを感じるようになり、保育園に申し込み書類を提出することになる。『今のCには健常児の集団が必要だと思えてきた。Cを他人に預けるのは不安だったが、今はそろそろそういう時期に来ているど感じてきた』(二月下旬)。通園施設では『まだ無理。変化に弱いし、社会性もない。身辺自立できるようになったので、次は社会性をつけないといけない』と大反対されるが、『今弱い部分はあと一年ここにいても改善するわけではないし、逆に保育園のほうがいいのでは』と考え、決断し、保育園には受理された。『今回の卒園を通じて、ここは子どもの療育よりも母親同士の団結がメインであると感じた。母親の意識が変わり、仲間と支え合うから、つらい幼児期を乗り越えられるんだな、と思った』(三月下旬)。

3 考察

1 自閉症児の早期発達援助

「はじめに」で紹介した荻原はるみらの論文[2]によると、超早期療育を行った自閉症児一〇名の発達経過と特徴について遠城寺式発達検査で追跡した結果、はじめは「対人関係」「発語」「言語理解」が他の領域に比較して低かったが、加齢とともに、「対人関係」の遅れは認められるものの、「発語」「言語理解」は著しく伸び、三歳六カ月時点では一〇名とも高機能のレベルに達したという。これは、この事例で、K式発達検査において短期間で「言語・社会」に大きな伸びを示したことと符合する。これらの結果は、高機能自閉症児の多くが、比較的遅い言語の獲得から時をおかずして、数や記号、アルファベットなどに興味を示すことともかかわりがあるであろう。遠城寺式発達検査における「対人関係」の遅れの残存は、「対人関係」が発達しないのではなく、標準とは異なった対人関係を形成していくことを意味するのではなかろうか。標準と比較すれば奇妙な対人関係性であろうとも、その成立には、母親（的対象）を基地とし、家族、その他の人物へと広がっていく愛着の形成を促す対人刺激は必須である。それゆえ、自閉症児の早期母子援助のコツは、自閉症を治すのではなく、「毎日の当たり前の生活の中」での母子の愛着形成を視野に入れて、「親が子どもの障害を理解し、それに応じた対応ができる」よう援助することである。

2 障害告知と受容をめぐって

自閉性障害への乳幼児母子心理療法・早期療育は早いほど効果が大きいと思われる。理想的に言えば、一歳前後の共同注視、指差しなどの発達状況を見れば専門的視点から疑わしい子どもの抽出が可能と思われるが、実際にはそうした指標は健常と言われる子においても個人差が大きいため、身体的障害を伴わない限り問題視されることはまれである。自閉症圏の子どもの母親は、一歳半健診での指摘によって子どもの発達の遅れに気づくことが多い。しかし、この時期にはまだ「そのうち追いつくだろう」という希望が不安にまさり、対応は遅れがちである。ここでは、障害の告知をすみやかに真摯に受け止め、前向きに療育に取り組んだ母親の事例をあげたが、必ずしも障害の告知は早いほどいい、というわけではない。親の側に障害を受け止める心の準備ができていない場合、早すぎる告知が養育機能を損なうまでに親を落ち込ませ、逆効果となることもある。親との面接のなかでその辺の機微をつかみ、はっきりとした障害名は告げず、〈人との関係において、発達が少しゆっくり進んでいるようです。まだ二歳にもならないし、追いつく可能性も十分あるが、念のため療育を始めてもマイナスになることはないから、ひとまず始めてみませんか〉といった誘いが適切なケースもあるだろう。いずれにせよ、親の障害受容は到達点ではなく、一生涯続くプロセスであるのだから、受容の性急な押しつけは禁物である。この事例で示したように、喜び、いとおしさなどの肯定的な感情も、不安、焦り、落胆、悲しみ、怒りなどの否定的な感情も、自然に肯定的に聴いていくことが、最初期の障害受容の痛みを緩和するものと考えられる。また、このプロセスの遂行には、しばしば「同じ境遇の親たち」の存在がセラピスト・療育者以上に大きな支えとなる。

3　治療構造の変化と総合的療育のすすめ

まず筆者は母子ともに自分で担当するという形をとり（第一期）、次に子ども担当の学生を交えてセッションを行う形をとり（第二期）、現在は母子分離治療に移行（保育園入園後）している。第一期では母子一体感のなかでの愛着の深まりを、第二期では子どもの遊びの発展と母親カウンセリングの充実を意図し、保育園入園後は母子分離と同時に母親面接の間隔もあけていく（これには多くの治療申し込みに対応しなければならぬセラピスト側の事情もあるが）のが自然な状況と判断した。このように、発達障害児の治療では、母子の関係性、子どもの発達課題などによって柔軟に構造を変えていくことが望ましいと考えている。

また、この事例からうかがえるように、発達臨床では個人心理療法は外的援助全般のごく一部でしかない。心理臨床家として発達臨床を実践する臨床家のなかに、時おり、心理療法に専念するように勧める人もいるが、筆者は、子どもの興味・関心に応じて、いろいろ試してみてもいいのではないかと考えている。なぜなら、日常生活をめぐる発達援助が治療の要である発達臨床の場では、週一回五〇分の心理療法だけでは十分ではなく、母子療育、スイミング、体操教室、言語療法、音楽療法などにも参加することによって、相乗効果が得られることが多いからである。おまけに、そうした場では同じ境遇の親との出会いもあり、それは大概養育にプラスに作用する。ただ、母子が心地よく家庭で触れ合う（生活を楽しむ）ゆとりがなくなるまでに「習いごと」を強迫的に詰め込もうとする場合は、かえって逆効果になるので、スケジュールの調整を勧める。また、母子ともにそれぞれの治療・療育との相性があるので、それは最大限尊重すべきである。たとえば、行動療法を信奉する親が、間違って筆者のもとに治療を申し込んできた場合は、治療観の相違がラポールの形成を損ない、治療に悪影響を与えることを避けるため、信頼できる行動療法家を紹介し、自分は手を引くこともある。

［文　献］（1）滝川一廣『「こころ」の本質とは何か――統合失調症・自閉症・不登校のふしぎ』ちくま新書、二〇〇四
（2）荻原はるみ、高橋脩「超早期療育を行った自閉症児の発達経過と特徴について」児童青年精神医学とその近接領域、44（3）、三〇五～三二〇頁、二〇〇三
（3）滝川一廣「自閉症児の遊戯療法入門――学生のために」治療教育学研究（愛知教育大学障害児治療教育センター）、24、二一～四三頁、二〇〇四

コラム

こころとはなることと見つけたり

鈴木睦夫

こころは人やものを志向し、関わる。関わることとは、相手をわかろうとすることであり、わかるとは相手になることであり、そうでしかありえない――これが私のささやかな確信である。漁師（猟師）にとって、獲物になることはあまりにもあたりまえのことである。カウンセリングにおける共感的理解というのも、相手の立場にわが身をおき、内側から相手を知る、つまり相手になることである。これら異なった営みが共通の極意を語るのも、こころの基本がなることであるからである。その純化、洗練が固有の仕方で目指されているのである。

ひとつの行為は、する側とされる側があってはじめて成立する。そのさなかにあって、する側は、される側も同時に体験しており、される側は、する側を体験している。すなわち、しつつされ、されつつしているのである。こういう事態について最初のヒントを与えてくれたのは、今から三〇年以上も前に治療的に関わった、自閉的傾向をもつD君であった。あるとき遊戯室の中でD君が私に銃を向けたとき、私がいささか大仰に倒れると、D君は大喜びした。こうしたことが何回か生じたあとのセッションで、

Ｄ君は私に銃を手渡し、自分を撃つように指示した。それでそのとおりすると、Ｄ君は、ちょうど私がこれまでしてきたように、大仰に倒れ伏してしまった。これを皮切りに、Ｄ君は、私がＤ君に対してやった行為を、役割交換のように、私に対してやり、私をされる側に立たせることが目立っていった。さらにあるとき、Ｄ君がぬいぐるみの子犬に爪を立てるのを見た私が、「わー、痛い、痛いって」と言うと、Ｄ君は、いたわられるべき子犬に代わるかのように、甘え声で私にすり寄ってきて、よしよしされることを求めた。同様な行動の何回目かのとき、Ｄ君は私の腰に顔をうずめ、「えーん、えーん」と泣いて、そのあとハンカチを要求した。見るとほんものの涙が出ていて、びっくりさせられた。これらの行動において、Ｄ君は、子犬を痛めつけつつ、子犬の側にもなっており、私が子犬をいたわったために、自らいたわられようと私に寄ってきたのであろう。

それから何年かして、人と人との関わり合いを物語という形で語らせるＴＡＴ（Thematic Apperception Test：主題統覚テスト）に取り組むようになり、したいという欲求――少なくとも反社会的または非社会的な欲求をもつことは、されるという不安をもつことでもあり、その逆も言えるということが、すんなりこころにおさまるようになっていった。

コラム

発達障害児への統合的アプローチと遊戯療法

永田法子

教育現場を中心として、発達障害に対する関心が高まっている。なかでも自閉症については、原因や障害の本質をめぐって長年の間議論されてきたが、今なお専門機関やスタッフの立場、考え方によって、診断、治療、援助の方法も、さまざまなのが実情である。

筆者は、かつて大学の相談室や病院の外来では、このような子どもたちに一対一の遊戯療法的アプローチを中心に行ってきた。主に彼らの内的体験に目を向けたアプローチであったと思う。しかし、スクールカウンセラーを経験して、彼らの学校での状況、教員たちの困惑と苦労などを見るにつけ、外的適応への配慮も必要だと感じるようになった。一方では、自閉症は脳の生物学的変化を基盤とした認知障害や発達の不均衡が中核と考えられるようになって、心理療法的アプローチは衰退し、行動的、認知的アプローチが台頭した。しかし、特に自閉症児の適応困難は、本来的な関係性の障害のみならず、パニックなどの付随する症状、成長過程で生じる二次的情緒障害など、さまざまな面が重複している。それらを適切にアセスメントし、関係者に説明し、有効な手立てを考える作業が必要である。問題行動への対処という外側からの要請に傾きすぎると、生きる主体としての彼らを見失う。同じく生物学的基盤をもつと考えられている統合失調症に対しては、薬物療法だけではなく環境調整、生活療法、社会的スキルの習得など、多面的、総合的な治療が一般的に行われ、病状によっては心理療法も大きな役割を果たす。自閉症へのアプローチも同じモデルで考えることができるのではないか。

自閉症児たちのイメージや遊びのなかには、時に根源的な不安が表現される。小学校五年生のE君は、たくさんの動物が前の動物の尻尾を噛んでつながり輪になっている、ウロボロスを思わせる箱庭を作った。中学校一年生のF君は、柵で丸く囲まれた空間の外側を、恐竜が障害物競走で走っている箱庭を作った。鳥居をくぐり橋を渡り大仏と戦いながら、繰り返しコースを回っていた。二人とも高機能発達障害児で普通学級に在籍していたが、現実の世界と元型的な世界の二重構造を生きる苦しさがうかがわれ、生活すること自体が大変であろうと思われた。家族を支え、教員とともに工夫し、子どもの能力を伸ばす働きかけと並行して、より深いレベルでクライエントと彼らの不安に寄り添い受け止め、関係性を深めていくような遊戯療法、心理療法を行うことの意義が、もう一度評価されてもよいのではないかと思う。

コラム

高機能広汎性発達障害の心理療法における配慮

武藤 誠

近年、アスペルガー症候群や高機能自閉症といった高機能広汎性発達障害の理解が深まり、この障害をもっている子どもが予想以上に多くいることがわかってきた。障害の中心となるのは社会性の障害であり、言語能力に問題がないけれども、相手の気持ちや雰囲気を読みとることが難しいなど、他者との双方向の交流において顕著に問題が現れる。言語能力が高く、知的障害が見られないことから、「変わった子」としてすまされ、発達障害として気づかれぬままでいる者も多くいるのではないかと思う。相談機関を訪れる場合も、集団との不適応や問題行動をきっかけとすることが多い。その場合でも学習障害や、思春期以降ではほかの精神症状も重なり合って、強迫性障害や境界性人格障害、統合失調症として誤って診断されることもしばしば見られる。

心理療法においては、個人への理解と広い展望に立った状況への配慮が求められる。個人については、障害に対する理解はもちろんのこと、その人が苦しんでいることを丁寧に理解し援助していくことが必要である。というのは、この障害をもつ者は、障害に発する独特の不安や恐怖などの体験様式によって苦しんでいるだけでなく、対人関係の場での傷つきや孤立感、それに伴う低い自己価値感に苦しんでいることがほとんどであるからである。高機能であるために周囲も障害をもたない者と同様のことを期待しがちであるが、それに応えられないことによる苦しみは必ずといっていいほど見られる。そのような多層にわたる苦しみを理解されることが、この障害をもつ者の最小限のこころの支えとなると思われる。

また、障害は一生もち続けるものであり、それをもちながらもその人らしく生きていけるよう援助するには、個人への援助だけでは不十分で、周囲の者、特に親の理解と協力は不可欠である。わが子が障害をもっていると知ったときの親の苦しみは大きい。障害をもっていることを伝えるだけで終わってはならず、その苦しみや不安を受け止めつつ、治療的な見通しや、そのつどできる援助の工夫を具体的に話し合っていくことが必要である。そして理解と協力の輪を学校や生活社会へと広げていくことが、この障害をもつ者が生きていくのを広い意味で支えることとなる。そのような広い展望に立った配慮も心理療法には求められると思う。

コラム

コミュニケーション障害の背景

山田真理子

明確な診断はつかないが、コミュニケーションにつまずきをもつ子どもたちが増えている。その背景として特に乳幼児期早期からの電子映像メディア漬けの実態を多くの方々に知っておいていただきたい。

乳児期の調査において、四カ月児の親の八割以上がテレビを見ながら授乳しており、その場合に視線を逸らす割合は有意に高くなることがうかがわれた。また、四カ月児に意識してテレビを見せる率が高いほど、視線を逸らす割合も高い。

七カ月児では六時間まではテレビがついている時間が長くなるほど人見知りが強くなる傾向にあるが、さらに長時間視聴となると逆に人見知りをしない割合が増えてくる。また、七カ月児でもテレビがついている時間や意識して見せていることと視線を逸らす割合に有意な相関が見られる。

一歳六カ月児では「ダメと言うとやめる」「目的なく動き回る」「消すといやがり、つけてくれと要求する」などと「テレビがついている時間」「食事中のテレビ」「意識して見せている」との間に関連が見られる。

幼児期になると、朝の登園前から一時間以上テレビを見ている率は四割を超え、休日では、朝八時〜九時の視聴は六割近い。六割以上の子どもたちが平日三時間以上テレビがついているところにいて、七時間以上いる子どもも一五％以上いるのが現状である。それに「幼児向け教材ビデオ」の繰り返し視聴が加わることになる。

園での様子と視聴時間との関連を見ると、視聴時間が長いほど友達の数が少なくなり、積極性が減り、じっと話が聞けなかったり、すぐ疲れたと言ったり、イライラしている傾向は強くなり、自信がない様子や、ボーっとしている率は高くなる。

科学的検証が明らかでないとの指摘もあるが、実際に電子映像メディアとの接触を断つことによって改善が見られるケースは多い。

これがさらに年齢が上がって児童期のゲーム、思春期のケータイやネットとなると、生命感覚や世界観にまで影響し、直接的コミュニケーションにおけるつまずきをネットコミュニケーションが埋めえない事件も発生しており、早急に研究が必要であると思われる。

第6章……外国における遊戯療法

1 性的虐待を受けた少女との心理療法の一事例

平井正三

はじめに

本稿で私は、ロンドンのタヴィストック・クリニックで学んだクライン派の遊戯技法の実際[1][2][3]を、性的虐待を受けた少女の事例を通じて記述していきたい。性的虐待については、私がイギリスに滞在した一九九〇年代には、社会的にも大きな関心事であり、タヴィストックの臨床においても、大半の事例が何らかの形で性的虐待と関わっていると感じられるほどであった。日本では現在のところ臨床家の間でもまだそれほどの関心を集めておらず、またそのような事例に接する機会も多くないように思われる。おそらくその背景には、かつての欧米と同じように、性的虐待の事実を隠蔽する、あるいは見て見ぬふりをすることが専門家と呼ばれる人々の間にも少なからずあることが推察される。しかし、ここで紹介する事例で示されるように、性的虐待が子どもに与える発達的悪影響は甚大な可能性があり、このような子どもには、社会福祉による介入と連携しながら、臨床心理士や心理療法士が援助していく必要性がある。

1 事例の背景

X年、私は、タヴィストックとモーズレイ病院が共同ですすめていた性的虐待への心理療法の治療効果に関する調査研究プロジェクト[4][5]に参加することになった。これは、性的虐待を受けた六歳から一四歳の少女を対象に、集団心理療法と個人心理療法の効果測定をするプロジェクトである。プロジェクトの定めた基準にかなった、およそ七〇事例くらいが集められ、それらは無作為に、個人心理療法と集団心理療法に振り分けられた（倫理的な理由から、治療を行わない、統制群は設定されなかった）。個人心理療法は、三〇回、集団心理療法は、一八回と定められていた。個人心理療法を担当する私が出会ったのが、ジュリーであった。

白人と黒人の混血児である一二歳のジュリーは、妹のリンダとともに、三年前に母親のパートナーであるP氏による性的虐待を暴露した。二人は家族から離され里親に預けられるが、母親のA夫人がP氏を近づけないという条件で二人は家に戻る。しかししばらくたってP氏が家にいるという証拠を得て、社会福祉局は二人を再び別の里親に預ける。しかしこの里親家庭の子どもによるいじめが発覚し、今度は別の里親B氏とB夫人のもとに預けられた。一方、この間、ジュリーの実父のA氏は定期的にジュリーとリンダの二人の面倒を見ていたが、あるときB夫人はA氏がジュリーの上に乗って性的なしぐさをしているのを目撃する。そしてジュリーとリンダは、このA氏による長年の性的虐待（性交を含む）を暴露した。A氏の子どもへの接触は禁じられるが、A氏はこれを不服として裁判を起こした。私がジュリーの心理療法を始めてしばらくして、裁判所は最終的にA氏の訴えを却下し、彼はジュリーとリンダに近づいてはならないという判決を下した。

ジュリーの母親のA夫人は売春婦であり、ジュリーとリンダの他に成人した娘をもち一緒に暮らしている。子どもたちは全員父親が異なる。彼女は抑うつ状態にありがちのようであり、ジュリーやリンダと会うことも次第に少なくなり、私との心理療法が終わった頃から子どもたちも母親に会うことを拒否するようになった。ジュリーの父親は、里親のB夫人に言わせれば「狂人」であり、娘のジュリーのことをまるで自分の恋人であるかのように扱い、熱烈なラブレターのような一方的な手紙をジュリーに送ってきたりしていた。彼は、小児性愛者のグループとつながりがあり、ジュリーをその集まりに連れて行ったことがあるようである。A氏は自分のおもちゃにするためにジュリーを育てたのではないか、と里親は推測している。

妹のリンダは、ジュリーより四歳年下であるが、発達の遅れたジュリーに比べむしろ年長に見える。一見普通の女の子であり、特に目立った問題行動もない。虐待についても客観的で冷静に話ができる。むしろ感情を切り離していることが見受けられるタイプの子どもである。

ジュリーは、知的発達水準が七、八歳程度と見られ、発達上の遅れがあるというだけでなく、その振る舞いも奇妙なところがあった。彼女は、いつも人に好かれようと懸命で、まったく見知らぬ人にも過度になれなれしかった。また、性的に男の子や男性を挑発するところがあった。そして常習的に自慰をしていた。虐待についてはみんなに言いふらしていた。里親のB夫人は、ジュリーには強い罪悪感があり、自己評価が低いとも感じていた。タヴィストックでのアセスメントでは、軽度のPTSD症状（悪夢、罪悪感など）があることが見出された。

2 心理療法過程

ジュリーとの心理療法は、クライン派の遊戯技法（詳細は、文献1参照）に則って行った。椅子二つ、テーブルと机だけの部屋に、ジュリー用の玩具箱を毎回持ち込んでセッションは行われた。玩具箱には、描画用具のほか、小さな人形やボールなどの玩具が入っていた。またすべてのセッションは、プロジェクトの用意したスーパーヴァイザー（ジュリエット・ホプキンス〈Hopkins, J.〉）とのスーパーヴィジョンで討議された。

【初回セッション（X年五月一八日）】

ジュリーとの心理療法はスムーズには始まらなかった。待合室で里親のB夫人は、ジュリーのセラピストが外国人の男性であることがわかると、非常に立腹し、ジュリーを会わせるわけにはいかないと主張し、いったんはソーシャルワーカーも交えて話し合うことになった。B夫人は性的虐待を受けた子どもに男性のセラピストを会わせることの非を述べつつも、私の様子を見ているようであり、ジュリーが私に不安感をもっていないことを確かめると、私とジュリーとを別の部屋で話させたらどうかというソーシャルワーカーの提案を受け入れた。

ジュリーは、一目で混血とわかる、非常に可愛らしい女の子であり、どこかしら官能的な感じとあどけなさが奇妙に同居していた。私とジュリーは、里親たちの面接室を後にして、私たちの面接室に向かった。途中、彼女は私に、「あなた、ここでは新入りなの?」と尋ねてきた。

面接室に入り、椅子に腰を下ろすと、私は彼女に「君は、僕が外国人だから新入りだと思ったの?」と尋ねた。彼女は、違うと答えた。私は、自分が日本人であることを告げ、この心理療法が週一回五〇分で三〇回行われることなどを話した。ジュリーは私の話しぶりで感じたのか、「英語を話せるようになるのにとっても時間がかかったんでしょう。私の学校のイタリア人の先生は英語が話せるのにとても時間がかかったって言ってたわ。彼女は、生徒を何人かイタリアに連れて行くつもりみたいなんだけど、私は行かないのよ。でも、私、その先生が好きなの」と話した。それから彼女は、私とキャッチボールをしてもよいかと尋ねた。私は構わないと言い、私たちは立ち上がった。

彼女は、ロングブーツをはいており、左足に包帯をしていた。彼女は、その怪我は、バイクに乗る練習をしているときにころんでしたものであると教えてくれた。私たちは、キャッチボールをしはじめた。私は、彼女が私といてかなりリラックスしているように感じ、そのことを彼女に指摘した。それから、彼女は、「日本というのはアフリカの近くか、インドの近くか」などと尋ねてきた。彼女は、続いて、「〝お父さん〝（B氏を指すようである）が地理について教えてくれるので、成績はよい。ほかには音楽と演劇は好きだ」と話した。彼女は、今度はボールをキックしようと提案した。彼女は私に、日本ではサッカーはみんなするのかと尋ねた。それから彼女は、よく〝お父さん〟とサッカーをするが、犬が噛みついてしまってボールは最近パンクしてしまった、と話した。そして彼女は、「あなたは時々日本に帰るの？」と尋ねてきた。私は彼女にどう思うか尋ねると、彼女は「たぶんそうだと思う」と答え、続けて、私には、ロンドンと日本にそれぞれ家があって、二つの家があるんじゃないかと思う、と話した。それから彼女は、混血児について話しはじめた。もし片親が日本人で、もう一方の親がイギリス人だと、その子どもは半分日本人で、半分イギリス人になる。「私は構わないんだけど、そういう子のことを〝はんぱもの〟と言ってからかう人もいるわ」と彼女は言った。そして、「あなたには子どもはいるの？」と彼女は私に尋ねた。私は彼女の考えを聞いた。彼女は、わからないけど、私には混血児の子どもがいるかもしれないと思ったと答えた。私は、彼女は私のことにとても興味があるようだね、とコメントした。彼女は、自分がいろいろと質問をしているのは、地理の勉強のためだ、と答えた。

その後、彼女は、自分がその日ブーツをはいているのは、怪我のためで、彼女の〝お母さん〟（B夫人）が学校に電話をして許可を取ってくれた、と話した。私は、彼女は里親夫婦と暮らして安心なように感じているのではないかと言った。彼女は、そうだと答えた。それから、彼女はボールで遊ぶことをやめようと言い、私たちは椅子に腰を下ろした。彼女は、私に背を向けるような格好で、紙に絵を描きはじめた。彼女は、通っている学校のある男の子の話をしはじめた。彼は体がよくなく、何度も手術をしている、だけど障害児ではない、生徒の中には彼のことをからかう子がいる。

彼女は、自分が絵を描いている間、私にも絵を描くように言った。「たぶん馬の絵がいいわ。いややっぱりユニコーン（一角獣）、いややっぱりユニコーンじゃないのがいい」と彼女は言った。彼女自身は、馬を描いていた。私は、絵を描く代わりに、彼女が私に背を向けていることについて話をした。すなわち、彼女はボールで遊んでいるときは、私と二人でいても安心な気がしていたが、このように一緒に座っているとそれほど安心でもないと感じているかもしれないと話した。彼女は無視して絵を描き続けた。その絵は、私には二つの家を合わせたように見え、彼女はどうも二つの家があることについて考えているように思える、と私は言った。彼女はこれを肯定した。

【コメント】

ジュリーの第一印象は、とても奇妙な女の子であるということであった。彼女は、自分の感情、特に不安とほとんど接触しているようには見えず、その現実との接触のなさや私との交流の質から、全体として心理学的にはとても深刻なダメージを受けている子どもという印象をもった。彼女が、私にいろいろ質問をしているのは、私に本当に関心があるというよりも、場を支配しようとする試みのように思われたし、他方どういうわけか彼女はその場の主人公として期待されていると感じ、それにふさわしい振る舞いをしようとしているようにも思われた。前者の場合、彼女はこの不安状況という現実に接触していると言えたが、後者の場合、彼女は私とは別の現実を見ているようにも思われた。これは、どこか「それぞれ異なる国に二つの家をもつ」という主題と重なるかもしれない。大雑把に言えば、「支配的に振る舞うこと」は里親のB夫人を彷彿とさせたし、別の現実を見ているかのような振る舞いは実父のA氏を思い起こさせた。

この二つの家の主題のように、このセッション自体も、二重の視点で見ていくことができるかもしれない。一つは、象徴的な内容の吟味という視点であり、もう一つは非象徴的な表現であり、転移のなかでの行動化と逆転移という視点である。

このセッションでの彼女の発言内容を吟味すれば、大まかに三つの主題を見ることができるだろう。一つは、最初の「新入り」をめぐる不安であり、もう一つは性的関係・性的虐待をめぐるものであり、そして三つ目が「地理の勉強」という主題である。最初の「新入り」の素材は、明らかに彼女自身がクリニックに「新入り」であり、見知らぬ私に会うこと、何かわからない「心理療法」に関する不安を自分から分裂排除し私に位置づけていると考えることができる。

セッション全体を見通せば、性的関係・性的虐待をめぐる主題への言及とみなせる素材に満ちているように思われる。まず、イタリア人の教師にイタリアに連れて行ってもらうという話は、私に日本に連れて行ってもらいたいという期待と恐れ、そして実父に連れて行かれることとも関わっているように思われ、彼女はこれに関して非常に両価的な気持ちをもっていることがわかる。しかし、彼女は、自分は実父に連れて行かれない、つまり、里親のところに留まることを明言しているように思われる。ユニコーンと馬の素材も同じように性的なものに惹かれることとそれを抑えようとしていることとのせめぎ合いという点で見ていくことはできるであろう。これとの関連で、ブーツと怪我の素材を見ることは可能であろう。彼女は大人のような性的関係をもつこと（「バイクに乗る練習」）で傷ついたのであり、その傷から彼女を守るもの（「包帯とロングブーツ」）を与えてくれたのが、B夫人であった。しかし、おそらくは彼女は、B夫人に対しても、あるいは現況に関しても二つの気持ち（「家」）をもっているかもしれない。というのは、大人のような性的関係をもつことは自分が注目されることを意味し、それがなくなるということ（「サッカーができなくなること」）はボールがパンクするようにがっかりすることであったかもしれない。子どもとしての彼女は、注目されないというだけでなく、「はんぱもの」のできそこないとして馬鹿にされる存在になるかもしれないのである。「何度も手術をした男の子」の素材から判断して、彼女は自分の「障害」に近い状態に気づいている部分があるように思われる。そしてこれらすべては、三番目の「地理の勉強」の主題につながると見ることができる。実父母、継父、里親という外的状況での彼女の関係の「地理」の混乱だけでなく、内的世界での大人と子ども、よい対象と悪い対象との間での混乱という内的世界の「地理」の混乱を彼女に見ることはできるであろう。そしてそのような混乱のなかで迷子になった彼女にとって、「地理」の勉強はとても大切なものであることは疑いもない。[6]

最後に、逆転移という視点から、若干の考察を加えてみよう。セッション全体を通じて、私は、豊富な象徴的内容とは裏腹に彼女の素材には情動的な部分はほとんど感じることができなかった。また、全体的に私は慎重であったが、その背景にあった私の逆転移における不安や緊張は、漠然としており、強いものではないように感じられたが、それにもかかわらず強力な影響力をもっていたように思われる。これらは、おそらくは、ジュリー自身が自分の感情、特に強烈な不安に関して、考えることができないばかりか、それによって心がうまく働くことができない状態であり、彼女ができることはそれをはるか遠くに位置づけるだけであることを意味しているかもしれない。確かにこの少女は象徴的な表現も可能であり、現実的・適応的な行動もとれるのであるが、その内実を言えば、彼女の心は、片肺飛行の飛行機のように、部分的にしか現実と接触していないし機能していないように思われた。

【二回〜七回】

この時期、ジュリーは、おそらくは虐待と関わるセッションでの不安状況を、私をコントロールすることで対処しようとした。彼女は、セッションを「学校」場面に変えるだけでなく、自分は教師として、「生徒」である私を支配しようとした。私は、成人の男性ではなく、無力で馬鹿な男の子にされていた。

またこの時期、二度里親と旅行に出かけるということでセッションがキャンセルになったが、そのたびごとに彼女は自分の面接室がどこなのかわからなくなったように見えた。これらは、彼女の虐待、そして養育体験の影響の性質が、彼女のアイデンティティや内的世界の地理の深刻な混乱と関わっていることを示唆しているように思われた。この状態で、彼女はもはや自分が誰で、どこにいて、誰に何を求めていったらよいかわからなくなっているように思われた。彼女はセッションに来るたびに、私に面接室に私の名前の名札を付けるように要求した。また、部屋のドアを空けたままにすることを要求した。これらは、男性である私に性的に虐待されるという恐れを調整しようとする動きと考えられるが、彼女自身と私とを彼女の安全と知っている世界とつながっていることを確実にする方法とも感じられていたのではないかと思われる。これらの素材は、実父に小児性欲者の集まりに連れて行かれたときの彼女の体験についても考えさせる。彼女はそこで他の世界とまったく違う理解不能な恐ろしい体験をしたのではないだろうか。

しかし、彼女が不安をこのように調整するやり方は、精神分析の設定、そして器（container）の確立を阻害し、セラピストである私によってそのような不安を抱えてもらい変容させていく機会もなくしていた。私は、分析的設定をより強固に作り出し、彼女の不安を包容する条件を作り出していく必要性を感じた。

【八回（X年七月一三日）】

ジュリーは、面接室に近づくと、再び私に名札をドアの上に付けたかと尋ね、付けていないのを見つける。部屋に入ると、私に席に着くように言い、「そこがあなたの席だからね」と念を押す。彼女は、廊下にある馬の絵が描けるように、私に筆記用具を与え、ドアを開けたままにしておく。彼女は廊下に出て行き、馬の絵の前に立ち、そこから部屋の中にいる私に向かって「授業」を始める。彼女は、絵の細部を説明していき、私にその絵を描くように言った。私は、彼女に描いてくれるように言うと、まるで飲み込みの悪い生徒に範を示すために自らそれをしないといけないと感じている教師のように、描きはじめる。彼女は通常の馬の描いてある廊下の絵とは異なり、ユニコーンを描いているが難しいようである。彼女は、「私はこういうことの専門家じゃないわ。あなたもそうじゃないけど」と言う。私は、「君は私が専門家じゃないと思うんだね。だけど君も知ってのとおり、僕は子どもの専門家じゃなかったかな？（彼女は同意する）だけど、君はどういうわけか僕が専門家じゃないと感じているんじゃないかな。それで君は怖くなるのかもしれない。だから君は僕を馬鹿な男の子にしようとしているんじゃないかと思う」と言う。彼女は無視する。

彼女は立ったまま絵を描いている。私は彼女に座ったらどうかと提案する。彼女は「大丈夫」と答えるが、結局（いつでも立てる態勢であるが）席に着く。彼女は紙を切って何かを作りはじめる。それから彼女は、「私の後、別の女の子が来るの？」と尋ねる。私は、たぶん彼女からすればそのほうがよいと感じているのではないかと言う。彼女は、そうだと答え、「あんたは専門家なのだから他の子どもたちも見ないといけないからね」と言う。私は、彼女は私が他の子どもと会っていること、つまり私が専門家であることが確かめられれば私といて安全であると感じるのだろうと言う。彼女は、私が彼女の後に会っている女の子はどんな問題をもっているのかと尋ねる。私は、彼女自身どんな問題をもっていると思っているのか、なぜここに来ていると感じているのかと尋ねる。彼女は、自分にはどんな問題があるか知らないし、ここに来るのは話すためであると答える。そして彼女は「だけどあなたはあんまりわかっていないようね」と付け加える。私は「それは僕が日本人だから？　それとも男性だから？」と尋ねるが、彼女は違うと言ったきり、それ以上の探索には応じない。

彼女は、私の帽子を作りはじめる。それはピエロの帽子である。私は、「君は僕が君や君の人生に起こったことを知っているとは思えないんじゃないかな。だけど実際は僕は君の人生に何が起こったか知っているんだよ」と言う。彼女は出来上がったそのピエロの帽子を私の頭にかぶせようとする。私は、「僕が君のことをわかっていないなら、僕はまったくお馬鹿な男の子みたいなものか、そうでなければ気の狂った男ということになるかもしれない。それは君にとってとても怖いことなので、君は僕をお馬鹿な男の子にしようとしているんじゃないかと思う」と言う。彼女は、私の言っていることの大半を無視しているようである。彼女は部屋から出て行き、馬の絵の前に立つと、私に彼女の後をついてくるようにと教師のような命令口調で言う。私は、それを拒否し、彼女に、部屋の中に戻ってドアを閉めるように言う。彼女はそれを嫌がっていたが、結局部屋の中に入ってくる。私は、「君が僕のことを恐れていてもおかしくはないと僕は思う。僕は君のよく知らない日本人の男性だし、それから君の人生に起こったことも大きいんじゃないかと思う。君はここでは僕のことを誰も知らないんじゃないかと思っているように思えるし、誰も僕と君がこの部屋にいることを知らないんじゃないかと思ってとても怖くなっているんじゃないかと僕は思うんだ」と言う。彼女は、「心配することなんか何もないわよ。そうでしょう?」と言う。私は、「僕の目から見たらそうなんだけど、君からすれば、僕はよく知らない日本人の男の人で、心配になったり怖くなったりすることがあるかもしれないと思う」と言う。彼女はこれを馬鹿にしたように否定して、「あなたは、僕は日本人だってしつこく繰り返すわね」と言う。

彼女は、それから私をコケにするようなことをさまざましてくる。彼女は、紙を折ってそこに書き込みをし、私が番号を言えば、それに対応する文章を答えるというゲームをする。私の言った番号に対する彼女の答えは、「あんたはひどいやつだ」「あんたは醜い豚だ」「あんたは日本人だ」(ここで彼女は皮肉たっぷりに、これが彼女のお気に入りだ、と言う)などなどである。それから彼女は、「にーほんーじん」と歌いはじめる。私は、「君は僕をからかって馬鹿にしているんだね」と言う。彼女は、「違うわ。あなたを嫌な思いにさせているのよ」と言う。私は、「君は僕が日本人だと言い続けたとき嫌な思いをして腹が立ったんじゃないかな。それで、今度は僕に嫌な思いをさせ、怒らせようとしているんじゃないかと思う」と言う。彼女は、「そうよ、あなたを怒らせているのよ」と答える。彼女はそのまま、「日本人」の歌を歌い続け、時間が来るとさよならも言わずに去っていく。

【コメント】

「馬鹿にされる」は投影であり、このセッションは、精神分析的設定を能動的に構成するセラピストの試みがクライエントの転移（特に具象的な投影）を集める焦点を供給するという現象の一例となっている[7]ように思われる。

【九回〜一三回】

九回で、ジュリーは里親のB夫人に私と話すように言われてきたことがあるようであった。それは、数週間前に旅行に出かけたときに、出会った男の子を誘惑して性的な交渉をもったことである。彼女は、自分が男の子や男性に「おかしな気持ち」をもつこと、そして実父や継父との間であった性的関係について話し、そのときにも彼女は「おかしな気持ち」になったことを話す。そして自分がそういうことをしてしまうのをどうしたら止められるのか、と何度も私に聞く一方で、もう話したからいいだろうという感じで話を打ち切ろうとした。

この時期、実父の裁判の問題が浮上してきた。実父が彼女と妹と接触をとれなくなることについて、彼女は、「私には自分を守る権利があるのよ」という（おそらくはB夫人から言われている）「公式見解」を繰り返す一方で、彼にもう会えなくなることについてある種の悲しさを感じているように見えたが、後者の気持ちのほうははっきりとしたものではないし、また十分意識もされていないようであった。これらのセッションでは、彼女は私をコントロールして無力にしようとしているというだけでなく、次第に傍若無人になり、私を自分の意のままにさせようとすること、また「枠」をほとんど無視した振る舞いが目立ってきた。物理的にはドアを閉めること、部屋から出て行かないこと、他の部屋に入り込まないことが問題になってきたし、私との関係では私に命令することで従わせ、彼女から独立した大人として私が考えたりできないように仕向けられていた。

【一四回（X年九月二八日）】

ジュリーは面接室に入る前に、廊下にある椅子を面接室に引っ張っていこうとするのを、私が止める。面接室に入ると、彼女は新鮮な空気が入るようにドアを開けたままにするように言うなど、私にさまざまな命令をしてくる。彼女は私に前回から話している『ライオン・キング』のビデオを手に入れたかと聞く。さらに私になぜひげを生やしていないのか、と言う。私は、彼女に、ドアを閉めるべきであると言い、彼女はこの部屋を新鮮で安全な場所にしたいと感じており、それはこの部屋が汚く、私がひどい男ではないかと恐れているからだと話す。彼女は、「あなたは誰かがドアを閉めろと言えばそうするの？」と言う。私は、それは誰が言うかによるね、と答える。彼女は、「もしセラピストがそう言ったとしても、やらなくてもいいのよ」と言う。さらに彼女は、「ドアを閉めるというのは、まるでバスから飛び降りるようなもんだわ。あなたはバスから飛び降りられる？」と言い、「気の狂った人だけがそんなことできるんだわ」と付け加える。私は、「君は、気の狂った人だけが、ドアを閉めることができるんだ、って言いたいみたいだね」と答える。彼女は、部屋の外に出て、私にもついてくるように言う。私は、彼女に、今さっき、したくないことをしなくてもよい、という話をしたことを指摘する。彼女は、廊下を通る人に話しかけたりしているが、他の部屋に入ろうとしているので、私は部屋を出て行き彼女に部屋に戻るように言う。彼女はさらにしばらく部屋を出て行ったり、傍若無人に振る舞い、私の制止を無視するが、しばらくして「あんたのボスがやってくるわ。しー」と言って部屋に帰ってくると、私のあごに紙で作った「ひげ」をくっつけようとする。私はそれを拒否するが、彼女は強引にそうしようとして、少しもみあいのようになる。私は、彼女は私に私が望まないことを無理やりさせようとしていると話す。それから私は、彼女は私をサンタクロースのようにしたいようであると指摘する。彼女は、「クリスマスには何をくれるの?」と言う。私は彼女は何がほしいのだろうと言う。彼女は、『ライオン・キング』と答え、「でもあんたは本当のサンタじゃないわ」と言って再び部屋から出て行く。しかしすぐに彼女は戻ってくる。私は、彼女は父親と会えなくて寂しい気持ちなのではないかと言う。彼女は私を無視し、「伝言ゲームをする」と言い、「私は『ライオン・キング』が好き」と言う。私は、「君はお父さんが好きなんだ」と言う。彼女は、一人劇をする。それは『シンデレラ』の変形版である。この劇の中でシンデレラの彼女は観客の私に、実は彼女のお父さんは自分の死んだ後自分の住んでいるところを遺産として受け継ぐようにするという秘密の約束をしたことを告白する。「でも、私の継母に言っちゃだめよ!」と付け加える。シンデレラが出て行った後、継母がやってきて今度は彼女が私に、お父さんが実は遺産を彼女に渡すと言う秘密の約束をしたことをこっそりと教えてくれる。シンデレラは継母にひどい扱いを受けていることをうらみに思っていて復讐したいと思っていることを私に打ち明ける。

【コメント】

この回、私の「ボス」という新しい類の男性、そしてその男性と私が関係していることという新しい概念が出現していることに注意が引かれる。

【一五回～二七回】

私が「枠」に関してより毅然とした態度を示すなかで、劇という形での象徴的な表現がセッションの中心を占めていった。この劇は、『シンデレラ』から『白雪姫』へと変わっていき、継母と白雪姫との間のどちらが一番美しいかという争いが中心的な主題となった。私の役割は、観客から中立的な狩人、そして時に鏡というもので、味方か敵かわからない微妙な存在であることが多かった。そして、このどちらが美しいか、という争いはどちらが父親の妻となるかという主題であり、暗黙のうちに、私という男性をめぐる戦いのようにも思われた。二〇回では、白雪姫は継母のお后が「馬」を殺したことに大変腹を立て、鬼婆となって復讐しようとする話になるが、私は里親によって父親と会えなくなったこと、男性と性的接触が許されないことに彼女が大変腹を立てていると理解した。

二一回で、ジュリーは、やはり私にいろいろ命令してきたりする一方、私に、「今日今まで何していたの？」と尋ねる。私がこれに答えないでいると、彼女は、「あんたは私を頭にこさせるのよ」と言い、「私はあんたをやめさせることもできるのよ」と言う。私は、彼女は私が今まで何をしていたかだけではなく、私がこれから何をするのかということも知りたいと思っているのではないかと言う。彼女は、「お黙り！　あんたは私の神経を逆なでしているのよ！」と言う。私は、「たぶん君は、僕が自分自身の考えをもつことに耐えられないのかもしれない。というのは、君は僕が気が狂った男でないとはなかなか信じられないから」と言う。彼女は、「ときどきあんたのことをとっても馬鹿だとは思うわ」と答える。

二二回以降、ジュリーの遊びは、劇そのものよりも、劇が始まる前の切符売りに重点が移っていった。そこでは、彼女は切符売りであり、与える側にまわっており、私はお客であるが、なかなか劇が始まらないので、イライラさせられたり、じらされたりすることになっていた。彼女は何かを求めて心理療法に来ているが、いつまでたってもそれは得られないと感じ、それを私に投影しているようであった。二五回では、クリスマス休暇が近づいたこと、そしてその後四回で心理療法が終わることを彼女に明確にした。彼女は彼女なりの仕方でこれにショックを受けているみたいであったが、私がそれを指摘しても「何を言っているかわからないわ。あんたはやはり馬鹿ね」としか答えなかった。クリスマス休暇後の残りのセッションは、心理療法が終わることに関するジュリーの気持ちを中心に動いていった。それは基本的に失望と怒りの気持ちであり、彼女は私が彼女の期待したものを何一つ与えてくれなかったと感じていた。特にそれは、私の個人的なことに関わる彼女の質問に私が答えてくれないことに集中していた。

【三八回】

ジュリーはまずキャッチボールに私を誘う。私は、これは私たちが最初に出会ったときにしたことだとコメントしながらそれに応じる。それから彼女は、「歌のレッスン」をすると言い、「ほらやって来た、てんとう虫……いろいろあったけど……」といったような歌詞の歌を歌う。私は、この歌は彼女がここに来たこと、そして私たちの間でいろいろあったことに関する歌でもあるかもしれないと言う。「そう、それで?」と彼女は答える。それから彼女は息をはーはーといわせ気を失ったように床に倒れる。その姿はとても誘惑的である。私は、「僕が君の体に触れたりするようなことを何もせずにいても、それでも君のことを理解するなんてことがあると思うのは君にとってとっても難しいんじゃないかと思う」と彼女に言う。彼女は「あんたは私のことなんてわかっちゃいないのよ」と言い、「あんたは私がいろいろ聞いても答えてくれなかったでしょう」と付け加える。それから彼女は、「あんたはいつも〝君は僕が君を失望させたので腹を立てているんだね〟とか〝あと二週間でお別れだから君は悲しいんだね〟というようなくだらないことを言うけど、私は悲しくなんかないし、嬉しいと思っているくらいなのよ」

と言う。私は、彼女は今がっかりして腹を立てていると思う、そして、それは私が彼女に何もせず、質問に答えてくれなかったと彼女が感じているからであると言う。彼女は肘かけ椅子にどっかりと腰かけ、「あんたは結婚しているの？　イエスかノーで答えて！」と言う。私は、彼女は私が結婚できるような男であるかどうか確かめたいのだと言う。さらに、彼女は、私が自分の妻よりも彼女のほうが美しいと思うかどうかを教えるべきだと感じているのではないかと言う。私はこれを彼女の『白雪姫』の劇と結びつけて話す。すると、彼女は腹を立て、部屋から出て行く。彼女はそんなに遠くに行っていないようであるが、私は彼女を追いかけ、「たぶん君は僕に〝ジュリー、行かないでくれ、戻ってきてくれ〟と言わせたいんだと思う」と伝える。結局彼女は部屋に戻ってきてセッションは終了する。

【最後の二回】

最後の二回は、二八回と同じように進んでいき、やはりジュリーは床に倒れ、私から性的なかかわりを引き出すことが、別れと別れに伴う気持ちに対抗する最後の手段のように感じているようであった。私は彼女にとって性的なかかわり以外の友だちのようなかかわりが男性との間で結びうるということが彼女にとっていかに考えにくいかということを話していった。そして私はまた、この三〇回の心理療法が彼女にとって十分なものでなかったことも彼女に認めた。

【その後】

私は、ジュリーの居住地の児童相談所（child guidance clinic）と連絡をとり、ジュリーには引き続き心理療法が必要な旨を伝えた。結局この児童相談所では、週一回の心理療法は難しく、もう少し頻度を下げた形であるが、カウンセリングという形態でジュリーへの援助は継続されることになった。

心理療法終了後一年たったときの、プロジェクトのアセスメントによれば、彼女の学校や里親家庭での適応状態は良好であり、ＰＴＳＤの症状は消失し、いろんな面で自信をつけているようであった。しかし、特に虐待の経験と関わると、自分の感情と触れていないように思われる面は依然としてある程度見られた。里親は、心理療法の成果には満足で、特にジュリーが自信をもつようになり、自分を卑下しなくなったのは、心理療法の援助のおかげであったと感じている。また、性的誘惑行動や自慰もほとんど見られなくなったと報告している。

プロジェクト全体の結果について言えば、集団療法、個人療法ともに精神病理学的症状の改善が示された。さらに、個人心理療法のほうが、ＰＴＳＤ症状の改善により大きく寄与することが見出されたと報告されている。[5]

3 考察

トロウェル[8]（Trowell, J.）は、性的虐待の帰結として、感じないこと（感情の分裂排除）、考えないこと（知的機能の障害）、感じず考えないこと（現実からの遊離：精神病）の三つのパターンをあげている。ジュリーはおおむね知的障害という形をとる二番目に分類されそうな子どもであったが、感じないという側面も際立った、深刻なダメージを受けた子どもであった。ジュリーとの心理療法を終えた直後の私は、このような子どもに三〇回の心理療法はほとんど焼け石に水のように感じられ、無力感に打ちひしがれていた。しかし、今回改めてこの事例を検討してみて驚かされたのは、短い期間でいかに多くのことが起こり、また達成されたように思われることである。その要因のひとつとして、社会福祉との連携、特に非常に堅実な里親家庭に恵まれ、心理療法とうまく協働することができたことがあげられる。この里親たちに出会うまで、おそらくジユリーには「まっとう」という感覚はほとんどなかったに違いない。しかし、何もかも調子の狂った原家族とそれを内在化した彼女の心の世界とは異なる、「まっとう」（精神分析的にはエディプス的構造と言えるであろう。現実と接触するための心的装置としてのエディプス的構造についてのビオン[9]〈Bion, W.R.〉の議論参照）な世界を明確に彼女に供給し、そこでジュリーは安定し、成長しうる基盤を築いていったように思われる。この過程を、私との心理療法が大いに援助したことは、「継母」への不満と怒りを扱った『白雪姫』の素材を吟味してみれば明瞭であろう。この点で、性的虐待を受けた子どもが、自分の身に起こったことに関する実母への怒りを里親に向けることで、しばしば里親との関係が深刻に悪化するという指摘[8]を参照できる。

この「まっとうさ」と関連して、ジュリーとの心理療法において、いわゆる「枠」の問題が重要なものとして存在し続けた。「枠」を破るということは性的虐待の主題そのものと関わるわけであるし、また彼女の原家族自体が「枠」をもたない破綻した家族であったことも考えさせられる。加えて、別のところで私が論じた[7]ように、「枠」として語られる部屋や時間などの外的設定、そして本事例で焦点となる質問に答えない、解釈をするなど観察し考えようとする内的設定で構成される精神分析的設定とそれを維持しようとするセラピストの態度（この点でスーパーヴァイザーのホプキンスによる援助の役割は大きかった）はそれ自体が、「両親」の重要な機能を子どもに供給するという意義を有する。それはまた子どもに投影の焦点や器を与えるということでもあり、それによって子どもは自分の抱えきれない、あるいは考えることのできない情動をセラピストに投影し、セラピストはそれらの情動を包容[10]するという課題を担う。ビオンによって概念化されたこのような過程が本事例においても重要な役割を果たしたことは見て取ることができる。この包容という概念ぬきで、被虐待児の精神分析的心理療法は語ることはできない。

最後に、面接終了後に私に残された無力感について今一度立ち返ってみたい。おそらく、その一部はジュリーから投影された無力感だったのだろうし、彼女はそれを私に託すことで自信をもって去っていくことができたのかもしれない。しかし、それは、そのような投影というだけに留まらず、この短い心理療法のなかでは十分に扱いきれなかった、この少女が担っている虐待によるダメージの深刻さをも物語っているようにも私には思われる。

［文　献］

（1）Klein, M.（1955）*The Psycho-Analytic Play Technique: Its History and Significance.* London : Hogarth.（「精神分析的遊戯技法」『メラニー・クライン著作集4　妄想的・分裂的世界』狩野力八郎ほか訳、誠信書房、一九八五）

（2）Bick, E.（1962）Child Analysis Today. In Spillius (ed.) *Melanie Klein Today vol.2.* London : Routledge.（古賀靖彦「今日の子どもの分析」『メラニー・クライントゥデイ3　臨床と技法』日下紀子ほか訳、岩崎学術出版社、一九九三）

（3）Alvarez, A.（1992）*Live Company : Psychoanalytic Psychotherapy with Autistic, Borderline, Deprived, and Abused Children.* London : Tavistock / New York : Routledge.（『こころの再生を求めて――ポスト・クライン派による子どもの心理療法』千原雅代、中川純子、平井正三訳、岩崎学術出版社、二〇〇二）

（4）Trowell, J. & Kolvin, I.（1999）Lessons From a Psychotherapy Outcome Study with Sexually Abused Girls. *Clinical Child Psychology and Psychiatry,* 4（1）, p79-89.

（5）Trowell, J., Kolvin, I., Weeramanthri, T., Sadowski, H., Berelowitz, M., Glasser, D., & Leitch, I.（2002）Psychotherapy for Sexually Abused Girls : Psychological Outcome Findings and Patterns of Change. *British Journal of Psychiatry,* 180, p234-247.

（6）Meltzer, D.（1967）*The Psycho-Analytical Process.* Perthshire : Clunie Press.

（7）平井正三「精神分析的心理療法における治療者の行為：精神分析的状況の能動的構成をめぐって」日本精神分析学会第50回記念大会抄録集、二二三〜二二五頁、二〇〇四

（8）Trowell, J.(2000) Assessing Sexually Abused Children. In Rustin, M. & Quagliata, E.(eds.) *Assessment in Child Psychotherapy.* London : Duckworth.

（9）Bion, W. R.（1963）*Elements of Psycho-Analysis.* London : William Heinemann Medical Books.（「精神分析の要素」『精神分析の方法――セブン・サーヴァンツI』福本修訳、法政大学出版局、一九九九）

（10）Bion, W. R.（1962）*Learning from Experience.* London : William Heinemann Medical Books.（「経験から学ぶこと」『精神分析の方法――セブン・サーヴァンツI』福本修訳、法政大学出版局、一九九九）

2 重度総合運動障害(Severe Dyspraxia)による重度言語障害児が戦いをとおして死と再生を繰り返し、力強く成長していったケース

櫻井素子

1 事例の概要

筆者（セラピスト）はオーストラリアの重度言語障害児学校において、X年に、はじめて、Crocky（仮名）に出会った。以来、X＋五年までの六年間断続的ではあるが、三二回の箱庭を中心にしたプレイセラピーを行った。セラピストの学校訪問治療は日本の大学の夏休みにあたるほぼ二～三カ月間があてられ、毎年継続して行われた。

■クライエント　Crocky（仮名、以下Cと記す）。初回時、五歳一カ月、男児。

■家族　父と母（X＋一年五月に離婚している。その後、Cは父と別れて住む）。X＋三年から継父と住む。Cは同性の双子の弟である。兄は健常児。

■生育歴　乳幼児期は、静か、受け身的、無為な子であったが、愛らしく、明るい子であった。はいはじめは一二カ月、歩きはじめは一六カ月。二歳五カ月時に熱性痙攣、三歳五カ月時に喘息（現在も続いている）。五感覚に問題はない。重度総合運動障害と診断された（アセスメントは学校側提供）。

2 面接過程

【初回面接（X年五月）五歳一カ月】

最初に出会ったとき、Cという名前以外の個人情報は与えられていない。セラピストには四歳ぐらいに見えた。愛想のいい笑顔をしながら箱庭に近づいてきた。腰のところがモタモタと歩きにくそうであった。指の動きも拙い感じだが、遊びはじめると、感覚も鋭く、表情豊かであった。まず、目ざとく、棚の大きいワニを右手に取り、砂箱全体を使って、ワニを自由に砂と遊ばせてから砂箱の中の右下に置いた。象、バッファロー、キリン、サイ、牛、カバなどの大型動物を一つずつ丁寧に砂の中に埋め、砂箱の中央上部に十字架をしっかりと立てる。砂箱の中は波打つ砂の上に大きな十字架が堂々と立ち、右下にはワニが十字架を見上げている光景である。次には、埋められていた動物たちを「ハッ！」という表情と驚きのしぐさとともに一つずつ丁寧に掘り出しては、右下にいるワニと対面させ、何か話をしているふうであるが、無言で展開される。掘り出した動物たちを十字架の周りに立たせる。Cはセラピストと何か語りたそうにするが、声にならない。次に、スティックの付いた小鳥を砂の上に九本立てるが、その中の一本で、イライラと眉間に皺を寄せて、ワニの喉を何度も激しく突つく。Cの声にならないもどかしさがセラピストに伝わってくる。すると、そのとき、窓辺に「ピピピピーッ」と甲高い小鳥の声がして、二羽の小鳥が窓辺に飛び交い、そして、窓辺に止まった。一瞬その小鳥たちを見たCとセラピストは顔を見合わせた。そのとき、二人の間にフッと何かが伝わったように思われた。Cはワニを大事そうに抱いて歩き、おもちゃ棚の上のベッドの上にソッと寝かせながら、セラピストの顔をジーッと見つめた。あたかも「病気なんですよ」と言っているかのように。そのまま退室して行った。

Cはこの間、声は一度も発していないので、声すらも出ないのだろうと察せられた。しかし、自分のものを表現したいという欲求はひしひしと伝わってきた。Ｃの心の中にもっている中心問題がここに表出されていると思われた。

その後、学校からの要請で再び来校して、翌年の九月より学校長から心理療法士(Clinical Psychologist)の認定を受けて面接が始まったのである。

小鳥の付いたスティックでワニの喉を突ついたときに窓辺で二羽の小鳥が飛び交い囀《さえず》ったという共時性（偶然の一致）を思うとき、Ｃは自身の病を克服して、言葉を発し、他とのコミュニケーションができ、成長していくであろうことが予知されたと思われた。また、最初に展開された、動物を埋め、掘り出すという死と再生は、この一連のプレイのテーマであるが、十字架の祈りと守りのなかで行われている。

【二回（Ｘ＋一年九月二七日）六歳五カ月】［写真１］

家庭崩壊。新郎新婦は本箱の下に埋もれている。幸せな生活が送られるはずの家庭は、この箱庭に見られるように荒れ果ててしまっている。四カ月前に父母は法廷で離婚となった。この箱庭では守りであるはずの十字架も埋もれ、木々も根こそぎひっくり返っている。巨大動物のエネルギーでなにもかも吹っ飛んでしまっている。乳母車が中心でひっくり返っている様子はＣがこの世に誕生したそのときからの中心問題として見ることができるだろう（母を表すマトリョーシカも木の下に埋もれてしまっている）。巨大な動物的争い（戦い）がこの家を襲っている。その中に虚しく横たわるワニはＣ自身の姿でもある。一年四カ月ぶりに見るこのすさまじい数十分間のドラマは、今まで表現の術のなかった、言葉をもたない子Ｃが、「守られた自由な空間」で、砂とおもちゃという適切な手段を得て、これまで抑えていたものをはじめて表現することができたのであろう。

【三回（Ｘ＋一年一〇月八日）】［写真２］

まず、砂箱の左上から左下に向けて亀をどんどん置いていき、箱枠に沿って逆時計回りに動物を一つひとつ丁寧に並べていく。最後にワニを手にして、「クロッコー！」とうれしげに見て、他の動物たちの列とははずれて置く。中心に十字架など宗教的なものを置く。中心に宗教性をしつらえた動物マンダラを作った後、右側に置かれていた動物をゆっくりと丁寧に埋めていく。一番下には十字架、その上に動物たちが置かれ、砂を盛り上げ、山ができる。その上に木が立てられた。神々の守りのなかで生命の木が立った。その後ろに控えているCの祈り、動物たちの祈り、また砂箱の後方に座り、見守っているセラピストの祈りでもあった。

［写真1］二回の箱庭

［写真2］三回の箱庭

しかし、その一方では母を象徴するマトリョーシカの開閉が繰り返されたが、バラバラに開けられたまま床の上に放置された。吸血鬼を描いてある家（以下、K家）を手に取り、しばし見ていたが、「ノー、シーッ」と投げてしまう。これらはともに母と父の守りのなさの表現と思われた。突然、木を倒し、山も荒々しく崩し、すべてを破壊してしまって、終わる。

この箱庭を見て、思い起こされたのは、スペインのバルセロナにアントニオ・ガウディによって一八八九年から建築が始まり、今なお、一〇〇年以上にわたって建て続けられているサグラダ・ファミリア（La Sagrada Familia）教会である。この教会は「生誕のファサード」と「受難と死のファサード」が表現されている。この教会には三つの柱廊の間に二本の柱があり、基部は石の亀（陸亀と海亀）が配されている。亀は不変のシンボルであり、一九世紀末に西洋にも広まった伝統的中国文化であり、万物の安定をも意味する。最上部を飾るのは糸杉（生命の木）をモチーフとした尖塔である。そこにはまた、手に目を埋め込ませたデザインで、神の保護と予見を表し、中央には十字架も描かれている。このような宗教的にも融合した表現がなされた教会は世界にもめずらしいものであろうが、この箱庭において、C（子ども）が自らの宗教性を表現する時に、ある特定の宗教を超えたもの、あるいは宗教の融合として表現されていることは注目に価する。

【四回（X＋一年一〇月一五日）】

箱庭の砂の中に、赤い鳥居をまず埋め、サイ、象をその上に埋めて、高い山作りに懸命になる。水を入れては何度も両手でしっかり固める。十字架を山すそに斜めに突っ込んで、さらに固め、先の尖った山を作る。二つの卵を山すそ、砂箱の中央に埋める。次に、新郎新婦を砂の上でパタパタ強く鋭く、イライラと叩いてから、砂でしっかり固めてしまう。おもちゃ棚の上に一握りの砂を置き、その上に砂で固めた新郎新婦を置き（しっかり固定されてそこからは動けない状態のように思われた）、しばらくじーっと睨みつけていた。

【五回（X＋一年一〇月二二日）】

山を作り、その上に十字架を立てる。新婦のスカートの中には砂がぎっしり詰められて、新郎新婦は山の上に立たされる。Cはワニを右手に握って「おーっ！」という大声とともにワニでその男女を一撃して突き落とす。崩された十字架と横たえた新郎新婦の上に赤ん坊を抱いたカンガルーを立たせ、突き壊す。新婦のスカートの中に前記のカンガルーを入れて、突き続ける。カンガルーを砂の中に埋め、その上にオランウータンを突き刺し、カバ、馬、新郎新婦の三つを手に持ってめった突きに突き壊す。また、新郎新婦を砂の中に埋め、めった突きに突き刺す。ものすごいアグレッションが続けられた。

傷心したように立ち上がり、部屋の電灯を消し、砂箱の砂を両手でしっかり握り、丸い砂の玉を丁寧に作り、セラピストの手にそっと渡す。セラピストはそれをしっかり握り締めて、Cに返す。Cは砂を加えて玉を少し大きくしてさらに固めて、セラピストに返す。玉は次第に大きくなり、Cとセラピストの間を何度も行き来する。Cは喜びの声を発する。最後にその砂の玉を緑の橋の上に置き、その後そっと棚に戻して、終わる。

そのとき、砂の玉の交流を通して、Cとセラピストとの間が繋がったと思われた。消灯した暗い部屋での砂の玉は魂を表し、暗闇は物質が分化し、秩序づけられる前の始原の混沌を表し、二者の深い所での交流を意味するのであろう。しかも砂の玉はしだいに大きくなり、橋の上に置かれたことはCとセラピストが深層でしっかりと繋がったことを意味すると思われた。

【六回（X＋一年一一月二日）】

前回砂の玉を置いた橋を砂の中に埋める。水面下での繋がりを意味するように思われた。砂の上でワニをいつものように活発に動かして遊ぶ。“Dark !” と電灯を消し、前回と同じように、砂の玉のやりとりをする。貝を耳につけて聴き、セラピストの耳とCの耳を巻き貝が行き来する。十字架、卵、やしの木、巻き貝を埋め、山を作り、その上に、笑顔を描き、“Laugh……”と言ったように思われた。

【七回（X＋一年一一月一二日）】

前回と同じように、砂を握っては手渡す。何度もしっかり握り固める。また、Cとセラピストが両手で一緒に握ることを繰り返す。声をたてて笑う。K家を砂の中に埋め、力いっぱい叩く。“More, More,……”そして、砂の上に指で笑顔を描く。今日は言葉も多く、新しい単語がたくさんでている。

【八回（X＋一年一一月一八日）】

K家の延長線上（左側）で二匹のチンパンジーが争っている。家もなにもひっくり返る勢いで戦う。戦い終わったチンパンジーを小箱に入れ砂をかける。Cはその砂を口に入れたまま、大きな悲鳴とともに、直立のまま後ろにひっくり返る。床に叩きつけられているCをセラピストは介抱し、セラピストはCの背を抱いて立ち上がらせる。この一連のことを五回繰り返す。離婚前の父母の動物的争いにCは毒され、打ちのめされ、死ぬほどの体験をしたのであろうか。何度も何度も抱きかかえられ、生き返るという真の体験が必要だったのだと思われる。この後はセラピストの側で、数十分横になって休んでいた。一回でワニがベッドで寝るということもこのことと繫がっているのだろうと思われた。

【九回（X＋一年一一月二六日）】［写真3］

Cは左腕を砂箱の砂の上に横たえて、右手で左手のひじの上まで砂をかけ、左腕は砂に埋まってしまい、そこには長く大きな山ができる。指先のほうから少しずつ動かしていたが、大きなワニが起き上がったのだといって、Cは歯をむき出して砂の中から腕を抜き出して、立ち上がる。これを二回続ける。次に、自ら床に横になり、「眠っていたワニが起きた」と何度も（五回）寝たり起きたりする。起きるときはセラピストが背を持って助けていた。そのとき、部屋の外から、突然、偶然にもクリスマスの音楽が聞こえてくると、神に憑かれたように、音楽に合わせて無心に踊り狂う忘我の境地となる。総合運動障害児とは思えないあまりにもスムーズな美しい踊りであったので、セラピストはわが目を疑ったほどである。クリスマスの音楽であったが、踊りそのものが宗教的な雰囲気の強いものであった。二回踊り終わると、砂箱の上に横たわり、自分のお腹の上に砂を盛りかけてはセラピストに起こしてもらうことを五回続ける。最後にセラピストに目を閉じさせている間に「山上の狼」を作る。このときに運動障害という病は生物学的（本質的）には癒えていたのであろうか。それは神によって与えられた治癒であったであろうし、現実においては、まだ少しの「待ちの時間」があろうか。神の領域においてCの身体の機能が全体的に緩んだ蝶番《ちょうつがい》がうまく合わさったかのようになって、自己の総合的統合において身体が動かされたように思えた。セラピストが目を開けると、砂上に堂々と立つ一匹の狼をセラピストへのプレゼントだと言うように指差して、終わりとなる。後で山を掘って見ると、二頭のカバが埋められていた。二人の母の上に立つ誇り高き自己の姿と見えた。この年の最後の回にふさわしいセラピストへの贈り物であった。

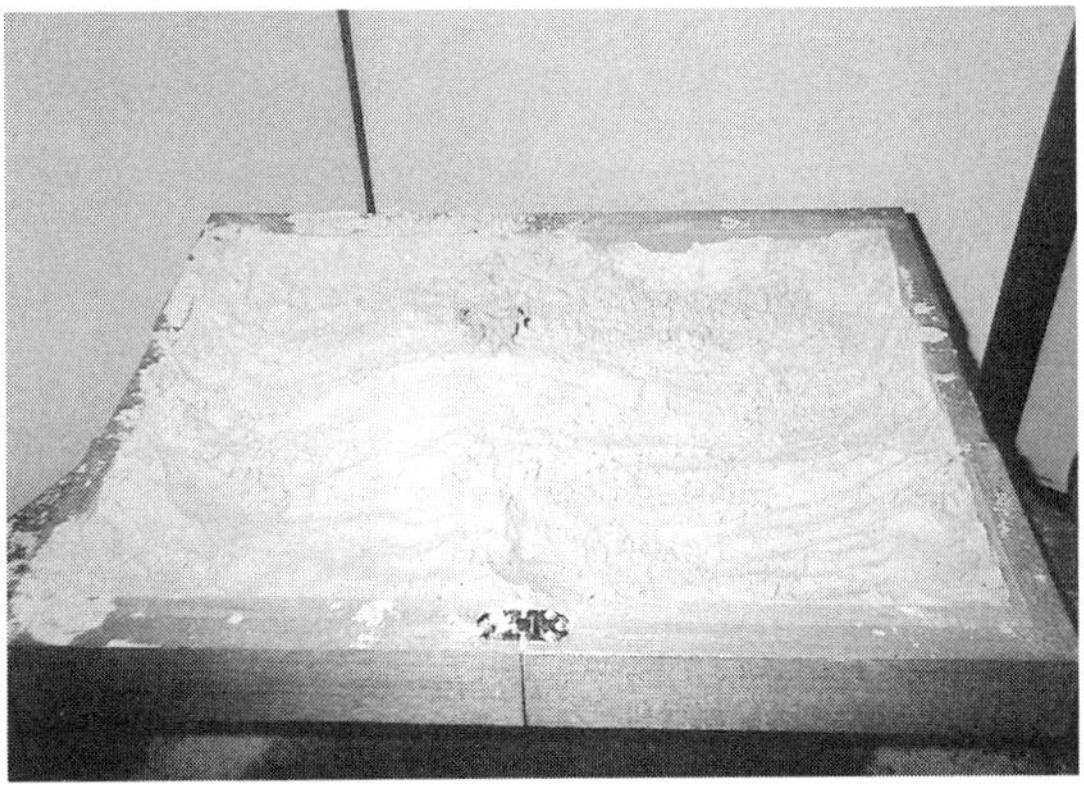

［写真3］九回の箱庭

二頭のカバ（土の中の宝物、母性愛の女神、二人の母）の上に悠々と立つ一匹の狼。砂の形状から右から左へ吹く風を受けて立つ雄々しさが見られる。お山の大将とでも表現しうる、未来のCを見る思いであった。Cの願望でもあろう。何度も何度も死と再生を繰り返し、立ち上がって行くCの強じんな姿が見られた。この頃になると、友人（学友）との関係もよく、言葉もかなり出はじめている。「あの人が素子ですよ、お母さん」("That's Motoko, mammy.")と母にセラピストを紹介したりもした。

【一〇回(X+二年七月二九日)~一五回(九月八日)七歳三カ月】

セラピストにとっては三度目の訪問であった。前日まで喘息のため入院していたとのことであった。花いっぱいの箱庭を作り、「セラピストへのプレゼント」にした(一〇回)。"Close your eyes."とかろうじて聞き取れる言葉から始まった。言葉が文章になっている!という驚きであった(一一回)。プレイ中に言葉がどんどん出てくる(一二、一三回)。箱庭では、動物同士の戦いでCが勝ち、砂上に笑顔を描いた(一四回)。セラピストが帰国する前日、Cの手作りカードをプレゼントされた。"Dear Motoko, I love you so much. Not go to Japan. Motoko, Please. Love."と大声で三回読んで、抱擁して別れた。全部C自身のアイデアで作ったと聞いて、感激した。

【一六回(X+三年七月二七日)~二六回(九月九日)八歳三カ月】

砂箱の左右に動物を並べ、一騎打ちの戦いをする。大は小に必ず勝つ。ワニだけは何度踏み潰されても立ち上がる(一六回)。電灯を消して、Badman(黒い仏像)とGoodman(白い仏像)の戦い。殺されたり、生き返ったりを繰り返す(一七回~二一回)。ワニは懸命に善者を助けるが、悪者に殺され、葬られ、十字架が立てられる(二二回)。クリスマス風景を作り、新郎新婦を置くが、男性はC自身だと言い、照れている。そこではまた、何かが生まれたという。Cの心の中で何かの誕生があった(自己の顕現)と思われた。たくさんの花を飾り、誕生を祝う(二四回)。"Race"と名づけられた箱庭作品では動物たちの競争が行われる。表情もよいし、ずいぶん落ち着いてきた。回を重ねるごとに話し方がスムーズになる。発音もしっかりしてきたし、単語も豊富に、文法的に複雑な文も話すようになってきている。「クラスでも急に言葉が増えて、積極的に発表するようになった」と担任が語った(二五回)。買い物ごっこ遊びをおもちゃを使ってする。買い物の仕方は五、六歳の子どもがやっと数を覚えて、お金の計算をするといった感じであるが、こんなこともできるようになったという成長ぶりがうかがえた(二六回)。

【二七回（X＋四年七月一〇日）九歳三カ月】

前年に引き続き、“Close your eyes game”を二回する。毒を飲んだり撃たれたりして床に倒れるCをセラピストが介抱する。また逆に、セラピストが撃たれて傷ついているのをCが介抱する。次には、ダンス、ダンス、ダンス……と箱庭の周りを回り、二人でともに、また交互にダンスをする。最後に、車の運転の格好をしながら箱庭の周りをおどけて、ぐるぐる回って、終わる。

【二八回（X＋四年七月一四日）】［写真4］

箱庭ではBadmanとGoodmanの戦いが続けられるが、この箱庭では、戦いの最中にBadmanの首が本当に切られて、砂上に落ちてしまう（十字架の右下）。その直後に、十字架の前で、砂の中に埋められていた動物たちが立ち上がり、それぞれ一つひとつが生き返った場面である。この後の箱庭も悪の攻撃はしつこく続けられるが、十字架の保護と守りに助けられ、動物たちは何度も生き返り、生き残る場面が展開される。この年はセラピストが阪神大震災に遭い、そのため、セラピストは腹部手術のため帰国を早めなければならず、二回だけのセラピーとなった。

【二九回（X＋五年七月一七日）一〇歳三カ月】

一年後になるが、“Close your eyes game”が続けられる。しかし、これまでのように、自分が必ず勝たなければならないのではなく、今までのCの価値観では弱いと思われるセラピスト側のおもちゃでも、そのものの個性を認めて相手を勝たすこともでき、最後には、二人とも「あいこ」(Tie) だといって、ともに喜ぶというゲーム運びとなる。

一年前の終わりとしっかり繋がった箱庭のプレイに驚かされた。心理的には繋がっていたのである。こういうことは他の子どものプレイにも見られた。長期間休んでいたが繋がっていたのである。長い間

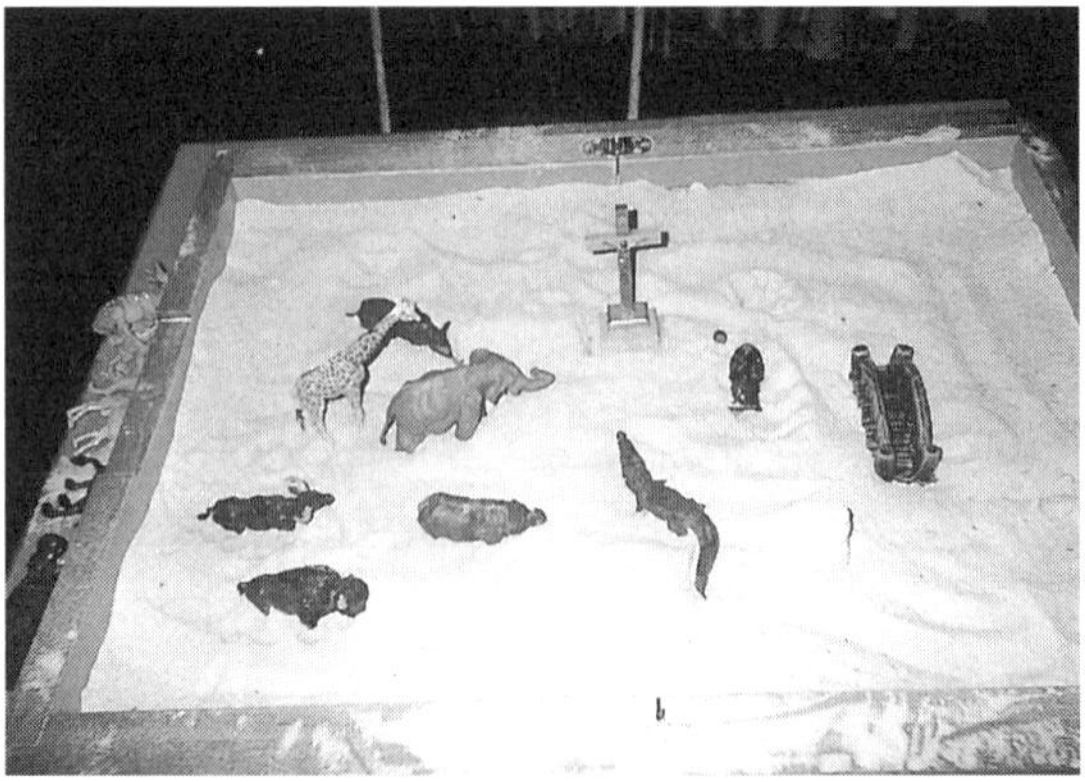
[写真4] 二八回の箱庭

[写真5] 三〇回の箱庭

のセラピーの休みは最初、多少懸念されたが、この学校での体験からすると、セラピスト、クライエント関係はしっかり繋がっていることがわかる。

【三〇回（X＋五年七月三〇日）】 [写真5]

“Close your eyes game” を楽しむ。最後に箱庭を作る。最初に、ブルーの花輪を置いて、瞬時に作り上げた作品である。ワニと象が対等な形で出会う。象という陸上の知恵ある巨大動物とも対等に出会うことのできる堂々としたワニの姿。他の動物がそれを囲み、花や実のなる木がそれを祝福するというマンダラ作品を制作した。Cは「お庭からの贈り物」といって、セラピストに鉢植えの花をプレゼントして終わりとなる。自分というものがしっかり立ち上がった後に、他の存在をも慈しみをもって見ることができるということが示された。Cは前年は少し元気がないようであったが、今年は明るく元気である。

【三一回（X十五年八月七日）】

「何が本当に強いのか」の疑問がしつこく投げかけられる。Cとセラピストは交替に棚からおもちゃを取り、向かい合っておもちゃが順に並べられ、一騎打ちが続けられる。セラピストも必死で勝とうと思ううちに、思わず、無意識に十字架を手にしてしまう。一瞬、Cの不信とも驚きとも思える眼に出会うと、セラピストもドキッとする。一騎打ちとなったとき、十字架を手にしたセラピストの口から思わず、「God……」が出ると、Cは驚いて、完全に打ちのめされた感じで、自分のおもちゃを全部投げ出し、十字架は何より強いと自ら認識し、即！、負けを宣言して、セラピストに月桂樹の冠を被せ、ゴールド・メダルをセラピストの胸に下げてくれた。そして、セラピストに抱擁とキスの祝福を贈って、“Motoko won！ Gold medal！”とともに喜び、賞賛した。Cとセラピスト両者の心の深層に厳然としてあった、すなわち、シンクロナイズしていた十字架（初回箱庭から頻繁に出ている）がCとセラピストの関係性の熱によって浮上してきたものであったから、一瞬にしてセラピストの言動はそのままで伝わったというよりも、Cとセラピストの魂の響き合いであったと思われた。

二度目の勝負の時は、Cが真っ先に十字架を取り、Cの勝ちとなる。この一連のゲームは真剣そのものであり、Cにとって世界との関係性のなかで自分(自己)をどう位置づけるのかが問われたのであろう。担任は「Cは教室では困ることはない」とのこと。

【三二回（最終回）（X十五年八月一九日）】

今日はとても落ち着いている。母親も新しい夫とうまくいっている様子で、家庭も落ち着いているとのこと。今日が最終回であることを話すと、何度も何度も抱きついてくる。箱庭の砂の上では、三一回と同じことが繰り返され、必ず、Cは十字架をわがものとして、Cの勝利となる。

“Now, you became a strong boy, because you have Cross.”が繰り返される。十字架の強さをしっかり自分のものにするために。この日の箱庭は“God of the world”と名づけられた。十字架に象徴される深い宗教的な守りと祈りがC自らの心を支え、Cとセラピストの関係性のなかで死と再生をいく度も繰り返すことによって、生物学的にも精神的にもともに、自己として機能していったと思われた。大満足で固い握手。言葉はまだまだ拙いが、十分会話ができる。手話の必要はもうない。体もしっかりして落ち着いている。

翌日は年一度のスポーツデイであった。Cはこれまでは重度の総合運動障害のために、出場すらできないでいたが、今年は大活躍で、校長先生から「今日一番頑張った賞」をいただき、堂々と表彰台の上に立った。あたかもライオンキングのように。母が喜ぶ姿が見られた。

おわりに

断続的な六年間のセラピーであったが、非常に意味のある象徴性が現れていることはご覧になったとおりであるが、箱庭療法や学校のスタッフによる援助（この学校ではグループおよび個人の言語治療や作業療法などが組織的に行われている）によって、Cが総合運動障害を完全ではないにしろ、自分なりに乗り越えて立ち上がっていったであろうことはプレイのなかに示されている。現実にCにとっては数限りない苦難（プレイのなかに繰り返される生と死）をけなげに乗り越えてきたであろう。いつも箱庭に現れる神（十字架）の祈りと守り、そしてセラピストとCの関係性、偉大なる自然の神（共時性）に支えられていたであろう。また、たび重なって表面に立ち上がる十字架、および潜伏する十字架は、今後もCの何よりの力となるであろう。十字架という形をとっているが、これはこころの深層にある宗教性にほかならない。Cがどういう宗教を信じているか知るよしもないが、このようないたいけな子どもにも神が宿っている（もちろんのことかもしれないが）という、そして、最後にはそれが偉大なる力を彼に与えているのだという自覚をもつことができたのである。この六年間の箱庭を中心とした遊戯療法のなかから、最後に、すべてのものが結集され、集約されて浮上してきた神（十字架）の力をセラピストとCともに自覚させられたことは大きい。これは自然の神（初回にも現れている共時性とも重なる）の力であろう。

Cは自らの宗教性を十字架によって表現しているが、それはキリストを超える「神」を象徴し、世界の神(God of the world)、万民の神であり、Cの願いと祈りであろうか。受難にあったときには常に、Cの心の中に生起する神への願いと祈りを十字架で表現し、Cの心の守りとしてきたし、今後も神の守りを力として、強く生き抜くことを希望してやまない。

コラム

プレイカウンセリングという概念について

倉光 修

カドゥソン（Kaduson, H. G.）とシェーファー（Schaefer, C. E.）が編集した*Short-Term Play Therapy*[1] *for Children*という書物の中で、メイダー（Mader, C.）という著者が〝プレイカウンセリング（Play Counseling）〟という概念を提出しており、興味深く思ったので、本稿で少し紹介してみたい。

メイダーらは、アクスラインの流れを受けて、Child-Centered Play Therapyを行っているのだが、スクールカウンセラーとしての実践において、行動療法や認知療法の考えも取り入れて、「プレイカウンセリング」という概念を創った。米国ではカウンセリングとサイコセラピーが比較的明瞭に区別され、前者は心理的に正常な問題を、後者は異常な反応を対象にするニュアンスがある。たぶん彼らは、自分たちは遊びを通してカウンセリングしているので、「治療」しているのではないと印象づけたかったのだろう。東山紘久先生が、教育分析に相当する「教育カウンセリング」という概念を提出されたことが思い出される。

しかしわが国のスクールカウンセラーは正常な問題のみを対象にしているわけではない。むしろ、スクールカウンセラーであっても、深刻な問題を抱えたクライエントに対応すべきときがしばしばある。しかも、クライエントの問題が正常であろうと異常であろうと、多くのカウンセラーのアプローチには本質的な相違が認められない（特に山中康裕先生の「表現療法」に近いアプローチではそうだろう）。すなわち、たいていのカウンセラーは、クライエントが内界を表現しやすい場を創造し、そこでの表現や反応からクライエントの内界を的確に推測することをまず試みる。その際、表現媒体は言語であろうと遊びであろうと（つまり、カウンセリングであろうとプレイセラピーであろうと）、絵画であろうと音楽であろうと、夢や空想であろうと現実生活の回想や予想であろうと本質的な差はないのではなかろうか。

このような事態にあっては、play counseling という概念は、talking therapy とか dialogue therapy などと同様に、ややとってつけたような感じを与える。われわれはむしろ、心理カウンセリングと心理療法を包括するような新しい概念を創るべき時代を迎えているのではなかろうか。諸賢の見解をお聞きしたいところである。

[文　献]（1）Kaduson, H. G. & Schaefer, C. E.（2000）*Short-Term Play Therapy for Children.* New York : The Guilford Press.（『短期遊戯療法の実際』串崎真志、串崎幸代訳、創元社、二〇〇四）

コラム

ドルトによる子どもの精神分析治療

竹内健児

フランスにおける代表的な子どもの精神分析家としては、フランソワーズ・ドルト、モード・マノーニ（Mannoni, M.）、セルジュ・レボヴィシ（Lebovici, S.）らの名をあげることができよう。なかでもドルトは、フランスの精神分析界だけにとどまらず、フランス人一般の子ども観、家族観に大きな影響を与えた点で特筆すべき存在である。

パリに生まれたドルトは、一九三九年に小児科医、精神分析家となり、その後四〇年間にわたって主として子どもの臨床実践を続けた。ドルトはいわゆる遊戯療法のように既製の玩具を使用することは基本的にはしない。その精神分析治療の特徴のひとつは、描画や粘土細工を無意識の表現の道具として多用した点にある。子どもが何か言葉を発したら、「それを絵に描いてみて」のように言い、作品について連想を求めるとともに、作品を無意識の証言として解読していく。その解読を支えているのは、「無意識的身体像」と「象徴産出的去勢」というドルト独自の二つの概念である。前者は、視覚が優位となる以前の嗅覚、触覚、聴覚を介した対人交流の記憶であり、後者はある発達段階から次の段階へと移行させる試練を指している。この二つの概念によって、子どもの発達上のつまずきが明らかになり、その子が現在体験している心の世界に即した治療的対応が可能になる。

また、子どもに真実を伝えることを重視し、ときにはその役割をドルト自身がとることもあった。なぜなら、子どもの心理的問題は、「言われぬままのこと」、すなわち自分自身の苦しみについて周囲の人から十分に説明を受けていないことに由来している場合も少なくないからである。

こうした技法の背後には、子どもを独自の欲望をもった主体として尊重する一貫した態度がみられる。このことはまた、「象徴的支払い」という料金契約の技法に端的に現れている。これは、小石、使用済みの切符、玩具の切手などを毎回持参して治療の対価として「支払う」ように子どもと契約するというものである。支払いをする限りは、その子がほかの誰のためでもなく、自分自身のために、すなわち主体的に来談していることが明らかとなる。

［参考文献］＊竹内健児『ドルトの精神分析入門』誠信書房、二〇〇四

終章　〈心の器〉としての遊戯療法の場から見えてくる子どもの今

伊藤良子

はじめに

現代社会は人間の歴史が経験したことのない高度な技術革新を可能にしたが、それを受け取る「個」の問題は等閑《なおざり》にされてきたと言わざるをえないのではなかろうか。特に子どもたちは、日々生じているさまざまな困難がもたらす不安に直接的に曝されているにもかかわらず、それを受け取る個々の思いは、現代社会のあまりにも大きくかつ急速な動きのなかで掻き消されているように思う。

このようななかで、子どもをめぐる悲しい出来事が多く起こっている。看過することができないのは、子どもに対する暴力や子どもによる暴力など衝動的な行動の次元の問題が増加してきている点である。とりわけ、小学校の同級生の間に起こった痛ましい事件は大人たちに大きな衝撃を与えた。子どもに現れた問題は、社会が抱える問題そのものであるが、これらの問題には、それらが反社会的行動であるということ以上の、人間の本質に関わる重要な課題が含まれている。それは象徴形成という課題である。このような状況は、今日の社会において、人間の〈心の器〉を生成する基盤が非常に脆弱になってきていることを表していると捉えざるをえない。

しかしながら、先の章において、明らかに示されたように、遊戯療法の場で展開される子どもの遊びは、子どもがその心をしっかりと受け止められるとき、すなわち、その場が〈心の器〉となったとき、彼らはその生死に関わる原初的な次元の困難と対峙する遊びを自ら生み出していくことを示している。

本章では、このような〈心の器〉としての遊戯療法の場から見えてくることを通して、子どもたちが置かれている現状について検討していきたい。

1 衝動的な行動と〈鏡像的他者〉

小学校の同級生の少女の間で起こった痛ましい事件は、今日の子どもの根底に横たわる危うさを顕わにした。二人の間に何が起こって、あそこまでのことがなされるに至ったのか。

この事件が衝撃を与えたのは、①同い年の仲の良い友人に対して、②想像を絶する攻撃がなされたという点である。常識ではとても理解できないこのような現実について、筆者は、ラカンの「鏡像段階」の次元が現れ出ていると考えている。すなわち、その身体に凄惨な傷をつけるという攻撃がなされたのは、自分の鏡像のような存在である他者、いわば〈鏡像的他者〉に対してであったと捉えることができるのである。何年か前にも男子の中学生や成人女性の間で同様の事件があった。今回は少女であることから、その行為の特異さが衝撃を大きくしたが、このような傾向は実は少し前から起こってきていたのである。

「鏡像段階」[1][2]とは、鏡に映る自己の姿を自らのものとして認めることが可能になる段階であり、発達的には、おおむね生後六カ月から一八カ月の間に生じるとされる。ここに自己との出会いの重要な契機をみることができる。人間は一生を通じてこの自己との出会いを深める過程を歩んでいくと考えられるが、この「鏡像段階」において、身体的にはまだ立つこともできないような未熟な状態にある乳児は、鏡の中に、自己の全体的な姿を感嘆の思いをもって見出していく。すなわち、鏡像という外在する他者に自己を同一化させるのである。このことを可能にするのは、乳児を抱えつつ彼に眼差しを向ける他者（多くは母）の存在である。ここで起こっている現象は次のように描写できるだろう。自分を抱く母の眼差しと鏡に映る母の鏡像からの眼差しを受けつつ、このような母を媒介として、乳児は、母に抱かれている鏡の中の姿が自己像であるということに、すなわち、自己の全体像に視覚的に出会っていく。このような体験は、他者（母）との関係においてこそ生じてくるといえよう。不思議なことに、母の眼は子どもを実際に映し出すばかりか、母の顔は子どもの鏡となっていく。子どもにとって、母の笑顔は自らを良い子として映し出し、反対に、母の不機嫌な顔は悪い子として映し出すようにである。

さらに言うなら、鏡像段階における自己との出会いは、一方で、先に述べたような、乳児の不完全さを補う母への同一化、つまり、外的な理想像である他者に自己を見る「外なる過程」と、他方、母が乳児に生じているさまざまな思いを受け取り、それを「念入りに磨き上げて返す」ことによって、その母子の交流・経験を入れる「器」[3]、つまり〈心の器〉が乳児の中に作り出されるという「内なる過程」が結実して生じてくるものであろうと筆者は考えている[4]。

したがって、鏡像段階の通過は、乳児にとって、人生最初の他者との非常に重要な共同作業の結果であって、そこには内的外的なさまざまな要因が関わる困難や病的現象も生じてくる。たとえば、発語が生じたにもかかわらず、三歳までにそれらの言葉が消失してしまうという折れ線型自閉症と呼ばれる重症の早期幼児自閉症があるが、この不可解な現象は、伊藤[5]が示唆したように、鏡像段階の通過は他者との深いつながりなくしては困難であることを示すものであろう。また成人においても、鏡に映った像との戯れを常同的に繰り返す鏡映症状や二重身・パラノイアなどの現象も生じてくるが、そこでは鏡像のほうが生き生きとした実像で、自己が虚像にすらなってしまう。すなわち、あれかこれかの双数関係が生じ、鏡像（他者）と自己は共存できなくなる。他者に依って自己を生成するという人間のあり方そのものが、パラノイア的構造をもっているると言えるのである。

ここで取り上げている事件もこのような〈鏡像的他者〉との間でこそ生じたものであったと考えられる。〈鏡像的他者〉とは同一化の対象となる理想の他者と言えるが、過去の事件の被害者もそのような対象となる人物であった。中学生男子の事件では、常に行動をともにしていた頼りになる級友であった。成人女性の事件では、被害を受けたのは彼女の子どもと同じ幼稚園児であるが、その母は保護者会の中心的存在の人物であり、母子という形の鏡像であった。今回の被害者も加害女児にとって重要な友人であったと思われる。

自己の拠り所となっていた重要な存在の身体を傷つけるというのはどういうことなのであろう。そこには、鏡像段階に至るまでのバラバラな身体の幻想、すなわち、ラカンの言う「寸断された身体像」が現れ出てきていると考えられる。この幻想は、クラインが明らかにした「妄想分裂態勢」の世界とまさしく重なるものであって、〈鏡像的他者〉が自己の存立を脅かすとき、「羨望」や「迫害不安」が関与してこれほどのことが生じてしまうのであろう。その存在が重要であるからこそこのようなことが起こるのである。しかし、それは自己像の粉砕、つまり、自己への攻撃に等しい。ラカンは「自罰パラノイア」という概念によって、このような攻撃が同時に自らに対する罰であることを明らかにしているが、鏡像段階における〈鏡像的他者〉との同一化は、ナルシスが水に映る自分の姿に魅了されて、それを自らのものとしようと水の中に飛び込んで命を落としたように、人間存在にとって不可避の危険を孕んでいる。このことは、さらに大きな器となる他者の眼差しの内在化なくしては、この鏡像を他者として受け入れ、自己と他者が共存しうるのは難しいことを示している。ここに、象徴的な次元の決定的な重要性がある。

このような鏡像段階の通過における困難には、質的に異なる二つの水準があると筆者は考えている。一つは、同一化の対象となる他者との出会いが生来的にと言えるほど早期に障害されている場合である。二つ目は、先の水準は一応経たが、反対に、他者に対する過度の同一化が生じ、自己の内なるさまざまな思いを十分に磨き上げることができなかった場合である。前者の例として早期幼児自閉症、後者として不登校を取り上げ、両者の水準の違いを踏まえつつ、彼らから学んでいこう。前述の事件をはじめとする今日の状況は、この早期幼児自閉症や不登校についての社会の受け取り方と深く関わっていると思われるからである。

2 早期幼児自閉症児から学ぶ

まず、同一化の対象となる他者との出会いが困難な場合として自閉症を取り上げて考えていく。

早期幼児自閉症の子どもたちとともにあって、筆者には、当初より、彼らが提示した問題は「関係性の希薄化の時代の訪れを告げるもの」との思いが強くあった。他者を希求することの少ないこのような子どもたちの増加は、医療の進歩によって、乳児の死亡率が大幅に低下したことと無関係ではないのであろう。自閉症児などで周産期に何らかの問題があった例は少なくない。医療が乳児の生命の危機を救ってきたのに対して、死と隣り合わせにいたこのような乳児の心を受け取る視点のほうは残念ながら遅れをとった。今日の状況は、彼らが提示した問題を社会が十分に受け取ってこなかったことを示しているように思う。彼らから学ぶということが欠けていたと思われるのである。

「早期幼児自閉症」がカナーによって、また、「自閉的精神病質」がアスペルガー（Asperger, H.）によって報告されたのは一九四〇年代前半である。日本では一九五〇年代に報告があるが、一九六〇年頃からこのような子どもが増えはじめ、親のみならず保育や教育の場に大きな混乱をもたらす状況が生じた。その捉え方については紆余曲折を経たが、今日、広汎性発達障害として位置づけられるに至った。そこには、当初、心理的要因が強調され、親の養育態度を責めることになったとの反省があった。こうして、主に子どもの障害に対するアプローチが重視されてきた。彼らに対する社会施策も生まれ、一応の混乱は治まっていった。

しかしながら、近年、年長になった自閉症児たちの対人関係の困難や傷つきが改めて重視されるようになった。と同時に、軽度発達障害と呼ばれる子どもの問題が教育の場で再び大きくなってきた。発達障害の周辺群の裾野が非常に広くなってきているのである。そこには、何らかの内的要因がある場合だけでなく、学級崩壊という現象に見られるように、小学校入学後においても集団行動に困難をもつ子どもが全般的に増加している状況があることは否めない。

こうした状況が生じているのは、早期幼児自閉症が提示した問題の本質を十分に社会が受け取ってこなかったことによるのではないかとの思いが筆者にはある。これについて二つの危惧を述べておきたい。

第一は、障害という観点はややもすると障害を軽減するためのアプローチが中心になってしまい、彼らが提示している問題の本質を受け取ることを難しくするのではなかろうかとの危惧である。彼らがその存在において示したような原初的問題を人間は根底に抱えているのである。「心と身体を持った全体的存在である人間の生き様としての自閉の意味を彼ら自身から問う」[4]ことによってこそ、この人間の本質に接近できる。

第二は、他者との関係を樹立することに困難があり、孤立した生き方を余儀なくされている彼らの傷つきこそ、他者との出会いとその関係の深化が人間にとって根本的に重要であるという人間の本質を示しているにもかかわらず、外界への適応が急がれるあまり、彼らの思いを受け取る器としての他者の機能の重要性の認識が不十分になったのではなかろうかとの危惧である。これらのことはさらに一般化されて、子どもの思いを受け取る他者（親）の機能の重要性を軽視する風潮が社会全般にもたらされたように思う。

この他者の機能は子どもの要求を充たすこととはまったく異なる。子どもの示すものをしっかりと受け取る存在の現前が重要であって、それが可能となったとき、子どもは困難を抱えていく方途を自ら見出していく。遊戯療法の場における彼らの遊びは、他者の存在の決定的な重要性を明らかにした。以下に見ていこう。

3 子どもの遊びの二つの水準

遊戯療法の場がその本来の機能を果たす〈心の器〉となったとき、そこに二つの水準の遊びが生まれてくる。どのような水準の遊びが生まれてくるかは子どもが先導するのであって、子どもは見事に自分の困難に関わる遊びを見出していく。この遊びの水準を大きく分けるならば、一つは象徴形成をもたらす水準の遊びであり、もう一つは象徴的な水準の遊びである。セラピストの重要な役割は、この場が原初的な不安をもたらす遊びを生み出すことを認識し、どのようなときにも子どもが安心して遊びを続けうるように守ることである。

第一の水準の遊び、すなわち、象徴形成をもたらす遊びが生じてくるのは、自閉症児などの発達障害をはじめとする言葉の獲得や対人関係に困難をもつ子どもにおいてである。これは、子どもの〈心の器〉が生成される遊びと言ってもよかろう。この水準の遊びの中核となるものを、筆者は「鏡像遊び」と呼んだが、それはラカンの「鏡像段階」の次元に関わる遊びと考えられたからである。[6]「鏡像遊び」とは、たとえば、自閉症のA（男児）との週一回のプレイセラピーの場で生まれた次のような遊びである。Aは四歳になっていたが、言葉もなく、母との愛着関係もない状態であった。[4]

来談当初、Aは、寝転んで玩具のバスを眼前で左右に動かすなど、常同的な一人遊びを続けていた。言葉を発することも、視線を合わすこともなく、ひたすら「ものを見る」遊びをしていた。しかしながら、彼が滑り台を滑った後に、セラピストが慎重に彼と同じように滑ると、自分からセラピストに滑り台を滑るように要求し、その「セラピストを見る」ようになった。ついで、プレイセラピー開始から九カ月後、彼は次のような遊びを始めた。

セラピストの手を取って、滑り台のすぐ横に立せ、何度も滑り台を滑った。セラピストにAを見ることを求めたのである。ついで、セラピストを少し離れた台へ引っ張っていき、そこに座らせ、そしてAが滑った。セラピストはそこから彼を見守った。その後、彼はもう一人のセラピスト（グループセラピーであったのでセラピストは二人いた）を滑り台に連れて行って滑ることを要求し、自分は、座っているセラピストの横に来てセラピストに抱きついた後、並んで座った。今度はそこから、セラピストとともにもう一人のセラピストが滑るのを見、そのセラピストが滑り終わるたびに横にいるセラピストをニコッとうれしそうに見た。この遊び、つまり、滑り台を滑っていた彼と同じように滑るもう一人のセラピストとそれを見るセラピストを同時に見るという遊びを何度も繰り返した後、彼は立ち上がり、座っているセラピストの身体の周囲をぐるっと回って、セラピストの両耳や顔をまじまじと見た。この遊びは先に述べた鏡の前の乳児が自己の全体像をそこに見出すことに等しいものと言えよう。

それゆえこの後、彼は他児の動きに非常に敏感になり、他児が近づいただけで不安になって泣き出し、セラピストの所にすっ飛んで来るようになった。そして、セラピストの口を触りつつ、「Ａクン、Ａクン」と自分の名をはじめて言った。Ａクンとはセラピストがいつも彼に呼びかけていた名前であった。彼の求めに応じて、セラピストが「Ａクン」と呼びかけると、彼は納得したようであった。彼は、Ａという自らの存在を、セラピストにおいて、見出したと言えるのである。こうした過程を経て、セラピー開始一八カ月後、彼は、セラピストとの遊びを楽しむようになるとともに、さまざまな思いをセラピストにぶつけてくるようになった。たとえば、彼の気に入りの玩具が壊れたときには、泣きつつセラピストに見せにきて、セラピストを叩いて悲しさや怒りをぶつけた。セラピストは彼の思いを受け取る器として機能しだしたのである。

早期幼児自閉症においては、セラピストがこのような子どもの思いをぶつけうる「器」となるまでには、彼らの思いを瞬時に受け取ってその遊びを実現する濃密な一対一のかかわりが必須となる。セラピストのこうしたかかわりのなかから生まれてきたのが「鏡像遊び」であった。この遊びを通して、彼らは自らの存在をセラピストにおいて見出していった。

ここではAの「鏡像遊び」を取り上げたが、同様の状態にある子どもたちはそれぞれ独自の「鏡像遊び」を生み出していく。この「鏡像遊び」は、他者において自己を見出すという心身一如の非常に原初的な次元の遊びであると同時に、〈心の器〉の生成にとっての他者の存在の決定的な重要性を示していると考えられる。そこでは、先に示したように、セラピストが〈鏡像的他者〉であると同時に、それを越えた存在としての〈他者〉の機能を担っていたと言えるだろう。

以上、自閉症において、他者との出会いと同一化がどのように生じるかについて述べた。次に、不登校を取り上げ、反対に、他者との過度の同一化が生じている状態について検討していく。

4 不登校児から学ぶ

自閉症と同様に、米国に一〇年ほど遅れて日本でも報告されるようになった不登校は、特に一九七五年以降その数が急増し、教育に関わる最も重大な問題となっていった。不登校は自閉症などの発達障害とは問題の水準が異なるが、不登校の増加という状況の根底には、一般社会の風潮として、先に述べた、子どもの思いを受け取って、それを念入りに磨き上げて返すという他者の存在の重要性の軽視が加速度的に進んでいったことがあろうと思われる。子どもの抱えさせられたさまざまな困難に大人が気づくことなく、大人からの方向づけのみが先行し、子どもの思いが放置されることになったのではなかろうか。こうして、自己の生成における他者への過度の同一化という道しかなくなった子どもが増えた。不登校という問題はこのような状況に警告を発するものであった。

不登校児が最初に示した状態像は、それまで真面目に登校していた「よい子」が突然、腹痛や頭痛などの身体症状を訴えて学校を休みだすということであった。その特徴は身体化であった。身体化とは、身体に不調が生じることであるが、心で受け止めきれない困難や、苦しむことが許されないような状況において、人間は身体も総動員して対応するのだと思われる。不登校が深刻な問題となったのは、まず、中学生の年代であったが、中学生という年代は、それまでの懸命の頑張りがあったこと、しかしながらそれが破綻したという意味において、まさしく身体化という形で問題が顕在化しやすい時期である。

不登校という現象はジョンソン（Johnson, A. M.）らによって「学校恐怖症」と呼ばれた。日本においても、当初は学校恐怖症、さらに登校拒否という表現が用いられたが、不登校の生徒は減ることなく増え続け、小学生や高校生にも広がり、一部の子どもの問題ではないとの認識が生まれるに至った。同時に、不登校の状態像にも変化が生じてきた。入学当初からさまざまな問題を抱えてきた子どもや身体化や葛藤を顕著に示さない子どもが増えてきたのである。こうして、個人の問題としてのみ捉えるのでは不十分となり、不登校への社会的な対応が求められるとともに、登校しない現象そのものを表す「不登校」という言葉が用いられるようになった。このことは、教育体制や社会のあり方を問うという重要な意義はあったが、しかし、不登校の子どもの中核群が示した問題の本質を曖昧にしたように思う。

不登校という形で彼らが懸命に示したものを次に見ていこう。

5　不登校と象徴的な表現

不登校児においては、自閉症児などと異なり、先に述べた第二の水準である象徴的な表現が現れてくる。それをしっかりと受け取る他者があってはじめて彼らも自らの表現と出会うことができる。以下に、B子の箱庭表現を取り上げる。

B子（中学生）は、転校をきっかけに不登校になった。良い高校に進学するため、本人も納得したうえでの転校であったが、登校数日後、しんどいと言って早退し、以後、登校できなくなった。父が叱ると、B子は「家を出る、死ぬ」と泣き続けた。

初回、B子は泣き腫らした目に涙をためて、母に連れられて来所した。プレイルームには嫌がらずに入室したが、なかなか自分から語ることはできないB子であった。二回目の来所時、セラピストの問いかけに答えて、「父は帰りが遅く、ご飯を食べて寝るだけ。母は、明るい性格でよく外出をするが、母がいなくても寂しいと思わない。家ではつまらないことは話さない」とポツリポツリ話し、その後、次の箱庭を置いた。

まず、ワニや蛇などを触ったが、しかし、それは置かず、虎を六頭、左側に右を向けて置いた。次に虎の足元に、象、カンガルー、鉄砲をもった狩人を倒して置き、踏みつけさせた。六頭の虎が襲いかかっているようであった。右側の広い空間に、ライオン、象、サイ、馬、猪、熊、カバ、狐、牛、ラクダなど多数の動物を、左側の虎を向けて並べて置いた。最後に三本の木を隅に置いた。そして「虎がやっつけた。虎は一番強い。動物たちは皆支配されている」と言った。

B子の箱庭は、虎が、象とカンガルー、狩人を殺し、すべての動物たちを支配している場面であった。それは外から見るB子からは想像できない激しい攻撃性の現れた世界であった。内なる世界で起こっていることが外の世界をまったく圧倒しているようであった。今までのB子の生き方に対する内からの反撃でもあろうか。このような状態では学校へ行けないのも当然であろうことをセラピストは痛感した。そこでは、虎が、カンガルーや狩人を殺している。カンガルーは一般に母性の象徴のように受け取られている。また、狩人は鉄砲を構えており、まさしく男性性（父性）を表しているようであった。B子の内なる母殺し、父殺しであったとも言えようか。B子は箱庭を置く前に、「母がいなくても寂しいとは思わない」と語っていたが、それは、B子の内なる母性も父性も殺してしまった生き方であった。その根底にある彼女の悲しい怒りがこの箱庭から感じられた。

これ以降の経過は、夢を語ることが中心になったが、夢には、元の中学校の友人たちが出てきた。まず、一人の友人が元気なくうずくまっており、彼女がその友人に「どうしたの」と声をかけている夢が報告された。その友人は、彼女と心がよく通じ合い、趣味や性格、家族構成などすべての点で非常によく似た友人であった。その友人とは、家族には言わないようなつまらない話をよくしていたとのことであった。家を出て、友人とアパートを借りて一緒に生活したいとB子は言った。この彼女によく似た友人は、先に述べた〈鏡像的他者〉のような存在であったと言えよう。彼女はこの〈鏡像的他者〉ともいえる友人と支え合ってきたのであろう。不登校になったのはそこから切り離されたときであった。

母の報告によれば、B子は、四カ月時、股関節脱臼が見つかり、一年間通院。一歳半頃、母が病気で入院し、祖母がその間彼女の世話をしたが、母がいなくても何のこともないので祖母は驚いたという。それ以後も手のかからない子であった。これらの出来事は、鏡像段階の時期以前からB子の自律性は制限され、他者との心の関係も希薄になったのであろうことを示しているが、B子の不登校まで、父母がそのことを問題と気づくことはなかったのである。したがって、不登校という事態が生じたことはB子親子にとってむしろ幸運であった。その後の経過としては、夢を語ることを通して学校へ戻りたいとの彼女の思いが明確になり、それを父が受け入れて、半年後元の学校に再び転校し、登校も可能になった。しかしながら、重要なのは、この過程において、彼女と父母のあり方が根本的に見直され、その関係が大きく変わっていったことである。彼女の夢もそのことを示している。最終回、彼女は、困っているときに助けてくれる父の夢と、彼女と一緒に果物を買いに行く母の夢を報告した。はじめて父が夢に出てきたと彼女は付け加えたが、半年の過程を経て、B子はその心に父母を取り戻した。すなわち、〈鏡像的他者〉を超えた他者がB子の心に内在化されたと考えられる。

以上述べてきたように、不登校という問題は、それがしっかりと受け取られたとき、親子のあり方に変化が生じる契機となる。ここでは子どもの面接を取り上げたが、親面接のみでもこのことは可能である。東山[7]は母親ノートを用いた親カウンセリングによって子どもの状態が大きく変わった事例を報告している。また、伊藤[8]も、母親面接のみによって、母子両者の主体性が回復された三事例を報告している。

ところが今日、不登校がこじれて家庭内暴力に至る場合のみならず、不登校や身体化を経ずに突然、山中[9]の言う「攻撃性の突出」としての「『行動化』現象」が起こるという状況が生じているのである。身体化には、困難を抱えつつ他者に助けを求めているメッセージがある。すなわち、関係性がある。他方、行動化は、さらに進んで、身体の次元においてすらも困難を抱えられず、自己の外に困難を放り出した状態である。そこにはB子が示したような生死に関わる原初的な攻撃性の次元が、B子とはまったく異なって、象徴化されないで直接的に現れてくるがゆえの危険性がある。最悪の場合は他者との関係をまったく破壊してしまうことになる。それは、〈心の器〉が十分に生成されていない状態、つまり第一の水準に近い状態である。それゆえに、この「行動化」を本章で述べてきたような〈鏡像的他者〉との関係の次元から捉え直す必要があろうと筆者は考えているのである。それによって、彼らが真に求めているものを明らかにすることができる。

おわりに

本章で取り上げてきた「早期幼児自閉症」「不登校」は、戦後の混乱が治まってから今日に至る半世紀余の間に生じた子どもの心の問題のなかでも、とりわけ大きな社会問題となったものであった。そして、近年、小中高生の「行動化」や児童虐待に現れた若い親世代の「衝動的な行動」の問題が大きくなっている。これらの問題は、それぞれが別個の問題であり、独立して起こってきたと考えられているであろうが、決してそうではない。早期幼児自閉症、さらに不登校において示された問題の本質、すなわち、二つの水準における他者の存在の重要性を十分に受け取ってこなかったことが、〈心の器〉を生成することの困難の世代間連鎖をもたらしていると言わざるをえないように思う。

このような今日の状況は、子どもの内的要因や子どもを取り囲む状況において、これまで以上に子どもの思いを受け取り、それを磨き上げて返す他者の存在が重要になってきていることを示していよう。〈心の器〉を生成することの困難の連鎖を断つ作業が今こそ求められている。それは、子どもの心に耳を傾けることから始まると思う。遊戯療法の場における子どもの遊びはそのことを示している。

［文献］

（1）Lacan, J.（1953）Some Reflections on the Ego. *Int. J. of Psychoanal*, 34, p11-17.

（2）Lacan, J.（1966）*Ecrits*. Paris : Seuil.

（3）Bion, W. R.（1962）*Learning from Experience*. London : William Heinemann Medical Books.

（4）伊藤良子「自閉症児の〈見ること〉の意味――身体イメージ獲得による象徴形成に向けて」心理臨床学研究、1（2）、一九八四

（5）伊藤良子「鏡像段階と折れ線型自閉症――ラカンの観点から」プシケー、21、新曜社、二〇〇二

（6）伊藤良子「子どもの心的世界における『父』と『母』――ことばをもたらすもの」〔日本心理臨床学会編〕『心理臨床ケース研究3』誠信書房、一九八五

（7）東山紘久『心理療法と臨床心理行為』創元社、二〇〇二

（8）伊藤良子「子どものパロールに現れた母親の無意識」〔小出浩之編〕『ラカンと臨床問題』弘文堂、一九九〇

（9）山中康裕『こころに添う――セラピスト原論』金剛出版、二〇〇〇

おわりに

本書『遊戯療法と子どもの今』は、山中康裕教授・東山紘久教授の定年退職を記念して発刊された京大心理臨床シリーズの第三巻である。

われわれの研究室は遊戯療法の長い歴史をもっている。両教授も子どもの心理療法に関する先駆的な業績を重ねてこられた。京都大学教育学部に心理教育相談室が発足したのは一九五四年である[1]。以来、多くの子どもの遊戯療法が行われてきたが、一九六〇年代の末からその場となった地下のプレイルームには、たっぷりと砂の入るバリアフリーの砂場があった。ある子どもはこの砂場を深く深く掘った。ある子どもは砂の中にすっぽりと隠れ、また、ある子どもはその中から宝物を発見した。意味深い遊びを生み出す砂場であった。砂場は窓際にあり、ベルトコンベアで砂を入れ替えることができるようにも工夫されていた。このプレイルームは東山教授が助手の時に作られたものであることを、筆者はつい最近知った。先生はまさしくプレイセラピストであると思った。

相談室開設当初は来談者の大半が子どもであった。近年は成人の来談者のほうがずっと多くなり、その領域も広がって、教育の場や精神医療の場のみならず、身体医療や司法との連携も模索され、その場に出向いて心理臨床を行うようにもなってきた。このような心理臨床の広がりをしっかりと支える基盤こそ、遊戯療法であると言っても過言ではないと筆者は思う。遊戯療法の場で展開される子どもの遊びは人間が生きることそのものである。このような子どもの心の深奥から心理臨床の真髄は教えられる。とりわけ、子どもたちをめぐる悲しい出来事が多く起こっている今日、われわれはこの「子どもの今」をしっかりと受けとめることが大切であろう。時代のもつ困難を真っ先に抱えさせられるのは子どもたちである。このような困難を子どもやその親たちとともに抱えていくのが遊戯療法である。こうした思いから本書の出版を企画させていただいた。

構成は以下のとおりである。

まず、序章において、東山教授による遊戯療法論が示されている。遊戯療法の場で起こってくること、その重要な観点を、丁寧に述べていただいた。また、山中教授にはコラム欄で本書の主題についてのお考えをお示しいただいた。

第1章から第6章までは、心理相談室や小児科・精神科のクリニック、教育センター、学校、入所施設、さらに外国など、多様な場で行われた遊戯療法の事例が提示されている。第1章では、唾が飲み込めない・夜尿・汚れに対する強迫観念・場面緘黙・登校渋り・トゥレットなど今日の子どもに増えている強迫的な不安を取り上げた。第2章では、火遊び・キレるという近年特に問題とされている衝動的な行動について検討された。第3章では、虐待をはじめとして親による養育が困難になっている状況を取り上げた。ここでは、児童養護施設や情緒障害児短期治療施設における遊戯療法のあり方も論じられた。第4章では、両親の聴覚障害・交通事故・脳性麻痺による知的障害など病や障害に出会った子どもがどのようにそれを生きていくかという主題が展開された。第5章では、自閉性障害とアスペルガー障害の二つの発達障害が取り上げられ、子どもの遊戯療法や母子への早期アプローチが提示された。第6章は、イギリスの性的虐待とオーストラリアの総合運動障害の事例が取り上げられた。前者ではクライン派の技法が、後者では箱庭療法が用いられた。

どの事例からもプレイの場面が生き生きと伝わってくる。日常ではわからない子どもの心の世界に触れることができる。その経過を執筆者はそれぞれの観点から考察されている。子どものもってきた主訴の意味・子どものあり方・困難の抱え方・クライエントとセラピスト関係・親との関係・プレイの場の機能・セラピストとして不十分だった点や残された問題等々……である。また、各章に設けたコラム欄において、関連する事項についての自由な語りや新たな視点を加えていただいた。終章では、遊戯療法の実際を踏まえ、そこから見えてくる今日の子どもが置かれた状況について論じた。

本書全体を通読していただくと、これらが混じり合い熟成されて、子どものもつ力とその懸命な生のさらなる奥深さが感じ取られるように思う。

最後に、本書の出版に際して、子どもたちの表現を大切にした心のこもった編集をしてくださった創元社の渡辺明美氏・松浦利彦氏に心より感謝を申し上げたい。

二〇〇四年一二月

伊藤良子

[文　献]（1）Kuraishi, S. and Tatara, M.（1963）Kyoto Uniuersity Psychological Report 1954-1961. 京都大学教育学部紀要、9

人名索引

あ

アクスライン（Axline, V. M.） ……3, 18
アスペルガー（Asperger, H.） ……343
アレン（Allen, F.） ……3
伊藤良子（いとう　よしこ） ……274
岩宮恵子（いわみや　けいこ） ……121
ウィニコット（Winnicott, D. W.） ……3, 115
ウルフ（Wolff, S.） ……19
エリクソン（Erikson, E. H.） ……12
大江健三郎（おおえ　けんざぶろう） ……258
荻原はるみ（おぎわら　はるみ） ……286

か

カドゥソン（Kaduson, H. G.） ……334
カナー（Kanner, L.） ……277, 343
河合隼雄（かわい　はやお） ……255
ギル（Gil, E.） ……162
クライン（Klein, M.） ……3, 342

さ

シェーファー（Schaefer, C. E.） ……334
ジョンソン（Johnson, A. M.） ……348

た

髙橋悟（たかはし　さとる） ……180
滝川一廣（たきがわ　かずひろ） ……278
ドルト（Dolto, F.） ……94, 336
トロウェル（Trowell, J.） ……317

な

中沢たえ子（なかざわ　たえこ） ……243
中村伸一（なかむら　しんいち） ……121

は

ハーディ（Hardy, D. R.） ……192
バロン＝コーエン（Baron-Cohen, S.） ……277
ビオン（Bion, W. R.） ……318
東山紘久（ひがしやま　ひろひさ） ……131, 243
弘中正美（ひろなか　まさよし） ……243
ブラサード（Brassard, M. R.） ……192
プレストン（Preston, P.） ……228
フロイト（Freud, A.） ……3
フロイト（Freud, S.） ……12
ホブソン（Hobson, R. P.） ……277

ま

マーラー（Marler, M. S.） ……81
宮川香織（みやがわ　かおり） ……120
ムスタカス（Moustakas, C. E.） ……3
村瀬嘉代子（むらせ　かよこ） ……252
メイダー（Mader, C.） ……334

や

山中康裕（やまなか　やすひろ） ……335

ら

ラカン（Lacan, J.） ……93, 340
ラター（Rutter, M.） ……277
ロジャース（Rogers, C. R.） ……17

ま

漫画 …… 71

み

未熟児 …… 230
見捨てられ不安 …… 175
耳鳴り …… 215

む

無意識 …… 71, 336
　　——的身体像 …… 336

も

妄想分裂態勢 …… 342
模倣 …… 266, 274

や

薬物 …… 11, 43
　　——療法 …… 43
夜尿 …… 23, 42
　　——症 …… 42

ゆ

遊戯療法実習 …… 150
夢 …… 124, 302
　　悪夢 …… 302

よ

夜泣き …… 279

ら

ラポール …… 150

り

離人感 …… 130

わ

別れと再会 …… 42, 56
枠 …… 99

地域療育 …… 259
父の法 …… 93
チック …… 97
　音声―― …… 97
　動作性―― …… 97
知的障害 …… 243
聴覚障害 …… 210, 212
　聴力低下 …… 212
鳥瞰の視点 …… 71
超自我 …… 71
聴力低下 …… →聴覚障害
治療構造 …… 171, 180

て

ＴＡＴ …… 291
帝王切開 …… 42, 262
低身長 …… 29
手形 …… 272
転移 …… 24, 94

と

同一化 …… 342
投影 …… 311
登校渋り …… →不登校
トゥレット …… →ジル・ドゥ・ラ・トゥレット

に

二重身 …… 341
入院 …… 230
乳幼児 …… 203, 259, 278
　――期 …… 203
　――健診 …… 259
　――母子心理療法 …… 278
人形 …… 148

ね

ネグレクト …… →虐待

の

脳性麻痺 …… 244

は

バーチャルリアリティ …… 111
バウムテスト …… 60
迫害不安 …… 342
箱庭療法 …… 16
発達指数 …… 280
発達障害 …… 292, 343
　広汎性―― …… 343
パニック …… 292
場面緘黙 …… 73
パラノイア …… 341, 342
　自罰―― …… 342
万能感 …… 83

ひ

火遊び …… 120, 121
　放火 …… 121
ＰＴＳＤ(心的外傷後ストレス障害)→心的外傷
被虐待児 …… →虐待
人見知り …… 74
描画 …… 115
表現療法 …… 335

ふ

風景構成法(ＬＭＴ) …… 60
不登校 …… 11, 22, 85, 86, 347, 348
　学校恐怖症 …… 348
　登校渋り …… 85, 86
プレイカウンセリング …… 334
プレイ感覚 …… 118
プレイルーム …… 98
フロスティック技法 …… 245
分離 …… 42, 55, 57, 81, 85
　――／誕生 …… 42
　―――個体化 …… 81
　――不安 …… 85

へ

変容 …… 144

ほ

放火 …… →火遊び
包容 …… 166
暴力 …… 134, 192, 351
　家庭内―― …… 351
　配偶者間の―― …… 192
保健センター …… 203
母性剥奪 …… 55
ホワイトボード …… 137

——性 …… 77
交通事故 …… 230
行動化 …… 21, 351
行動療法 …… 97
広汎性発達障害 …… →発達障害
口話 …… 211
股関節脱臼 …… 350
心の理論障害説 …… 277
子育て支援 …… 204
ＣＯＤＡ(Children of Deaf Adults) …… 210
言葉 …… 40, 270
——の煙幕 …… 40
コミュニケーション障害 …… 296
コラージュ …… 62

さ

罪悪感 …… 302
再接近期 …… 83

し

自我 …… 71
自己治癒力 …… 19
自殺 …… 11
思春期 …… 72, 111
前—— …… 111
視線 …… 75
嫉妬 …… 85
児童相談所 …… 166, 207
児童分析 …… 23
児童養護施設 …… 154
死と再生 …… 21, 42, 56
自閉症 …… 263, 277, 278, 292, 342, 342
折れ線型—— …… 341
高機能—— …… 277
早期幼児—— …… 343
アスペルガー型 …… 278
自閉性障害 …… 263
自閉的精神病質 …… 343
宗教性 …… 333
重度言語障害児 …… 320
重度総合運動障害 …… 320
主体 …… 134, 135
——性 …… 135
受容 …… 18
手話 …… 211
純粋性 …… 18
昇華 …… 19
象徴 …… 13, 94, 336, 337, 339, 345, 351
——化 …… 351
——形成 …… 339, 345
——産出的去勢 …… 336
——的 …… 13
——的支払い …… 337
——的な次元 …… 94
情緒障害児短期治療施設 …… 166
初語 …… 279
自律性 …… 79
ジル・ドゥ・ラ・トゥレット …… 97
——症候群 …… 97
トゥレット障害 …… 97
心因性難聴 …… 227
心身症 …… 11
身体化 …… 348
身体言語 …… 82
心的外傷 …… 166, 230, 242
ＰＴＳＤ(心的外傷後ストレス障害) …… 242
心理判定員 …… 207

す

スクィグル …… 62, 115
——ゲーム …… 115
スクールカウンセリング …… 135
砂 …… 93
スヌーズレン …… 254
寸断された身体像 …… 342

せ

性 …… 69
制限 …… 18
喘息 …… 320
羨望 …… 85, 342

そ

総合環境療法 …… 135

た

対象恒常性 …… 81
タヴィストック・クリニック …… 300
他者の機能 …… 344
多動性 …… 263
誕生 …… 42, 57

ち

事項索引

あ

愛着 …… 86
悪 …… 131
悪夢 ……→夢
アスペルガー型 ……→自閉症
遊び場 …… 118
アトピー …… 280

い

異界 …… 120, 121
育児不安 …… 203
いじめ …… 76
依存 …… 118
イニシエーション …… 42, 57

う

器 …… 168, 184, 339, 341
　心の―― …… 339
ウロボロス …… 293

え

絵 …… 93, 272
　――の具 …… 272

お

嘔吐 …… 86
汚言症(コプロラリア) …… 97
大人の心理療法 …… 15, 117
鬼 …… 120
お化け …… 120
親面接 …… 113

か

解釈 …… 22
抱える環境 …… 204
かくれんぼ …… 185
仮死 …… 42
学級崩壊 …… 344
学校恐怖症 ……→不登校
環境調整 …… 167
関係性 …… 343
癇癪 …… 83
感受性訓練 …… 151
感情 …… 122
感情認知障害説 …… 277

き

吃音 …… 230
基底欠損 …… 168
基本的 …… 55, 168
　――信頼感 …… 55
　――不信 …… 168
虐待 …… 11, 154, 166, 179, 300
　児童―― …… 154, 179
　身体的―― …… 155
　心理的―― …… 166
　性的―― …… 166, 300
　ネグレクト …… 166
　被虐待児 …… 179
鏡映症状 …… 341
共感的理解 …… 18
鏡像 …… 263, 341, 346
　――遊び …… 345
　――段階 …… 263, 340
　――的他者 …… 340
強迫 …… 28, 60, 86
　――症状 …… 28
　――性障害 …… 60
　――性の制止 …… 86
恐怖症 …… 86
強要 …… 83
キレる …… 134

け

限界設定 …… 118
元型的な世界 …… 293
言語認知障害説 …… 277
言語の獲得 …… 83
現実感 …… 120
原初的な不安 …… 345

こ

攻撃 …… 24, 77

近森 聡(ちかもり さとし)
大阪府立北野高校、茨木養護学校、トゥレーヌ甲南学園教諭等を経て、甲南中高、大阪府、兵庫県でスクールカウンセラー。臨床心理士。

中鹿 彰(なかしか あきら)
京都市児童福祉センター心理判定員。著書『子どもの心を育てる』(共著、星和書店)、論文「バウムテストから見た広汎性発達障害の認知特徴」(心理臨床学研究、21(6))。ほか

永田法子(ながた のりこ)
中京大学心理学部助教授。著書『ライフサイクルの心理療法』(共著、創元社)、『学校臨床心理学・入門』(共著、有斐閣)ほか。

仁里文美(にさと ふみ)
金城学院大学人間科学部専任講師。論文「砂箱」(現代のエスプリ別冊「箱庭療法の現代的意義」)、「『沖縄』が臨床心理学にもたらすもの」ほか。

西村則昭(にしむら のりあき)
仁愛大学人間学部助教授。著書『アニメと思春期のこころ』(創元社)、論文「少女漫画『天使禁猟区』と思春期女子の心理臨床」ほか。

橋本尚子(はしもと なおこ)
京都学園大学専任講師。著書『心理臨床の治療関係』(共著、金子書房)、論文「摂食障害についての一考察」ほか。

東山紘久(ひがしやま ひろひさ)
編者。奥付参照。

平井正三(ひらい しょうぞう)
御池心理療法センター代表。訳書『こころの再生を求めて』(共訳、岩崎学術出版社)ほか。

福田昌子(ふくだ まさこ)
京都市教育相談総合センター・カウンセラー。臨床心理士。著書『生活の中に学ぶ心理学』(共著、培風館)ほか。

古屋敬子(ふるや けいこ)
三重県総合教育センター臨床心理相談専門員。

三上英子(みかみ えいこ)
山梨大学保健管理センター非常勤講師(カウンセラー)。論文「男性性・女性性についての研究」。

三枚奈穂(みすぎ なほ)
京都文教大学心理臨床センター専任カウンセラー。論文「成人女性における自我同一性感覚について」(教育心理学研究、46(2))。

武藤 誠(むとう まこと)
淀川キリスト教病院附属クリニック心理療法センター臨床心理士。

森 茂起(もり しげゆき)
甲南大学文学部教授。著書『トラウマ映画の心理学』(共著、新水社)、『トラウマの発見』(講談社)ほか。

森石泰生(もりいし やすお)
大阪市立南大江小学校教諭。京都大学大学院教育学研究科修士課程。『心理臨床家のための119冊』(共著、創元社)ほか。

守屋英子(もりや えいこ)
福田カウンセリングルーム(臨床心理士)。著書『風景構成法その後の発展』(共著、岩崎学術出版社)、論文「芸術療法の諸技法とその適応」(共著、精神科治療学、10(6))ほか。

山﨑玲奈(やまざき れいな)
京都市教育相談総合センター嘱託カウンセラー。論文「自我境界をめぐる一考察——共感という観点から」。

山田真理子(やまだ まりこ)
九州大谷短期大学幼児教育学科教授、NPO法人子どもとメディア代表理事、NPO法人チャイルドラインもしもしキモチ代表理事。著書『機微を見つめる』『子ども・こころ・育ち』(いずれもエイデル研究所)ほか。

山中康裕(やまなか やすひろ)
京都大学大学院教育学研究科教授。医学博士、精神科医、臨床心理士。著書『少年期の心——精神療法を通してみた影』(中公新書)、『臨床心理学(全5巻)』(共編、創元社)、『山中康裕著作集(全6巻)』(岩崎学術出版社)ほか。

吉岡恒生(よしおか つねお)
愛知教育大学教育学部助教授。著書『シネマの中の臨床心理学』(共著、有斐閣)、論文「心身症女性との心理療法過程」ほか。

執筆者紹介（五十音順）

石谷みつる（いしたに みつる）
京都光華女子大学人間関係学部助教授。

伊藤真理子（いとう まりこ）
三浦クリニック臨床心理士。訳書『箱庭療法』（共訳、金剛出版）、論文「オーストラリアにおける箱庭療法への取り組み」（現代のエスプリ別冊「箱庭療法の本質と周辺」）ほか。

伊藤良子（いとう よしこ）
編者。奥付参照。

井上 真（いのうえ まこと）
情緒障害児短期治療施設「横浜いずみ学園」セラピスト。

大島 剛（おおしま つよし）
神戸親和女子大学発達教育学部助教授。著書『子どもたちのいま』（共著、星和書店）、論文「児童相談所の心理臨床の特徴――子どもが『家庭』で『育つ』こと」（心理臨床学研究、19(5)）ほか。

大谷祥子（おおたに さちこ）
京都大学大学院教育学研究科博士後期課程。臨床心理士。

大谷真弓（おおたに まゆみ）
大阪工業大学専任講師。論文「心理臨床における言葉について」。

小野国子（おの くにこ）
大阪市教育センター。臨床心理士。『子どもの心身症』（共著、東山書房）、『カウンセラーのための104冊』（共著、創元社）。

角田 豊（かくた ゆたか）
甲子園大学人間文化学部助教授。教育学博士、臨床心理士。著書『共感体験とカウンセリング』（福村出版）、『カウンセラーから見た教師の仕事・学校の機能』（培風館）。訳書『臨床的共感の実際』（共訳、人文書院）、『自己心理学入門』（共訳、金剛出版）。

河野伸子（かわの のぶこ）
福井厚生病院ストレスケアセンター臨床心理士。著書『保育士のための精神保健』（共著、ナカニシヤ出版）。論文「子育て支援としての保育所発達相談」ほか。

久野晶子（くの あきこ）
山王教育研究所臨床心理士。論文「女性の自我発達モデルについての理論的検討――アイデンティティ研究と分析心理学」ほか。

倉光 修（くらみつ おさむ）
東京大学学生相談所・大学院教育学研究科教授。著書『心理臨床の技能と研究』『臨床心理学』（いずれも岩波書店）ほか。

櫻井素子（さくらい もとこ）
六甲心理療法研究所長。河北大学客座教授。論文「世界のこどもたちに箱庭を」（現代のエスプリ別冊「箱庭療法の本質と周辺」）。

鈴木睦夫（すずき むつお）
中京大学心理学部教授。著書『TATの世界』『TAT――絵解き試しの人間関係論』（いずれも誠信書房）、論文「対人恐怖症論の概観」ほか。

駿地眞由美（するじ まゆみ）
京都文教大学人間学部専任講師。著書『魂と心の知の探求』（共著、創元社）、『保育士のための精神保健』（共著、ナカニシヤ出版）ほか。

髙橋 悟（たかはし さとる）
京都大学大学院教育学研究科博士後期課程。論文「児童養護施設における心理臨床」ほか。

竹内健児（たけうち けんじ）
徳島大学総合科学部助教授。著書『ドルトの精神分析入門』（誠信書房）、『教師の悩み相談室』（ミネルヴァ書房）ほか。

田中秀紀（たなか ひでのり）
京都大学教育学研究科研修員。修士論文「否定的感情に反する表現をとる際の体験に関する研究」。

棚瀬一代（たなせ かずよ）
京都女子大学現代社会学部助教授。著書『虐待と離婚の心的外傷』（朱鷺書房）、『現代家族のアジェンダ』（共著、世界思想社）ほか。

編者紹介

東山紘久（ひがしやま ひろひさ）
1942年生まれ。1965年、京都大学教育学部卒。1973年、カール・ロジャーズ研究所へ留学。京都大学大学院教育学研究科教授。教育学博士。臨床心理士。著書『遊戯療法の世界――子どもの内的世界を読む』『母親と教師がなおす登校拒否――母親ノート法のすすめ』『カウンセラーへの道――訓練の実際』『スクールカウンセリング』『プロカウンセラーの聞く技術』『プロカウンセラーの夢分析――心の声を聞く技術』『心理療法と臨床心理行為』（いずれも創元社）、『子どものこころ百科』（編著、創元社）、『体験から学ぶ心理療法の本質――臨床における理論・技・芸術』（監修、創元社）、『箱庭療法の世界』（誠信書房）、『夢分析初歩』（ミネルヴァ書房）ほか多数。

伊藤良子（いとう よしこ）
京都大学大学院教育学研究科教授。教育学博士。臨床心理士。著書『心理治療と転移――発話者としての〈私〉の生成の場』（誠信書房）、『臨床心理学全書8　臨床心理面接技法1』（編著、誠信書房）、『臨床心理行為――心理臨床家でないとできないこと』『臨床心理学2　アセスメント』（共著、いずれも創元社）、『一般外来で遺伝の相談を受けたとき』（共著、医学書院）、『講座心理療法6　心理療法と人間関係』（共著、岩波書店）、『臨床心理学大系17　心的外傷の臨床』『心理臨床の実際5　境界例・重症例の心理臨床』（共著、いずれも金子書房）、『心理職・福祉職をめざすひとへ』（共著、ナカニシヤ出版）ほか。

京大心理臨床《きょうだいしんりりんしょう》シリーズ3　遊戯療法《ゆうぎりょうほう》と子《こ》どもの今《いま》
2005年3月20日　第1版第1刷発行

編　者…………東山紘久　伊藤良子
発行者…………矢部敬一
発行所…………株式会社創元社
〈本　社〉〒541-0047 大阪市中央区淡路町4-3-6
電話 06-6231-9010（代）　ファクス 06-6233-3111
〈東京支店〉〒162-0825 東京都新宿区神楽坂4-3 煉瓦塔ビル
電話 03-3269-1051（代）
〈ホームページ〉http://www.sogensha.co.jp/
印刷所…………株式会社太洋社

ISBN4-422-11363-1　C3311
定価はカバーに表示してあります。乱丁・落丁本はお取り替えいたします。